Hochsensibilität und Stress

Die Originalausgabe
ist 2017 bei Uitgeverij Ten Have unter dem Titel
Hooggevoeligheid en Stress erschienen.

Susan Marletta Hart:
Hochsensibilität und Stress
Übersetzung: Ursula Kremer

info@kamphausen.media

Lektorat: Otmar Fischer
Coverfoto: © shutterstock.com/hofhauser
Umschlaggestaltung: Christiane Kurschildgen
Typografie/Satz: Wilfried Klei
Druck & Verarbeitung:
druckhaus köthen

www.kamphausen.media

Bibliografische Information der Deutschen Nationalbibliothek

Die Deutsche Nationalbibliothek verzeichnet diese
Publikation in der Deutschen Nationalbibliografie;
detaillierte bibliografische Daten sind im Internet
über **http://dnb.de** abrufbar.

2. Auflage 2021

ISBN Printausgabe: 978-3-95883-218-3
ISBN E-Book: 978-3-95883-219-0

Dieses Buch wurde auf 100% Altpapier gedruckt und ist alterungsbeständig.
Weitere Informationen hierzu finden Sie unter www.kamphausen.media

SUSAN
MARLETTA HART

Hochsensibilität und Stress

Gelassen – jeden Tag

aus dem Niederländischen
von Ursula Kremer

AURUM

Vorwort

Dieses Buch richtet sich an hochsensible Menschen, aber eigentlich ist das Thema für beinahe jeden interessant. Obwohl Hochsensible anfälliger sind für (chronischen) Stress, leidet gegenwärtig die Mehrheit der Menschen unter Stress. Ich fand dies Anlass genug, ein Buch über Hochsensibilität und Stress zu schreiben.

Stress ist Angst … und Angst ist Stress. Wenn ich eine Schlussfolgerung aus meinen Untersuchungen ziehen darf, dann diese: Stress ist allgegenwärtig, weil Angst allgegenwärtig ist. Angst konnten wir aus unserem heutigen Leben, trotz des zunehmenden Wohlstands, offensichtlich nicht oder kaum vertreiben. Wir leiden unter Stress, solange Angst unser Leben beherrscht. Andererseits bestimmt die Art und Weise, in der wir dem Stress begegnen und mit unserem Leben und dem der anderen umgehen, wie sehr wir unter Stress leiden. Wir können daher den Stress betrachten oder die Lebensfreude. Anstatt uns auf Leiden und Stress zu fokussieren, können wir exakt feststellen, welche individuellen und kollektiven Prozesse, Gedanken und Umgangsformen uns Freude, Genuss und Entspannung bereiten. Das alles untersuche ich in diesem Buch.

Ich wünsche dir viel Einsicht und Selbstliebe beim Lesen. Solltest du dann noch Fragen haben, kannst du mich über meine Webseite kontaktieren: www.susanmarlettahart.com.

Auf dieser Webseite findest du auch die langen Meditationen, die extra für dieses Buch gemacht wurden (und mit diesem Zeichen versehen sind). Was du schon beim Lesen lernst und was dich zur Einsicht anspornt, kannst du mit den Meditationen in dein Leben integrieren, so dass Entspannung, Selbstvertrauen, Lust und Freizeit dich täglich begleiten.

Susan Marletta Hart, Oktober 2017

Für diejenigen, die meine Lehrer waren

und es noch immer sind:

meine Kinder, meine Liebsten,

meine Klienten, meine Kollegen,

meine Engel und meine Führer …

Einleitung

Wir sprechen häufig über Stress, und jeder weiß etwas über dessen Wirkung und Folgen für Körper und Geist. Weniger bekannt sind uns hingegen die physischen und mentalen Prozesse, die das Gegenteil von Stress bewirken. Was ist eigentlich der Gegensatz von Stress? Auf der Suche nach einer Antwort bin ich auf ein ganz neues Wissensgebiet gestoßen, das einen faszinierenden Zusammenhang aufzeigt. In diesem Buch berichte ich, was ich entdeckt und gelernt habe. Unter anderem, welches die drei wichtigsten Aspekte des Gegenteils von Stress sind, nämlich: Selbstvertrauen, Lust und Freizeit. Ich erkläre, welche Organe davon betroffen sind, und stelle den Zusammenhang mit einer gesunden Lebensweise her. Außerdem erkläre ich einige körperliche Prozesse aus Sicht einer biologisch-evolutionären Entwicklung und lege dar, wie freie Zeit im Laufe der Geschichte immer mit Freiheit zusammenhing.

Sich selbst zu befreien, ist ein wesentliches Thema in diesem Buch, besonders sich selbst zu befreien von einem permanenten Stressgefühl. Überreizung ist ein wichtiges Thema, denn sie ist eine der Ursachen für Stress. Ich werde jedoch darlegen, dass (chronischer) Stress nicht nur mit Überreizung zusammenhängt, sondern dass es noch weitere Gründe dafür gibt, dass man in einem Zustand chronischer Überreizung steckenbleibt. Ich gebe dir Anleitungen, Übungen und Tipps an die Hand, mit denen du dich bewusst aus der abwärts gerichteten, chronischen Stressspirale befreien kannst.

Menschen wiederholen gern, was andere gesagt haben, daher greifen wir oftmals auf dieselben Geschichten, Theorien und Tipps zurück. In diesem Buch vermittle ich neue Einsichten, indem ich auf teilweise vergessene oder missverstandene Kenntnisse zurückgreife, aber auch auf Wissen, das bewusst verborgen wurde, weil die Einsichten damals nicht zur vorherrschenden Moral passten.

Richte dich auf ein Abenteuer mit neuen Fakten ein. Wusstest du zum Beispiel, dass Stress machtlos und willenlos macht? Und dass Gefühle von Machtlosigkeit ein wichtiger, wenn nicht der wichtigste Grund dafür sind, dass man Stress empfindet? Und wusstest du auch, dass es Menschen gibt, die aus Stress Nutzen ziehen?

In diesem Buch erkläre ich so einfach wie möglich, was Wissenschaftler schon lange wissen und wie sinnvoll es ist, dass du selbst auch über diese Kenntnisse verfügst. Außerdem erhältst du eine Antwort auf die Frage, wie du es verhindern kannst, in eine Abwärtsspirale von chronischem Stress und Ohnmacht zu geraten oder immer tiefer zu sinken. Solltest du dich schon in dieser Spirale befinden – was nicht unwahrscheinlich ist, denn etwa sechzig Prozent aller Menschen klagen über Stress –, dann zeige ich dir, wie du wieder herauskommst.

Neben Hintergrundwissen und Theorie liefere ich dir einfache (Bewusstseins-)Übungen, die helfen, Stress abzubauen. In den letzten Kapiteln biete ich dir auch erprobtes (manchmal geheimes) Wissen in Form von Übungen an. Meiner Überzeugung nach versteht man am besten, wie ein Prozess wirkt, wenn man weiß, was man tut, indem man Kenntnisse erwirbt und Einsicht in ein Muster gewinnt. Denn Wissen ist Macht, und Einsicht ist Transformation – die ultimative Antwort auf das Gefängnis, das Stress seinem Wesen nach ist.

1 Was ist Stress?

Lieber Stress,
wir sollten uns trennen.[1]

Stress, Stress, Stress ...! Wie viele Bücher, Internetseiten und Trainingsprogramme mögen auf dem Markt sein, die darüber informieren, was man bei Stress tun sollte? Jede Woche erscheinen neue Artikel, die uns erzählen, was Stress ist und wie schlecht er für uns ist. Man könnte fast glauben, wir fänden Stress nicht einmal so schrecklich; schließlich beschäftigen wir uns ständig damit. Mögen wir insgeheim dieses aufputschende Gefühl? Wollen wir nicht auch manchmal schön umtriebig sein, eine Herausforderung annehmen und unter Arbeitsdruck durchs Leben rasen? Gibt uns Stress nicht auf die eine oder andere Weise das Gefühl, dass wir *wirklich leben*? Besonders in städtischen Gebieten und in manchen Berufsgruppen gehört es zum guten Ton, vielbeschäftigt zu sein. Die ländlichen Gebiete und das Nichtstun haben den Status der Langeweile. Stress gleicht verdächtig dem *Flow*, dem Gefühl, wunderbar geschäftig, konzentriert und inspiriert zu arbeiten. Stress verleiht einem außerdem den Status, gesellig zu sein; schließlich hat man viele Termine und ist auf der Arbeitsstelle unersetzlich. Insgeheim hat der Stress viele angenehme Seiten.

Aber wann wird der *Flow* zum Stress? Und wann schlägt der Stress in eine physische oder psychische Erkrankung um, über die wir keine Kontrolle mehr besitzen? Wenn das Burn-out-Syndrom zuschlägt oder unser Körper mit Entzündungen reagiert. Wenn wir nur noch müde, müde, müde sind oder wenn unsere phantastischen Pläne und Ideen und unser Genörgel an allem und jedem kein Ende finden. Wenn Stress sich als unkontrollierbar und chronisch entpuppt, dann haben wir auf einmal ein echtes Problem. Heutzutage geben zwei von drei Menschen an, regelmäßig unter Stress zu leiden. In verschiedenen Studien wurde festgestellt, dass im Durchschnitt mehr als sechzig Prozent der arbeitenden Bevölkerung behaupten, regelmäßig bis häufig bei der Arbeit unter Stress zu stehen. Darin stimmen deutsche, belgische, niederländische, schweizerische und englische Studienergebnisse weitgehend überein.[2]

Als Grund geben Menschen meist Zeitdruck an, schlechte Vorgesetzte, Unsicherheit über die Beständigkeit ihrer eigenen Funktion und Leistungsdruck. In den vergangenen zehn Jahren ist die Anzahl derer, die mit einem Burn-out-Syndrom zum Arzt gingen, um dreißig Prozent gestiegen.[3] Auch junge Leute leiden regelmäßig unter Stress: In einer Untersuchung von *Een Vandaag* zeigt sich, dass sechs von zehn interviewten Jugendlichen (sechzig Prozent) wöchentlich ein- oder mehrmals Stress wegen schulischer oder familiärer Angelegenheiten haben. Auch Schulkinder stehen in zunehmendem Maße unter Stress und Zeitnot.[4]

Forscher, Krankenkassen und Politiker sehen in der Zunahme von Stress eine alarmierende Entwicklung. Eltern, die zu Hause bleiben oder in Teilzeit arbeiten, haben es auch nicht einfach: Schlafmangel, Einsamkeit oder die Kombination von Arbeit und Familie fordern ihren Tribut. Im Jahr 2010 litten in den Niederlanden im Durchschnitt 10 Prozent der Mitarbeiter unter Burn-out, im Jahr 2013 waren es bereits 12 Prozent. Es ist nicht übertrieben zu behaupten, dass der Stress in unserem heutigen Leben zu einem wichtigen Faktor geworden ist.

Was ist gut und weniger gut an unserem emsigen Leben, und in welcher Hinsicht leiden hochsensible Menschen – eine andere Bezeichnung für hochempfindsame Menschen – noch mehr darunter als andere?

Was ist Stress genau genommen?

Fragt man die Fachleute, dann fliegen einem schon bald physiologische, anatomische und chemische Begriffe um die Ohren: Cortisol, Adrenalin, Sympathikus, Hypothalamus, *flight-or-fight*, Amygdala …! Für die allermeisten unter uns bleibt die Sache mit dem Stress in einer derartigen Terminologie reichlich abstrakt. Kein Wunder, wir hören kaum zu und vergessen es schnell wieder. Wir drehen noch eine Runde im Fitnesscenter und buchen ein abwechslungsreiches Wochenende zur Entspannung, nicht wissend, dass wir gerade dadurch unseren Körper noch mehr stressen. Wir brauchen andere Antworten, um richtig wachgerüttelt zu werden.

Ich werde im Anschluss noch erklären, was Stress aus physiologischer Sicht ist, und werde dabei hin und wieder Fachtermini verwenden – das lässt sich nicht vermeiden –, aber ich hoffe, dich zu einer interessanteren Geschichte mitzunehmen. Eine Geschichte mit einer historischen und gesellschaftlichen Perspektive, so dass du erkennen kannst, wieso Dinge sich selbst erhalten. Stress ist nämlich nicht nur ein physischer und mentaler Prozess, sondern auch ein sozialer. Stress spielt eine wesentliche Rolle im sozialen System, in dem du funktionierst. Um das zu durchschauen und alle Aspekte offenzulegen, ist etwas mehr Zeit und Aufmerksamkeit erforderlich. Daher dieses Buch! Aber denke daran, die Begriffe sind nicht so wichtig wie die Schlussfolgerungen, die du aus der Geschichte ziehen kannst. Also lerne nicht die Begriffe auswendig, sondern achte vor allem auf die Schlussfolgerungen.

Kurz zusammengefasst: Stress ist eine erhöhte Wachsamkeit des ganzen Körpers. Das nennt man in der Fachsprache auch *Arousal*, was so viel bedeutet wie Aufregung. Stress ist ein Zusammenspiel von Nervenbahnen, Sinnen, Gehirn, Hormonen, Muskeln und vitalen Organen – der ganze Körper ist involviert. Die physiologischen Reaktionen auf Stressreize werden als eine Notreaktion des Körpers angesehen, der drohenden Gefahren die Stirn bietet. Eine andere Bezeichnung ist

Kampf-oder-Flucht-Reaktion, auch oft in Englisch verwendet als *flight-or-fight response*. Dennoch stimmt das nicht ganz, denn auch normale Tätigkeiten wie Sport erhöhen die Aktivität des Nervensystems, das von einer übermäßigen Stressreaktion betroffen ist. Wenn wir etwas tun, wenn wir in Aktion kommen, wenn wir beschäftigt sind und unsere Muskeln anspannen, aktivieren wir diesen Mechanismus.

Verschiedene Körperteile sind von den Stress- beziehungsweise Entspannungsvorgängen betroffen, von der Blase und den Nieren bis hin zu ganz kleinen Drüsen im Gehirn. Die Stoffe werden über die Blutbahn im ganzen Körper verbreitet. Die Bauchspeicheldrüse zum Beispiel – sie liegt neben dem Magen – produziert vorübergehend mehr Insulin, das notwendig ist, um Zucker (Glukose) freizusetzen, um aktiv und fit zu sein. Die Blase bekommt ein Zeichen, kein Wasser zu lassen, man wird wacher und hat vorübergehend ein geringeres Schlafbedürfnis. Auch die sinnliche Wahrnehmung verändert sich: Die Pupillen werden kleiner, man spürt weniger Schmerzen, und normalerweise bekommt man eine Art Tunnelblick. Das heißt: Man vergisst Dinge um sich herum, die man nicht mehr so wichtig findet, weil sie nichts mit der Gefahr zu tun haben. So vergisst man zum Beispiel, etwas zu genießen oder etwas Nettes zu jemandem zu sagen, weil es in der jeweiligen Stresssituation nicht effektiv ist. Dabei nimmt die normale Blut- und Sauerstoffzufuhr zum Gehirn ab, wodurch mehr assoziative und komplexere Gedanken zeitweise blockiert werden. Da ist schon was los!

Der Teil des Körpers, der für die Koordination von „Reaktion auf Gefahr" zuständig ist, wird in der Fachsprache als „sympathisches Nervensystem" bezeichnet.

Bei einer Stressreaktion von kurzer Dauer koordiniert dieses Nervensystem drei Aktionen, die der Körper nacheinander durchläuft:

1. eine Alarmphase von kurzer Dauer,
2. eine Widerstandsphase,
3. eine Erschöpfungsphase.

Die Alarmphase: Das sympathische Nervensystem, das Adrenalin und Noradrenalin freisetzt, ist davon betroffen. Man wird von Noradrenalin und Adrenalin wach und manchmal auch ein wenig nervös; das ist die eigentliche Stressantwort. In der Alarmphase spricht man von einem kurz andauernden verringerten Widerstand des Körpers. Der Körper ist in dem Moment empfänglicher für Krankheiten und Angriffe von außen.

Wachsamkeit und Widerstandsphase: Ungefähr 20–30 Minuten später reagiert das Trio Hypothalamus–Hypophyse–Nebennierenrinde. Dann ist der Widerstand gegen Stress erhöht, der eigentliche Schutz tritt in Kraft. Außerdem wird der Körper darauf vorbereitet, sich wieder langsam vom Stress zu erholen, nach dem Motto „Die Luft ist vermutlich rein, aber wir sollten immer noch auf der Hut sein". Im Auftrag des Hypothalamus wird in rhythmischen Impulsen (etwa 7–10 Mal am Tag) ein adrenocorticotropes Hormon ausgeschüttet, das die Nebennieren veranlasst, den bekannten Stoff Cortisol zu produzieren. Cortisol stimuliert den Stoffwechsel.

In dieser Phase ist das Immunsystem aktiv, und man ist gut gewappnet gegen eine erhöhte Gefahr, sodass man sich nicht zu sehr fürchten muss. Manchmal fällt einem auf, dass die anfängliche Panik nachlässt. Man bleibt jedoch in einem erhöhten wachsamen und aktiven Zustand.

Komplette Entspannung, Erholung und eventuell Erschöpfung: Dein Körper kann sich nun sicher fühlen. Alle Aktivitäten wurden gestoppt.

Mithilfe des freigesetzten Cortisols können Körper und Geist wieder ihre ursprüngliche Homöostase (Gleichgewichtszustand) erlangen. Verdauung, Schlaf-wach-Rhythmus und die Abwehr finden wieder in ihren normalen Zustand zurück. In der Erschöpfungsphase verringert sich der Widerstand wiederum. Der Körper ist müde von der Aufregung, ist fertig mit Kampf und Verteidigung, er braucht dringend Ruhe. Es ist leicht verständlich, dass man in dieser Phase empfänglicher für eine Grippe ist, aber auch für mentale Attacken.

Man ist sensibler für Kommentare von anderen und kann nicht so viel ertragen, am liebsten würde man sich wieder ins Bett legen.

Das ist zwar prima, aber das nächste Problem, eine stressige Herausforderung, steht schon wieder bevor. Man kann sich dann nicht erlauben, erneut Kraft zu schöpfen. Es ist leicht vorstellbar, dass Menschen in unserem superschnellen Leben im 21. Jahrhundert nicht die Zeit haben, alle drei Phasen geruhsam zu durchlaufen. Körper und Geist bekommen fast keine Chance, wieder zum normalen Basisniveau zurückzukehren. Dass wir uns nicht genügend erholen, ist einer der wichtigsten Gründe dafür, dass wir auf lange Sicht psychische und physische Beschwerden haben werden. Das Immer-weiter-So ist ein übles Phänomen unseres modernen Lebens.

Reaktionen auf Stress

Es gibt im Wesentlichen vier Reaktionen auf Stress, die sich im Laufe der Evolution herausgebildet haben. Sie sind nicht nur vom Ausmaß der Gefahr (lebensbedrohlich oder unangenehm) abhängig, sondern auch vom jeweiligen Charakter. Wir Menschen sind nicht alle gleich, und daher reagieren wir auch unterschiedlich auf Bedrohung und Gefahr.

a) Man schlägt wie ein Wilder um sich, wird böse, aggressiv und verteidigt sich, so gut man kann (*Kampf*reaktion).

b) Man versteckt sich in einer Ecke, macht sich selbst so klein und unsichtbar wie möglich. Das ist Erschrecken und *Erstarren*.

c) Man kann auch ganz schnell weglaufen und auf mannigfaltige Weise versuchen, der Gefahr zu entkommen (*Flucht*reaktion).

d) Zum Schluss gibt es noch das *Unterwerfungsverhalten*: Man zeigt deutlich, dass der andere der Chef ist, indem man sich erniedrigt und sich selbst kleinmacht.

Erkennst du dich in einer der vier Reaktionen wieder? Bist du der Typ, der bei jedem Konflikt heftig um sich beißt, oder eher der Typ, der sich versteckt? Alle Reaktionen sind möglich, es kann auch passieren, dass du in einer Situation eher so reagierst und in einer anderen eher anders. Ich zum Beispiel kann, wenn ich etwas völlig ungerecht finde und es wirklich darauf ankommt, meinen Mund weit aufreißen und sehr böse reagieren. Ist die Situation allerdings nur leicht bedrohlich und nur unangenehm, bin ich eher der Typ, der „flüchtet"; dann ziehe ich mich lieber zurück.

Interessanterweise werden meistens zwei der vier Reaktionen, Flüchten und Kämpfen, in einem Atemzug genannt – als Kampf-oder-Flucht-Reaktion –, aber die physiologischen Prozesse sind verschieden und die körperlichen und geistigen Folgen meistens auch. Kämpfen ist fast immer gefährlicher, du kannst verwundet werden oder dabei sterben. Aber du kannst dir auch vorstellen, dass Flüchten auf lange Zeit gesehen ungesünder ist, weil der Körper die freigesetzte Energie nicht mehr so nötig hat und sie verbrennt. Beim Erstarren ist das noch extremer: Das Herzrasen und der freigesetzte Zucker bleiben ungenutzt. Die Unterwerfung ist auch eine passive Aktion, auch wenn sie weniger passiv ist als das Versteifen und Erstarren.

Es ist verständlich, dass Kämpfen und Sich-Unterwerfen aus evolutionärer Sicht männliche Reaktionen auf Gefahr sind, während Flüchten und Erstarren eher weibliche Reaktionsweisen sind.

Vom Flüchten, Erstarren und Unterwerfen werden wir buchstäblich träger, kleiner und steifer. Wir verlieren unsere Flexibilität, verkrampfen, machen uns selbst klein und werden starr im Denken und Handeln. „Vor Angst versteifen" heißt das. Man wird nicht nur im Ganzen passiver, sondern man isoliert häufig die „Erstarrung" in einem Teil des Körpers. Das sind die Teile, die bei einer späteren Therapie wieder nach oben kommen können. Der erstarrte Teil bleibt als solcher bestehen, wenn darauf keine bewusste Form von Entspannung und Heilung folgt. Angst kann sich ums Herz legen, Sorgen können den Darm verstopfen, Trauer und Leid kann auf die Brust drücken – und alle Energie steigt nach oben, in den Kopf, der wie ein Verrückter versucht, die Kontrolle zu behalten. Jeder Körperteil kann faktisch das Trauma in sich verschließen.

Man reagiert übrigens nicht immer gleich. An meinem eigenen Beispiel zeige ich, wie ich abhängig von der Art der Gefahr verschiedenartig reagieren kann. Das ist ganz normal: Die meisten Menschen reagieren in außergewöhnlichen Gefahrensituationen (ein Anschlag, eine Naturkatastrophe, eine Kriegssituation) mit kühlem Kopf und bringen sich selbst und andere wie im Autopilot-Modus in Sicherheit. Obwohl das auch auf einer Flucht sein kann, ist es viel eher eine Kampfreaktion, weil man handelt und nicht passiv erstarrt.

Im Allgemeinen hat man häufiger mit Situationen zu tun, die nicht dramatisch oder lebensbedrohlich sind und dennoch als (leicht) bedrohlich wahrgenommen werden. Man muss beispielsweise vor Publikum sprechen, oder man ist verantwortlich für eine Reorganisation im Betrieb, oder die Entlassung droht, oder man verspätet sich bei einem wichtigen Termin. Auf relativ geringe Sorgen und Unannehmlichkeiten reagiert die Mehrheit der hochsensiblen und bedachtsamen Menschen eher nach dem Muster des Flüchtens oder Erstarrens. (Im vierten Kapitel kommen wir noch einmal darauf zurück.) Stress nimmt für Menschen, die zum Flüchten oder zum Erstarren neigen, einen anderen Verlauf als für die „Kämpfer“.

Dieses Buch wird hauptsächlich die Erstarrungsreaktion (b) und die Unterwerfung (d) behandeln, weil die meisten Menschen bei geringeren Gefahren wie Arbeitsstress, Ehestreit usw. auf diese Weise reagieren.

Wie reagierst du, wenn du in die Enge getrieben wirst? Schluckst du alles, frisst du alles in dich hinein oder giftest du andere um dich herum heftig an? Bist du schnell beleidigt, oder fühlst du dich schuldig und nimmst dir jede Kritik sehr zu Herzen? Vergräbst du dich tief in die Kissen deines Betts, um zu vergessen, was du alles tun musst? Fertigst du ständig Listen an und versuchst auf diese Weise, die Kontrolle über dein ganzes Leben zu behalten? Gibst du schnell auf, wirfst du das Handtuch oder gehst du auf die Barrikaden?

Es gibt viele verschiedene Reaktionsmuster, wenn eine Situation unangenehm wird oder ausufert. Es ist auch möglich, dass du mehrere der oben genannten Reaktionsmuster in verschiedenen Situationen anwendest. Reaktionsmuster werden auch als Schutzmechanismen bezeichnet oder als *Coping*-Verhalten. Es sagt etwas aus über deinen Charakter und wie du Probleme auf deine Art und Weise angehst. Manchmal sind diese Muster nützlich, ein anders Mal nicht, dann benachteiligen sie dich selbst und/oder einen anderen.

Was ist dein Stil?

Denke kurz über deine Reaktionen nach. Blicke auf dein Leben zurück. Neigst du eher zum Kampf oder zur Flucht? Oder neigst du dazu, dich zu unterwerfen oder zu erstarren?

Kämpfen: Ich wehre mich, reagiere knallhart, schlage um mich, ich werde schnell aggressiv, ich schlage auf jemanden ein, verteidige mich und mache dem anderen klar, wer recht hat oder hier der Chef ist.

– Das tue ich, wenn ich ....

....

Flüchten: Ich laufe aus der schrecklichen Situation weg, antworte nicht mehr, ich komme nicht wieder auf einen Streit oder Konflikt zurück, ich beende die Beziehung schnell.

– Das tue ich, wenn ich ....

....

Erstarren: Ich werde sofort still, laufe rot an, ich spüre, wie mir der Angstschweiß ausbricht, ich mache mich ganz klein und unsichtbar, ich komme nie mehr zurück, ich stottere.

– Das tue ich, wenn ich ....

....

Unterwerfen: Ich rede dem anderen nach dem Mund, ich lasse ihm seinen Willen, ich tue so, als hätte ich nichts bemerkt (auch wenn es beleidigend ist), ich bemühe mich, dem anderen gefällig zu sein.

– Das tue ich, wenn ich

....

....

Angst und Machtlosigkeit

> *Du darfst nicht alles glauben, was du denkst.*
>
> Loesje

Überreizung wird von hochsensiblen Menschen als wichtigste Ursache für Stress genannt. Ich bin da anderer Meinung. Der wahre Verursacher von Stress ist die darunterliegende Angst. Dadurch kann sogar ein Fest Stress bereiten, weil wir uns einer Situation ausgesetzt fühlen, in der wir, wie wir aus Erfahrung wissen, viele unangenehme Gefühle haben werden. Wir sind weniger vom Arbeitsdruck gestresst als durch die Tatsache, dass wir zu wenig Einfluss auf den Arbeitsprozess – und dabei auf unser eigenes Wohlbefinden – ausüben können. Viele Menschen klagen über volle Terminkalender, aber der wirkliche Stress wird tatsächlich dadurch verursacht, dass sie keine oder zu wenig Kontrolle darüber haben, sie fühlen sich ihm ausgeliefert. Probleme in der Familie erzeugen Stress, sobald wir merken, dass wir da nichts machen und nur ohnmächtig zuschauen können. Die wahre Ursache für Stress ist meistens nicht ein umtriebiges Leben, sondern das Gefühl im Verborgenen dahinter, nämlich die Machtlosigkeit, die wir gegenüber unserem eigenen Leben empfinden.

In der Arbeitswelt spricht man auch von Traglast und Tragkraft: Ist die Last größer als die Kraft, fühlen wir uns ohnmächtig. Es ist nicht so sehr die viele Arbeit und die vielen Reize, sondern deine persönliche und unbewusste Reaktion darauf: Es weckt in dir Erinnerungen an Machtlosigkeit. Die Art, wie du auf ein geschäftiges Leben reagierst, hängt ursächlich vom bis dahin erfahrenen Stress ab. Das solltest du dir unbedingt merken!

> ***Die wirkliche Ursache für Stress ist nicht ein vielbeschäftigtes Leben. Es ist die Machtlosigkeit, die wir dabei empfinden. Das Gefühl, keinen Einfluss auf die Umstände in unserem eigenen Leben zu haben, ist der stärkste Anreiz für Stressreaktionen.***

Ich spreche bewusst von Erinnerungen, weil du aus einem bestimmten Bezugsrahmen heraus reagierst. Dieser Bezugsrahmen wurde früh in deinem Leben angelegt, in der Kindheit oder sogar noch früher: als Baby im Bauch der Mutter. Der Körper vergisst nämlich nichts, und anhand jener Erinnerungen entwickelt er Standardreaktionen. Das geschieht schon im Mutterleib: Pränataler Stress beeinflusst laut der Psychobiologin Rothenberg[5] die Anzahl der Cortisolrezeptoren im Hippocampus, einem kleinen Areal im Gehirn, das für Stressreaktionen zuständig ist. Laut Rothenberg bestimmt also früher Stress die Empfänglichkeit für Stress im späteren Leben. Jemand, der viel unter Stress leidet, findet das Leben per definitionem stressig, aber das kommt von den physiologischen Reaktionsmustern, die bereits früh angelegt wurden.[6] Der Stress beginnt möglicherweise noch früher: Es gibt inzwischen immer mehr Beweise dafür, dass du durch deine DNA – das genetische Material, das du von deinen Eltern erhältst –, Traumata weitergibst.[7]

Ein Kind kann nicht sich selbst und seine Situation mit den Augen eines Zuschauers betrachten; es erleidet die Situation. Es befindet sich mittendrin und versucht, mit möglichst wenigen Verletzungen davonzukommen. Meistens geht es hier ums „Erstarren". Ein Kind kann es sich kaum erlauben zu „kämpfen". Sich gegen die Menschen zu wehren, die es ohne Vorbehalte liebt, käme dem Kind einfach nicht in den Sinn. Instinktiv spürt es, dass das Risiko von Verstoßen und Abweisen (worauf der Tod folgen kann) zu groß ist, und außerdem weiß es meist nicht einmal, dass die Situation ungewöhnlich ist. Man kann ein Kind, das angstvolle und stressige Situationen erlebt hat, ruhig als ein traumatisiertes Kind bezeichnen, das gilt vor allem für ein hochsensibles Kind. Ob das Trauma groß oder klein ist, die körperlichen Prozesse sind die gleichen: Das Kind wird ängstlich sein und mit Erstarren reagieren. Außerdem wird das Kind sein Trauma und seine Reaktionen darauf in erster Linie nicht als Trauma wahrnehmen. Es kennt es nicht anders. Es kennt nur einen gestressten Körper und wird auf alle neuen Situationen und Umstände, seien sie nun bedrohlich oder nicht, aufmerksamer reagieren, unruhiger und angespannter sein. Es hat zum Beispiel einen leichteren Schlaf, fühlt sich andauernd ungeschützt, sein ganzes Wesen, das Sein wird für das Kind sozusagen zu einer ständigen Traumareaktion. Es ist gewissermaßen auf Angst und Stress programmiert.

Früher Stress

Mir ist es auch so ergangen. Als ich jung war, hatte ich einen Körper, der gestresst war. Ich kannte es nicht anders. Ich vermute sogar, ich wurde damit geboren, weil meine Mutter, ein gestresstes Huhn von Natur aus, kurz vor der Empfängnis mit einem kranken Kind konfrontiert wurde. Mein um ein Jahr älterer Bruder hatte eine Bluterkrankheit und musste regelmäßig ins Krankenhaus, während meine Mutter mit mir schwanger war. Zuerst dachte man an Knochenkrebs, aber es war Hämophilie, eine lebenslang andauernde Krankheit. Meine Mutter nahm diese Tatsache nicht leichtfertig auf, fürsorglich, wie sie von Natur aus ist. Während ich in ihrem Bauch wuchs, stand sie Ängste aus um ihren Jüngsten, ihren einzigen Sohn. Dazu stieg die Angst in ihr auf, ich könnte auch daran erkranken, als sich herausstellte, dass es eine Erbkrankheit war. Du kannst dir vorstellen, dass mein kleiner Leib sozusagen auf Stresshormonen wuchs.

Ich glaube, ich habe lange nicht gespürt, dass mein Körper etwas stressig angelegt war. Auch aufgrund anderer Ereignisse wuchs ich als hochsensibler, sehr wachsamer, vielbeschäftigter Teenager auf, der nur schwerlich zur Ruhe kommen konnte. Immer innerlich mit erhöhter Spannung, immer mit empfindsamem Blick lesend, wie es meiner Mutter und anderen Menschen in ihrer Umgebung ging.

Viele Menschen haben eine schlechte Starterfahrung, wodurch sie nicht wissen, dass ihr Körper bereits in jungen Jahren gestresst wurde. Man kann in den ersten Lebensjahren schon schwierige Dinge mitmachen.

Maria ist Mutter von sechs Kindern, arbeitet als Coach für Eltern und Kinder und bezieht momentan Krankengeld wegen einer schweren Erkrankung. Im Jahr 2001 wurde eine Autoimmunerkrankung, die Basedow-Krankheit, bei ihr festgestellt. Seit zwei Jahren wird sie wegen Eierstockkrebs behandelt.

Als Kind war ich oft krank und fühlte mich schon anders als die anderen Kinder. Als Kleinkind und Kindergartenkind hatte ich oft Ohren- und Halsschmerzen. Mit vier Jahren bin ich beinahe ertrunken. Auf der Grundschule hatte ich vor allem Bauchschmerzen und Gelenkrheuma. Meine Ursprungsfamilie bot mir keine sichere Umgebung, weil meine Eltern sich häufig stritten. Manchmal trank mein Vater zu viel, und meine Eltern gingen oft aus, dann waren wir Kinder allein.

Maria definiert sich selbst als ein Kind, das schon früh die Rolle eines Erwachsenen übernehmen musste, weil ein Elternteil nicht imstande war, die Elternrolle angemessen auszufüllen.

Ich nehme an, meine Mutter hatte bereits während der Schwangerschaft und meiner Geburt Stress wegen der nicht so guten Beziehung mit meinem Vater. Er war häufig nicht da, auch bei meiner Geburt blieb er weg.

Leonie (48) studierte Mensendieck-Therapie an der Fachhochschule und arbeitete einige Jahre als Therapeutin. Nach ihrem dreißigsten Lebensjahr wurde sie berufsunfähig. Ihr Hausarzt stellte Fibromyalgie fest. Kennzeichnend für die Fibromyalgie sind Muskelschmerzen und druckempfindliche Stellen am ganzen Körper. Der Muskelschmerz nimmt für gewöhnlich nach Überlastung zu oder wenn man der Kälte ausgesetzt ist. Das Syndrom geht häufig mit verschiedenen anderen Beschwerden wie Schlafstörungen, Müdigkeit, Muskelsteife und Kopfschmerz einher.

Ich fühle mich jeden Tag todmüde, habe Muskelschmerzen und bin lustlos aufgrund depressiver Verstimmungen.

Diese Krankheit macht das Leben für Leonie und ihren Mann schwierig. Sie haben großen finanziellen Stress, weil Leonies Mann in den Krisenjahren seine Stelle verlor.

Ich wurde sehr „behütet" und sehr altmodisch erzogen. Zu Hause wurde nie über Emotionen gesprochen oder das, was man fühlte. Dafür war kein Platz; vor allem meine Mutter verbarg das sofort. Wenn ich meine Mutter schon mal wegen schwieriger Dinge fragte, antwortete sie hartnäckig: „Ach, das wird schon." Aber in meiner Schulzeit war meine Mutter depressiv.

Natürlich hat das eine Auswirkung auf die Entwicklung der hochsensiblen, stillen Leonie.

Auf der Grundschule wurde ich jahrelang geärgert und ausgeschlossen. Ich vermute, ich habe dadurch eine Art posttraumatische Belastungsstörung bekommen.

Als junge Erwachsene war ich ganz einsam und traurig. Eine Liebesbeziehung, die negativ endete und durch die ich viel Liebeskummer hatte, ging in eine Depression über. Es dauerte viel zu lange und wollte nicht enden. Ich war depressiv, apathisch und besorgt. Im Rückblick zeigte ich ein Vermeidungsverhalten. Meine Stressabwehr sorgte dafür, dass ich alles unter Kontrolle haben wollte. Überall hatte ich Zettelchen, ich begann zu überkompensieren, arbeitete hart. Ich wollte alles richtig machen und war wie der Teufel auf der Hut vor Kontrollverlust und Fehlern.

In dem Moment ist es wichtig zu verstehen, dass Stress ganz oft zusammenhängt mit Angst und Machtlosigkeit und dass man auf diese Gefühle programmiert sein kann. Die Programmierung sorgt dafür, dass man in seinem Leben als Erwachsener mehr Stress erlebt als jemand, der weniger oder gar nicht darauf programmiert ist. Man sucht sozusagen selbst nach Erfahrungen, die genauso stressig und beängstigend sind, eben weil man so programmiert ist. Es ist die Art und Weise, wie der Einzelne im Erwachsenenalter auf Stress reagiert, die den Stress am Leben hält.

Würde man ohne Stress reagieren, käme einem das sehr fremd und neu vor. Man würde sich selbst schon bald als „erleuchtet“ wahrnehmen, als einen ausgesprochen gelassenen Menschen. Man reagiert dann mit einem dicken Buddha-Bauch und einem Buddha-Lachen auf alles und jeden um einen herum. Verstanden?

Süchtig nach Stress

Vielleicht denkst du, warum hören wir nicht einfach auf damit, uns zu stressen? Wir leben doch nicht mehr im Urwald mit Löwen und Bären? Wir finden auch nicht mehr hinter jedem Baum eine giftige Schlange, und die Geschäfte sind vollgestopft mit Nahrung; die Angst, an Hunger zu sterben, ist in der westlichen Welt auch keine Urangst. Die Antwort auf diese Frage ist komplex. Es gibt mindestens fünf Gründe dafür.

Negative Reize

Nichts auf der Welt ist so wunderbar ansteckend wie schlechte Laune.[8]

Charles Dickens

Ein Grund dafür ist, dass der Mensch mehr Interesse an negativen als an positiven Nachrichten hat. Wir reagieren gern und intensiv auf negative Reize, mehr als auf positive. Das zeigt sich auch in der Wirkung der Medien. Wenn irgendwo auf der anderen Seite der Welt ein Terroranschlag verübt wurde, sind wir geschockt und reagieren heftig darauf. Wir tun das nicht, wenn an derselben Stelle eine große Menschenmenge zusammenkam, die erfolgreich für Frieden oder gleiche Rechte demonstrierte. Ein schrecklicher Präsident erregt unser Interesse; ein guter Präsident, der sein Land voranbringt, fesselt uns weniger. Sogar wenn etwas in unserer direkten Umgebung passiert oder uns selbst betrifft, rühren uns positive Nachrichten über Taten von Liebe, Mitleid und Freude weniger, wir neigen dazu, mehr Aufmerksamkeit den schlechten Ereignissen in *Weitweggistan* zu widmen. Wie absurd!

Diese Wirkung wurde von John Cacioppo untersucht, einem Forscher der Ohio State University. Mithilfe des MRT maß er die Gehirntätigkeit von Probanden, während er ihnen Fotos zeigte, von denen bekannt ist, dass sie positive Gefühle auslösen, zum Beispiel von einem Ferrari, einem Palmenstrand oder einer Pizza. Danach zeigte er denselben Probanden Bilder, die negative Gefühle verursachen, wie ein entstelltes Gesicht oder eine tote Katze. Zuletzt sahen sie neutrale Bilder, zum Beispiel von einem Föhn oder einer Vase. Cacioppo betrachtete die elektrische Aktivität in der Großhirnrinde, wodurch er den Umfang der Informationsübertragung registrieren konnte. Das Gehirn reagierte stärker, mit einer größeren Zunahme der elektrischen Aktivität, auf negative Stimuli. Man kann daraus ableiten, dass unsere Haltung durch schlechte Nachrichten stärker beeinflusst wird als durch erfreuliche. Dieses Phänomen hat sich wahrscheinlich aus einem einzigen Grund in der Evolution durchgesetzt, nämlich um uns aus der Gefahrenzone zu halten. Seit dem Beginn der Menschheitsgeschichte ging es ums Überleben. Daher ist unser Körper noch immer stark auf die Erwartung von Stress eingestellt, und wir sind deshalb immer in Bereitschaft, zu flüchten oder zu kämpfen. Dabei ist unser Kampf-und-Flucht-System so übereifrig, dass wir beinahe nicht mehr warten können, bis wir wieder in Aktion treten dürfen. Deshalb erscheinen wir manchmal wie süchtig nach physiologischen Reaktionen, die zum Stress und zur Spannung gehören, und wir finden immer seltener einen Ausweg aus den schädlichen Prozessen, die als Folge davon in unserem Körper auftreten.

Negative Wahrnehmung

Der zweite Grund besteht darin, dass sich unsere Wahrnehmung durch die physiologische Stressantwort verändert. In der ersten Alarmphase und in der erhöhten Wachsamkeitsphase wird die Welt als gefährlich, bedrohend und feindlich erlebt. Alles sieht bedrohlicher und gefährlicher aus. Hinter jedem Baum kann ein Bär lauern. Das erkennt man nur allzu gut am Verhalten eines chronisch gestressten Menschen. Bei Untersuchungen hat man herausgefunden, dass nicht nur die Außenwelt weniger rosig aussieht, sondern auch die eigene Person negativer wahrgenommen wird. Das hat schon bald Konsequenzen für den emotionalen Zustand jemandes, der angespannt oder gestresst ist. Wir sprechen dann auch von einem Tunnelblick.

Robert (51 Jahre) hat eine verantwortungsvolle Stelle als Betriebsleiter. Er hat lange Tage, reist viel und hat wenig Zeit, sich richtig zu entspannen. Er hat zwar ein gutes Gehalt, aber kein Privatleben, ist geschieden und hat keine Zeit, eine neue Partnerin zu suchen. Robert fühlt sich schon lange nicht mehr wohl in seiner Position, er fürchtet seine Gegner, die schon lange darauf waren, ihn auszustechen. Aber weggehen und selbst einen neuen Betrieb zu suchen, ist für ihn keine Option. Robert findet keine Lösungsmöglichkeit mehr, er sieht nur noch Bären auf seinem Weg. Obwohl er weiß, dass es stimmt, wenn jemand ihm erzählt, er könne schnell wieder eine neue Stelle finden, so ist die Wirkung der Physiologie in seinem Körper stärker: Angst hat ihn im Griff. Er macht sich große Sorgen und liegt Nächte hindurch panisch wach.

Stress kann dazu führen, dass wir argwöhnisch, unsicher und unrealistisch unser Leben und das der anderen betrachten. Unser Blick verengt sich ausschließlich auf die Probleme, auf die direkte Gefahr. Wenn wir unseren Blick nicht bewusst erweitern und für Möglichkeiten und Leichtigkeit öffnen, können wir leicht in allerlei Untergangsszenarien, Argwohn, Misstrauen und Negativität abgleiten. Nicht nur andere kommen uns dann unsicher vor, auch die Einschätzung unserer Fähigkeiten wird getrübt. Menschen, die unter Stress stehen, erleben schnell alles als zu aufdringlich, abweisend oder bösartig. Wenn dem nicht andere Erfahrungen bewusst gegenübergestellt werden wie bei Robert, dann bleibt auch die zukünftige Erwartung negativ. Gefühle wie Ohnmacht, Bosheit und pessimistische Erwartungen gewinnen die Oberhand, wodurch der Stress beibehalten wird.

Wir teilen in zunehmendem Maße die Außenwelt in Schwarz und Weiß ein, in Gut und Böse. Wird eine Situation bedrohlich, dann sind wir geneigt, unter dem Einfluss der Stoffe, die das sympathische Nervensystem freisetzt, uns eine bedrohliche Situation einfacher vorzustellen, als sie in Wirklichkeit ist. Wir nehmen den Mittelweg seltener wahr und sehen keine mildernden Umstände. Argumente für den Gegner werden kaum mehr gesehen: Für das „sympathische, gestresste Huhn“ gibt es nur Richtig oder Falsch.

Dieser Mechanismus kann böse Folgen haben. Wir sind vielleicht dazu imstande, einen Konflikt auf die Spitze zu treiben. Wir können unsere eigene Sichtweise aufbauschen, wenn wir streitlustig sind, und blasen etwas auf, was klein und unschuldig ist. Andererseits können wir uns auch selbst deprimieren und es zu unserem eigenen Nachteil übertreiben. Wir reagieren nach unserem Muster Kampf, Unterwerfung, Erstarrung oder Flucht. Ich habe Klienten, die sich beispielsweise festgebissen haben im Streit mit der GGZ [Verband für psychische Gesundheit in den Niederlanden].

Selma (52), eine sehr empfindsame Frau, hat wegen ihres Trajekts die GGZ vor Gericht verklagt.
[Beim Trajekt wird der Patient als aktiver Partner gesehen, wobei die Bezugspflegekraft hilft, den Patienten zu befähigen, ein möglichst normales Leben zu führen.]

Seit 1995 habe ich im Streit gelegen mit einer psychiatrischen Pflegeeinrichtung, die mich zwingen wollte, weiterhin Medikamente einzunehmen. Ich fand, sie halfen mir nicht wirklich, und ich spürte, dass ich aufgrund der Medikation und meiner Erfahrungen immer weiter von mir selbst abrückte. Die GGZ-Einrichtung wollte ihren Willen unbedingt durchsetzen und ging dabei bis vors Gericht in Arnheim. Meine Rechtsanwältin und mein Hausarzt haben mir die nötige und richtige Unterstützung gegeben.

Ich habe viel im Leben durchgemacht und Psychosen gehabt. Die GGZ-Einrichtung zwang mich zur Medikamenteneinnahme. Das Gericht hat der Einrichtung Recht gegeben, obwohl es um mein Leben ging. Danach hatte die Pflegeeinrichtung keinen Kontakt mehr.

Der Hausarzt hat mich während meiner Aufnahme gesehen, sodass er Bescheid wusste über meinen Zustand, in dem man mich noch immer festhielt. Das hat seine Meinung über diese Einrichtung nicht verändert, sondern bestätigt.

Da er hinter mir stand, habe ich ihn später noch einmal gefragt, ob ich meine Medikation abbauen dürfe. Anfangs hatte er noch Zweifel, aber als ich anführte, dass ich selbst für mein Leben verantwortlich sei, wie ich es führe und was ich tue, war er einverstanden.

Ich bin nun mehr als einen Monat ohne Medikamente und fühle mich gut.

Selmas Geschichte ist kein Einzelfall, und es geht um mehr als nur Stress. Worum es mir bei diesem Beispiel geht, ist die Situation, die ursprünglich der Gesundheit des Klienten dienen soll und mit der jeder zufrieden sein sollte; sie eskaliert in einem Schwarz-Weiß-, Gut-Falsch-Denken, in dem die Parteien sich frontal gegenüberstehen. Sowohl bei den Pflegern und Ärzten als auch bei der Klientin ist die Hoffnung auf eine fruchtbare Zusammenarbeit und gegenseitiges Verständnis komplett verflogen. Wie kann so etwas in der Krankenpflege dermaßen aus dem Ruder laufen, fragt man sich. Die Antwort darauf lautet: Tunnelblick, Streitbarkeit und Stress.

> *Wenn andere Menschen fröhlich sind, müssen wir sie daran erinnern, dass alles Positive auch eine Kehrseite hat.*[9]
>
> Françoise Sagan

Tunnelblick?

Wie steht es mit dir, kannst du dich auch festbeißen an einer Sache? Hast du dies in der Vergangenheit schon einmal erlebt? Wie stark war dein Tunnelblick in diesem Augenblick? Konntest du noch Verständnis für dein Gegenüber aufbringen und seine Argumente teilweise verstehen?

Verstehst du, dass Stress diesen Prozess noch verstärkt und die Wahrheit meistens in der Mitte liegt?

„Trübheit wird geklärt durch Stillstand." Das ist eine alte Weisheit: Nur wenn wir stillstehen und aufmerksam zuhören, können wir die getrübte Sicht auf uns selbst klären, wir sehen wieder klarer, wie es um unser Leben steht. Die Sache ist nur die: Wir bekommen nicht die Gelegenheit, lange stillzustehen. Aufgeschreckt von der Gesellschaft, der Schule, dem Chef und von unseren selbst gesteckten Zielen, finden wir kaum die nötige Ruhe, innezuhalten und alles auf uns wirken zu lassen.

Gruppenverhalten

Der dritte Grund, aus dem Stress die Volkskrankheit Nummer eins ist, hat etwas mit dem Gruppenverhalten zu tun und der Hetze der anderen. Die Menschen sind genetisch so veranlagt, dass sie einander nachäffen und nicht aus der Rolle fallen wollen oder es nicht einmal wagen. Jemand, der es ruhig angehen lässt und der sich in seinem ruhigen Leben einigelt, wird schon bald als Sonderling angesehen. Es ist *not done*, keinen Stress zu haben. Genauso wie es in vielen Ländern *not done* ist, nur Hausfrau und Mutter zu sein, während Zahlen beweisen, dass vor allem die Gruppe der arbeitenden Mütter besonders anfällig für chronischen Stress ist. Der soziale Druck ist enorm, mit der Masse zu gehen und mit dem vorherrschenden Strom mitzuschwimmen, dessen Norm Geschäftigkeit, Rennen und Multitasking ist. Die meisten Menschen unterwerfen sich den Konventionen, auch wenn sie sehen, dass ihnen das schadet. Lange nicht jeder hat den Mut, etwas bewusst anders zu machen und das eigene Leben nach seinen eigenen Maßstäben auszurichten.

In gewisser Hinsicht ist Stress auf diese Weise ansteckend. Ist man umringt von Menschen, die ständig wahnsinnig viel zu tun haben, andere anschnauzen, alles in Eile erledigen und ständig Bären auf ihrem Weg sehen, ist es schwer, sich nicht davon beeinflussen zu lassen. Nach einiger Zeit muss man dennoch mitmachen.

An Traditionen und Konventionen festhalten ist eins der meist besprochenen Themen in meinen Trainingskursen. Jedes Mal fällt mir aufs Neue auf, wie abhängig wir sind und wie brav und gehorsam wir den ungeschriebenen, aber verpflichtenden Regeln folgen und wie viel Unbequemlichkeit und Unzufriedenheit wir dabei in Kauf nehmen. Selbst wenn Körper oder Geist signalisieren, dass wir auf einem falschen Weg sind, machen wir hartnäckig weiter mit dem, was ungesund ist. Weil es sich so gehört! Manche geraten dadurch in einen Teufelskreis von Grübelei und Schlaflosigkeit, andere empfinden Schmerzen, aber ignorieren sie. Bei wieder anderen verursacht Stress Angstattacken oder ein zwanghaftes Bedürfnis nach Sicherheit. Der Verstand versucht in vielen Fällen, mit aller Macht die Kontrolle zu übernehmen, tut aber genau das Gegenteil dessen, was nötig wäre.

In meinen Kursen lehre ich die Hochsensiblen, gegen den Strom zu schwimmen und dann hin und wieder die Füße hochzulegen und mit einem leckeren Glas Wein in der Hand geradeheraus den Kindern und dem Ehemann zu verkünden: „Mama tut heute mal nichts." Allein das Bild sorgt schon für viel Fröhlichkeit und Beifall, und Hochsensible begreifen, sie müssen das Muster selbst durchbrechen und dürfen nicht darauf warten, dass ein anderer sie vom Stress befreit.

Es erfordert Mut, rigoros einen anderen Weg einzuschlagen. Die Angst sitzt tief, eine Ausnahme zu sein. Wir beschäftigen uns lieber mit dem Kämpfen und Verteidigen; denn stell dir einmal vor, du summst friedlich vor dich hin – damit fällst du erst richtig auf. Es wird immer mehr zu einer ungeschriebenen Regel: Man darf nicht so entspannt sein. Wenn du schon einmal entspannt sein willst, tue das dann in deiner Freizeit; irgendwo im Ausland, in den Ferien, so dass die anderen dich nicht sehen; denn sobald du zurück bist, möchte jeder gern, dass du genau wie die anderen sofort wieder vielbeschäftigt und gehetzt wirkst. Genau wie alle anderen finden auch wir all die Aufgaben, die wir übernehmen, ausgesprochen wichtig. Fleiß ist nicht verkehrt, wohl aber wenn es auf Kosten der Lebensfreude und Gesundheit geht.

Wie sieht es denn bei dir aus?

Neigst du auch dazu, weiterzurennen, weil du findest, dass sich das so gehört? Findest du es ebenfalls schwierig, dich von deinem Umfeld zu unterscheiden oder dich von Konventionen zu lösen? Denke einmal darüber nach, ob all diese Selbstverständlichkeiten dir wirklich nutzen. Nimmst du eventuell Schmerz und Müdigkeit in Kauf, weil du der Meinung bist, du könntest keinen Schritt zurück? Bedenke, es ist dein Leben und dein Körper. Man lebt nur *einmal* bewusst. Wenn du jetzt nicht anfängst, dich zu entspannen und das Leben zu genießen, ist es möglicherweise bald zu spät.

Es ist wichtig, darüber nachzudenken: Bin ich nur beschäftigt, damit die Gesellschaft funktioniert, oder sehe ich den *Flow* und die Freude bei dem, was ich tue, und kann ich rechtzeitig aufhören? Für wen und was arbeite ich eigentlich?

Oder du hörst die geführte Meditation „Sich lösen von Konventionen" an.

Erst wenn du den Mut zeigst, deinen Weg zu gehen, zeigt sich der Weg dir.

Evolution

Der vierte Grund besteht darin, dass wir uns physiologisch gesehen in einer Periode von circa sechs bis sieben Millionen Jahren zu dem entwickelt haben, was wir heutzutage sind. Wenn wir den Anfang der Verstädterung als Beginn der industriellen Revolution definieren, dann wohnen Menschen erst weniger als 0,01 Prozent ihrer Geschichte in städtischen Umgebungen. Mehr als 99,99 Prozent der Zeit hat der Mensch in einem natürlichen Habitat verbracht. Die Kluft zwischen der natürlichen Umgebung, an die unsere physiologischen Funktionen angepasst sind, und die stark verstädterte und künstliche Umgebung, in der immer mehr Mensch heutzutage wohnen, ist enorm und vergrößert sich immer mehr. Unser Körper braucht die Natur, um seine Gesundheit zu erhalten, sich von Stresshormonen zu befreien und schnell wieder ins Gleichgewicht zu kommen, aber weil wir immer weniger Zeit in der Natur verbringen, kann der Körper sich nicht mehr so schnell erholen, so dass wir länger und chronisch gestresst bleiben.

Während ich dies schreibe, bin ich auf dem Nachhauseweg von einem sechstägigen Seminar in den Engadiner Bergen in der Schweiz. Mit sechzehn hochsensiblen Menschen und zwei Trainern haben wir hart an verschiedenen Themen gearbeitet, unter anderem an Stress. Die Gruppenmitglieder hatten täglich die Gelegenheit, in Begleitung zu wandern oder allein, und das tut gut. Ich selbst bleibe an den meisten Tagen drinnen, weil ich nach den Gruppenstunden auch noch individuelle Sitzungen anbiete. Am Freitag, dem letzten Tag vor der Heimreise, schicke ich die Gruppenteilnehmer zum Fluss, um auf rituelle Weise von alten, unerwünschten Verhaltensmustern Abschied zu nehmen. Was lässt du zurück und was nimmst du in Zukunft nicht mehr mit in deinem Leben? Einige bauen kleine Boote, andere überschreien das Geräusch des wild tobenden Bergflusses, und wieder andere lassen ihre Tränen fließen. Ich selbst wandere ein Stück bergauf, betrachte die Flora und Fauna, bestaune die prächtigen Muster der Blumen und Blätter, atme den Geruch von Wegerich und Klette ein. Unwillkürlich fange ich an zu gähnen und gähne und gähne. In kürzester Zeit gähne ich mindestens dreißigmal. Nicht nur weil ich müde bin, wird mir klar, sondern auch weil ich die Energie loswerden möchte, die ich unbemerkt angezogen habe. Deshalb schlage ich bewusst mit den Armen durch mein Energiefeld, klopfe den Körper ab und gähne noch ein Weilchen. Ich halte meine Hände in ein Bächlein, das sich zwischen Gras und Herbstblättern einen Weg zum Bergbach bahnt. Aus kleinen flachen Steinen baue ich ein Steinmännchen mitten im kleinen Bach. Nach einer halben Stunde intensiven Kontakts mit der Natur am Ufer des wilden Bergflusses fühle ich mich sauber. Alle fremde Energie ist aus mir heraus, und ich fühle mich gereinigt.

Entspannen erfordert eine aktive Haltung

Zum Schluss, als fünfter Grund: Chronischer Stress ist so allgegenwärtig, dass wir aktiv etwas dagegen unternehmen müssen, um weniger gestresst zu werden. Stress wirkt nämlich wie jede andere Sucht: Er verändert unser Gehirn, so dass wir uns daran gewöhnen und darin verbleiben. Wie mit jeder Art von Sucht ist das Sich-lösen nicht einfach. Es erfordert Einsatz. Wie seltsam es auch klingt: Entspannen erfordert eine aktive Haltung. Der Kampf-Flucht-Überlebensinstinkt war sehr nützlich, vielen Dank lieber Gott, aber er hat uns während der Evolution auch abhängig gemacht von negativen Prozessen. Wir nehmen gern die Gefahren in den Blick, bleiben lieber an negativen Gedanken hängen und stellen Aufmerksamkeit über Entspannung. Obwohl die Welt objektiv betrachtet immer sicherer wird, erblicken die meisten Menschen das Gegenteil. In westlichen Ländern hat der Wohlstand tatsächlich so zugenommen, dass wir, realistisch betrachtet, aufatmen und uns zurücklehnen könnten und zufrieden im Schaukelstuhl auf der Veranda eine Ruhepause machen dürften. Dennoch tun wir das nicht: Wir eilen weiter, gefangen in einem gehetzten Körper, und sehen weiterhin Bären auf unserem Weg! Merkwürdig, nicht wahr?

Sich lösen von eingeschliffenen Gewohnheiten von Körper und Geist erfordert Disziplin und tiefe Einsicht. Anders gesagt: Um seltener zum Spielball evolutionär bedingter Reaktionsmechanismen zu werden, brauchen wir Techniken und Theorien. Wenn wir dafür sorgen wollen, dass wir die sicheren Zeiten besser genießen, in denen wir bereits seit mehr als sechzig Jahren leben, dann müssten wir aktiv werden und bewusstere Entscheidungen treffen.

Was ist Stress? – Das Wichtigste in Kürze

Stress ist so allgemein, weil es sich um einen Teufelskreis handelt; er erhält sich selbst aufrecht. Begründung:

- Der Mensch reagiert stärker auf Neues und Gefahr.
- Stress ist Angst, und Angst färbt die Wahrnehmung negativer: Wir sehen noch mehr Bären auf dem Weg. Eine negative Spirale entsteht.
- Der Mensch ist ein Herdentier und tut das, was andere tun: geschäftig sein.
- Der Mensch lebt nicht mehr in seiner natürlichen Umgebung, die ihm auch eine natürliche Entspannung verschafft.
- Wir kommen nicht von selbst aus einer negativen Spirale heraus, sondern müssen aktiv etwas dafür tun.

Stress ist eine Sucht. Sich von dem durch den Sympathikus gesteuerten Prozess im Gehirn und Körper zu lösen erfordert Disziplin und tiefe Einsicht.

Unsere frühen Vorfahren litten unter Krankheiten, Wetterunbilden, Raubtierangriffen, Kindersterblichkeit oder Fluktuationen beim Nahrungsangebot. Sie hatten kein stressfreies Leben, ebenso wenig wie die meisten Tiere in der Natur. In unserer modernen Gesellschaft bestehen derartige Gefahren jedoch kaum noch; wir sollten daher bewusster mit den Stressreaktionen unseres Körpers umgehen. Der Kampf-Flucht-Überlebensinstinkt war sehr nützlich, aber er hat uns auch während der Evolution sehr abhängig von negativen Vorstellungen und Prozessen gemacht. Wir konzentrieren uns zu gern auf

Gefahren, bleiben gefangen in negativen Überzeugungen und stellen Wachsamkeit über Entspannung. Meistens tun wir das nicht, um uns besser zu fühlen, sondern weil die Mehrheit es nun einmal so macht.

Das Rückkopplungssystem von Stress, das uns beruhigt und Ruhe schenkt, Genuss und Freude hervorbringt, braucht offensichtlich Hilfe und Unterstützung.

Wir müssen aktiv werden, lernen, uns bewusst mehr zu entspannen und nicht mehr auf Auto-Pilot durch das Stress-System steuern zu lassen. Dafür braucht es Erkenntnis und Übung.

2 Folgen von chronischem Stress

Zunächst: Was ist eigentlich Arbeit? Es gibt zweierlei Arten: einmal, Verlagern der Materie auf oder nahe der Erdoberfläche in Bezug auf andere derartige Materien; zweitens, andere Leute anweisen, es zu tun. Arbeit der ersten Art ist unangenehm und schlecht bezahlt, der zweiten angenehm und hoch bezahlt.[10]

Bertrand Russell

Wai qiang zhong gan

Die Chinesen bezeichnen den Zustand von chronischem Stress als *wai qiang zhong gan* oder auch „Die Außenseite ist stark, die Innenseite verfault". Kann man die äußere Spannung nicht verändern, wird man die Frustrationen in seinem Innern ansammeln. Der Außenwelt signalisieren wir, es sei nichts los, aber im Innern leiden wir. Wörtlich bedeutet *wai qiang zhong gan*: Die Außenseite, die eine Yang-Natur hat, ist hyperaktiv, während die Innenseite, vom Ursprung her Yin, die sanfte, ruhige weibliche Energie, wegfließt. Wir sind aktiv und kommen nicht zur Ruhe. Wir sind viel Yang und wenig Yin.

Sowohl physisch als auch psychisch haben wir Schmerzen, wir fühlen uns klein und wertlos. Kurzzeitiger Stress ist notwendig, aber chronischer Stress ist ein Zeichen für einen aus dem Gleichgewicht geratenen Körper und Geist. Depressionen, Unfruchtbarkeit, Diabetes, Fettsucht, Magersucht, zu hoher Blutdruck, Herzstillstand, Leberbeschwerden, Überfunktion der Schilddrüse, Unterfunktion der Schilddrüse, Autoimmunerkrankungen … vielerlei Entzündungsreaktionen können Folgen von chronischem Stress sein, wodurch das Immunsystem geschwächt wird. Es sind häufig vorkommende Wohlstandskrankheiten, die mit einem schwach funktionierenden Hormonsystem zusammenhängen. Wir haben lange Zeit die Signale unseres Körpers ignoriert. Der Körper warnt uns zwar deutlich, aber wie sehr stehen wir in Kontakt mit unserem Körper und unserem Gefühl, um die Signale auch wahrzunehmen? Es ist nicht schön und auch nicht vorgesehen, dass wir ständig unter chronischem Stress stehen – obwohl viele Menschen in unserem Umfeld diesen Eindruck vermitteln.

Es gibt auch Bücher, in denen es heißt, Stress sei gut für uns, man könne dadurch in den Flow kommen, man bekomme mehr Energie und das mache einen produktiver. Nach Aussage dieser Autoren ist das besonders positiv für das Gehirn; die neuralen Netzwerke und die Widerstandskraft nehmen zu. Ich wüsste zu gern, wer solche Bücher subventioniert, denn etliche Argumente sind kaum stichhaltig. Flow hat wenig mit Stress zu tun. Im Gegenteil. Der Zustand, den wir Flow nennen (und der 1975 erstmalig von dem amerikanischen Psychologen Mihály Csíkszentmihályi untersucht wurde[11]), beschreibt ja gerade einen Zustand von Aktivität, in dem alles von selbst zu gehen scheint und der dabei positive Gefühle und Empfindungen hervorruft, wobei die Herausforderung oder die Arbeit genau übereinstimmt mit den Qualitäten der jeweiligen Person. Flow ist ein sehr angenehmes Gefühl, so schön, dass man ganz darin aufgeht und sich und die Zeit vergisst. Stress hat damit gar nichts zu tun.

Natürlich gibt es einen Zusammenhang zwischen Produktivität und Stress, aber dieser fällt nur zum Vorteil des Arbeitgebers aus. Die Person selbst sieht vielleicht, wie ihre Produktivität zunimmt, aber sich ihre Gesundheit verschlechtert. Außerdem ist dieser Prozess endlich; es kommt ein Moment, in dem die Person (sprich der Arbeitnehmer) unter der Produktivität und dem Stress zusammenbricht oder ausbrennt. Möglicherweise produziert man unter Stress und Druck mehr, aber die Produktion hat ihren Preis: zum Nachteil des Individuums, zum Vorteil des Chefs.

Das Argument, man werde klüger durch Stress, ist das albernste von allen. Ja, vielfach sucht man verzweifelt nach Lösungen, um Stress zu vermeiden, und peinigt den Verstand auf der Suche nach Antworten. Meistens finden die Menschen die Lösung jedoch in der Akzeptanz der schicksalhaften, ohnmächtigen Stresssituation. Wenn man das als Klügerwerden ansieht, dann frage ich mich wiederum, wo der Prozess endet. Nicht zum Vorteil des Individuums, meine ich. Außerdem wird der Verstand auch klüger durch Meditation, dem Gegenspieler von Stress, was bei mir die Frage aufwirft, ob es überhaupt Erfahrungen gibt, bei denen die Menschen keine einzige neue Gehirnverbindung bilden.

Nochmals die Frage: Wer profitiert wirklich von gestressten Menschen? Das Individuum selbst, der Arbeitgeber, der Staat oder die Machthaber?

Gehorsamkeit

Eine internationale Studie aus dem Jahr 2014[12] zeigt, warum Menschen bereit sind, für Sozialsysteme zu stimmen, die sie, objektiv gesehen, benachteiligen. In dieser Untersuchung erwies sich Machtlosigkeit als Schlüsselfaktor. Das Maß, in dem sich Menschen negativen und fehlgeleiteten Mächten widersetzen, hängt von ihrem subjektiven Gefühl eigener Macht ab. Diejenigen, die sich stark und mächtig fühlen, werden eher dazu neigen, soziale Umstände zu kritisieren, wohingegen andere, die sich machtlos vorkommen, zum Beispiel aufgrund von chronischem Stress, eher geneigt sind, die bestehende Ordnung zu unterstützen. Das ist ein universelles und evolutionäres Prinzip, das mit der Arbeitsweise unseres Nervensystems zusammenhängt. Menschen am unteren Ende der sozialen Leiter haben im Allgemeinen auch mehr Stress, weil sie aufgrund ihrer Stellung weniger zu melden haben.

Eine zweite Studie unter amerikanischen Arbeitnehmern[13] zeigt, dass die abhängigsten Arbeitnehmer gerade auch am höchsten motiviert sind, den Machthabenden zu unterstützen und den negativen Status quo, auch wenn sie selbst darunter leiden, gutheißen. Das Gefühl dazuzugehören hält eventuelle interne Hemmungen oder Gewissensbisse zurück. Diese können mit einem ruhigeren Herzen beiseitegeschoben werden, denn die Gruppe oder die Autoritäten, die es immerhin wissen müssten, denken offensichtlich anders darüber und haben kein Problem mit ihrem Gewissen. Finanziell von ihren Chefs und Betrieben abhängige Arbeitnehmer sind am ehesten bereit, ihre Manager als ehrlich zu beschreiben, und sie stimmen auch häufiger der Aussage „Ich werde für meine Arbeit anständig bezahlt“ zu.

> *Hilfe! Ich kann nicht selbst über mein Leben verfügen. Ich kann meine Zeit nicht selbst einteilen. Ich habe keinen Zugriff auf meine monatlichen Einkünfte. Ich weiß nicht sicher, ob ich im nächsten Monat noch eine Stelle haben werde.*

Paradoxerweise zeigt sich mehr und mehr, dass Menschen, die am meisten unter ihrer Situation leiden, die wegen ihres sozialen Status, wegen Rasse, Bildung oder Einkommen am schlechtesten dran sind, am wenigsten gewillt sind, sich dagegen zu wehren. Sie hinterfragen weniger, wehren sich seltener oder versuchen kaum einmal, ihr Leben zu verändern. Machtlosigkeit und Stress machen vor allem *gefügig*.

Stress verursacht Angst, und Angst macht den Menschen gefügig und gehorsam. So groß ist das Bedürfnis nach Sicherheit, dass wir uns gern an der Gruppe orientieren, am liebsten an denjenigen, die wir besonders schätzen und von denen wir vermuten, sie hätten die meiste Macht.

Es gibt keine Autonomie oder eigene Verantwortung, denn durch Stress verursachte Angst hält uns unbewusst im Würgegriff. Obwohl wir uns im eigenen Interesse und aus Fürsorge brav anpassen, sind die Folgen – vor allem kollektiv und gesellschaftlich – meist das Gegenteil dessen, was uns zum eigenen Vorteil gereicht. Wir stecken fest in der Ohnmacht, unser sozialer Status verändert sich nicht, im Gegenteil, er verschlechtert sich sogar, und wir werden noch abhängiger. Davon bekommen wir noch mehr Stress, wir opfern auf lange Sicht unsere Gesundheit und unser Wohlbefinden. Stress in der heutigen epidemischen Form ist für die Wirtschaft und die Wirtschaftsführer ein großer Vorteil, doch die unteren sozialen Gruppen bezahlen dafür mit ihrer Gesundheit.

> *Machtlosigkeit ist eigentlich immer ein grundlegender Stressfaktor. Oder anders gesagt: Hinter Stress verbirgt sich die evolutionäre Angst wegen fehlender Sicherheit.*

Wenn wir glauben, keinen Einfluss mehr auf unsere eigene Situation zu haben, gewinnen Angstgefühle automatisch die Oberhand. Wir werden unsicher, ob unsere Grundbedürfnisse erhalten bleiben. Mangelnde Kontrolle über das eigene Leben ist seit Jahrhunderten die Ursache von Krankheiten, psychischem oder physischem Leiden der Menschen. Und das Verrückte daran ist, wir leben jetzt in einem solchen Wohlstand, dass so etwas eigentlich nicht mehr vorkommen dürfte – wenn der Wohlstand besser verteilt wäre. Menschen, die sich gestresst fühlen, unabhängig davon, ob sie hochsensibel sind, erleben in ihrem tiefsten Innern Unsicherheit. Sie fühlen sich in ihrer Existenz bedroht.

Aus Leonies Situation können wir ziemlich einfach schließen, dass sie sich vermutlich in der Schule, aber auch zu Hause, oft ohnmächtig gefühlt hat. Sie kam nicht gegen das Mobbing in der Schule an, und wenn sie zu Hause etwas davon durchschimmern ließ, blockte ihre Mutter das ab. Auch die Depression ihrer Mutter muss in ihr heftige Gefühle von Ohnmacht hervorgerufen haben. Für ein Kind ist fast nichts unsicherer als eine Mutter, die unglücklich, schwermütig oder lebensmüde ist.

Wie autonom fühlst du dich in deinem Leben?

Hast du das Gefühl, andere verfügen über dein Leben und bestimmen, was du tun musst? Fühlst du dich frei, zu tun und zu lassen, was du willst? Bist du mündig und unabhängig oder hast du den Eindruck, verstrickt zu sein in den Netzen eines Systems? Bei der Arbeit, dem Staat oder möglicherweise in der eigenen Familie? Denke einmal über diese Fragen nach und schreibe, wenn möglich, Schlussfolgerungen auf.

Höre dir auch die Meditation „Dein größtmögliches Selbst" an.

Wenn du die Meditation regelmäßig anhörst, wirst du merken, dass Gefühle wie Macht, Selbstbewusstsein und Autonomie (Unabhängigkeit) schnell wachsen können. Diese Meditation sorgt dafür, dass die bisherigen scheinbar selbstverständlichen Gefühle von Kleinheit und Ohnmacht verschwinden; sie ersetzt diese durch Gefühle von Kraft und Autonomie.

Legitimation von Stress

Wenn wir uns gehorsam fügen und uns zufriedengeben mit dem Stress, den wir erleben, tun wir noch etwas: Wir reden das schön, was unschön ist, um unserem Leben doch noch eine gewisse Logik und Kohärenz zu geben, vor allem um eine mentale Erklärung beziehungsweise einen Sinn zu finden für die aussichtslose und bedrohliche Situation. Menschen verharren in ihrem stressigen Schicksal, weil sie die Eigenschaft besitzen, flexibel zu sein. Der Mensch kann sich an die Umstände anpassen. Das ist ein Segen, aber auch ein Fluch, denn das führt dazu, dass Menschen die schlimmsten Qualen aushalten, Unrecht nicht oder kaum in Frage stellen und sogar ein Leben in Sklaverei aushalten. Unter Stress erklären wir Ungleichheit und Unrecht leichter für legitim. Gestresste Menschen wollen lieber nicht einsehen, dass ihre Situation vielleicht nachteilig oder unehrlich ist. Wenn wir den Eindruck haben, wir könnten nichts an unserer nachteiligen Situation ändern, dann tun wir so, als sei es die einzige Möglichkeit, mit einem positiven Gefühl davonzukommen. Es schafft eine Dissonanz, ein besonders unangenehmes Gefühl, zu glauben, man werde benachteiligt. Auch Jojanneke van der Toorn, Psychologieprofessorin an der Universität Leiden, ist der Auffassung, Menschen hätten von Natur aus die Neigung, durch mentale Erklärungen die Last unangenehmer und ungerechter Situationen zu verringern; damit überzeugen wir vor allem uns selbst, dass die Lage in der wir uns befinden, doch nicht so schlimm oder schlecht ist, als wie wir sie empfinden.[14]

Die heutigen wirtschaftlichen Veränderungen in einer immer stärker vernetzten Welt finden in großem Stile statt und liegen für den Arbeitnehmer häufig außerhalb seines Blickfelds. Fusionen und Insolvenzen finden im großen Rahmen statt. Man ist in einem Großkonzern eine Spielfigur, eine Nummer, in Produktivität ausgedrückt. Unsicherheit gab es früher auch schon, und Menschen standen auch damals unter Stress. Die heutige Ungewissheit im Hinblick auf die spätere Rente macht die Zukunft unsicher, aber in Zeiten und Ländern, in denen es keine Rente gibt, sind die Angst und der Stress im Alter mindestens ebenso groß, wenn nicht größer.

Machtlosigkeit ist sowohl Ursache als auch Folge von chronischem Stress, sie sind miteinander verwoben. Machtlosigkeit führt daher zu Gehorsamkeit.

> *Wenn Demokratie funktionierte, hätte man sie bereits abgeschafft.*
>
> Loesje

Gefühle von Machtlosigkeit kommen nicht erst auf, wenn wir ins Berufsleben eintreten. Wir kennen diese Gefühle bereits alle aus unserer eigenen Kindheit: den Zustand, in dem wir eigentlich per definitionem untergeordnet waren und nach anderer Leute Pfeife tanzen mussten. Fügsamkeit und Gehorsam werden angelernt. Wir lernen unter dem Deckmantel von Erziehung vor allem eines: mitzumachen bei den Werten und Normen unserer Kultur. Für den einen sind diese Gefühle viel stärker gegenwärtig als für den anderen, aber im Allgemeinen neigen Menschen dazu, Befehle zu befolgen und sich dem Willen der Autoritäten zu fügen; sogar, wenn sie sich dabei unmoralisch verhalten. Das zeigte sich 1963 in einem berühmten Experiment von Stanley Milgram, bei dem Menschen in einer Testsituation gebeten wurden, einem anderen Elektroschocks zu geben. Bei 150 Volt schrien diese Menschen – es waren Schauspieler, die nicht wirklich Stromschläge erhielten – auf, bei 300 Volt reagierten sie nicht mehr. 65 Prozent der Testpersonen waren bereit, den stärksten Stromstoß von 450 Volt zu verabreichen, die Hälfte ging bis 300 Volt, wobei sie die Schmerzgrenze bereits weit überschritten hatten.

Die gesellschaftliche Akzeptanz von Stress passt in dieses Muster von gehorsamem Verhalten. Das gehört nun einmal dazu, scheinen die Menschen zu denken.

Bart (35), Vater in Teilzeit, Mathematiker

> *Ich bin schon einige Zeit am Ende mit meinem Latein. Ich fühle mich angeschlagen und erschöpft. Ich habe so viel investiert und mich für meine beiden Kinder aufgeopfert. Ich fühlte mich schuldig wegen der Scheidung und wollte von Anfang an das gemeinsame Erziehungsrecht, aber wo bleibe ich? Meine Kraft ist erschöpft durch das ständige Geben. Ich möchte immer, dass andere zufrieden sind. In der letzten Zeit frage ich mich häufiger: Wem will ich eigentlich gefallen, und wem will ich etwas beweisen? Eigentlich bin ich nicht so ein Macher. Ich brauche viel Zeit für mich selbst, um mich wieder von den vielen Reizen zu erholen. Das mache ich am liebsten allein mit Computerspielen, aber in den vergangenen Jahren war ich so müde, dass ich nicht einmal mehr dazu kam. Mir ist klar, ich habe diese*

Entscheidung selbst getroffen und ich kann niemandem etwas vorwerfen, aber dass ein Mensch so leer werden kann … Mein Herz rast unruhig, und meine Arme prickeln. Mein Körper wirkt müde und alt. Ich treibe Sport, aber manchmal habe ich den Eindruck, dass das nicht gut für mich ist. Danach habe ich sogar Schmerzen. Entzündungsschmerzen. Ich weiß, ich muss nun richtig aufpassen. Soll ich mich krankschreiben lassen? Das ist schwer bei der großen Verantwortung, die auf mir lastet.

Stella (42) wohnt in einem modernen Häuserkomplex in Amsterdam-Ost. Die Wohnung ist sehr schön hell und grenzt an schöne Innengärten. Sie wohnt dort zusammen mit ihrem 16-jährigen Sohn und einem neuen Partner. Der Vater ihres Sohns lebt in Brasilien. Stella leidet unter verschiedenen Beschwerden, derentwegen sie bereits bei mehreren Ärzten war.

Als Kind konnte ich schlecht schlafen. Mit zwölf Jahren war ich deshalb bei meinem Hausarzt. Er sagte: „Du machst zu viel auf einmal." Ich habe eine empfindliche Haut, hatte oft ein Ekzem. Ich fühlte mich ständig körperlich schlecht und habe zwei schlimme Burn-outs gehabt. Seit 2009 habe ich unklare Beschwerden, eine Kombination von Grippe und Migräne. Etwa ein- bis zweimal im Monat. Ich habe Kopfweh, mir ist warm und dann wieder kalt. Manchmal habe ich ein Gefühl, als wäre ich vergiftet, als ob Körper und Geist damit beschäftigt wären, dem Körper das Gift zu entziehen. Wegen der Schmerzen muss ich manchmal Runden durch das Zimmer drehen. Ich glaube, ich bin oft krank wegen (negativer) Energie zwischen mir und anderen oder der Energie um mich herum; von etwas, das unsichtbar geschieht, sozusagen. Ich nehme es auf und behalte es bei mir. Außerdem meine ich, ich brauche viel Ruhe, um alle Eindrücke und Ereignisse zu verarbeiten. Wenn ich mir nicht die Zeit dafür nehme, kann das zu einer Überlastung führen.

Eva (28) ist Krankenschwester. Sie ist eine schlanke Frau mit dunkelbraunem, lockigem Haar und dunklen Augen. Sie serviert Kräutertee und einen selbstgemachten, zuckerfreien, gesunden Möhrenkuchen. Nach anfänglicher Anspannung bei der Begrüßung beginnt sie schon bald offen zu sprechen. Sie ist fröhlich, aber wenn es um schwierige Themen oder Situationen geht, sucht sie lange nach passenden Wörtern. Eva lebt momentan von einer Wajong-Rente, eine vorübergehende Berufsunfähigkeitsrente.

Bei Stress fühle ich mich unter anderem sehr gehetzt. Ich kann nicht mehr zur Ruhe kommen. Ich will dann putzen und Listen aufstellen, was ich noch alles tun muss, damit meine Wohnung richtig schön aussieht. Als Kind hatte ich eine Zwangsstörung und musste von mir aus sehr viel zählen und Dinge zurechtrücken. Das habe ich nun überwunden, aber ich habe noch immer die Neigung, alles unter Kontrolle zu haben. Ich plane gern und bin ein Teamspieler, aber mit meiner Präzision kann ich es übertreiben.

Folgen von chronischem Stress

Chronischer Stress verursacht nicht nur eine erhöhte Ausscheidung des Stresshormons Adrenalin, auf lange Sicht kann sich auch der Blutdruck stark erhöhen, die Libido geht meist zurück, die Stimmung auch sowie die Immunantwort, weil Cortisol ständig in den Adern zirkuliert und nicht mehr ausreichend abgebaut wird. Ein hoher

Cortisolspiegel begünstigt leider die Bildung von Tumoren und steht so in Verbindung mit Krebs.

Stress hat auch eine Auswirkung auf Beziehungen. Du bekommst einen kurzen Atem und bist weniger bereit, positiv an gemeinschaftlichen Aktivitäten teilzunehmen. Stress wirkt sich überdies negativ auf das Sexleben aus.

Kurzum, es steht außer Frage, dass chronischer Stress den Körper durcheinanderbringt und das Gleichgewicht stört. Langanhaltender Stress hat physiologisch betrachtet derartige Auswirkungen, dass ernsthafte Störungen entstehen in der Interaktion des Gehirns, des peripheren Nervensystems, des hormonalen Systems und des Immunsystems.

Krankheiten, die mit Stress in Zusammenhang gebracht werden:

- Herz- und Gefäßkrankheiten
- Diabetes
- Krebs
- Depressionen
- Angststörungen
- Chronische Müdigkeit

Schon 1967 publizierten die Forscher Holmes und Rahe eine aufsehenerregende Studie in der Fachzeitschrift *Journal of Psychosomatic Research*. Die beiden untersuchten mehrere Tausend Krankengeschichten und stellten anschließend eine Liste von 43 mehr oder weniger eingreifenden *life events* zusammen. Dem Ereignis „Heiraten" wurde auf einer Scala von 1 bis 100 ein Stress-Score von 50 zuerkannt. Anschließend wurden 400 Frauen und Männer gebeten, den Rest der Items mit diesem Ereignis zu vergleichen und auf der Scala einzuordnen. Brauchten sie nach dem Ereignis mehr oder weniger Zeit, sich anzupassen? War es einschneidender oder nicht?

Die durchschnittlichen Stress-Scores wurden in der sogenannten Social Readjustment Rating Scale (SRRS) verarbeitet. Die Wissenschaftler kamen zu dem Ergebnis, dass ein individueller hoher Score (mindestens 300 Punkte in zwei Jahren) häufig mit Krankheit, psychischen Problemen, Verkehrs- und Sportunfällen zusammenhängt.

Stress ist der Cholesterol erhöhende Faktor par excellence, ganz einfach weil bei Stress Cortisol, das Stresshormon, nötig ist, um diesen Stress zu bekämpfen. Man kann also sagen, Stress verursacht Krankheiten, aber genauso gut kann man sagen, Krankheiten verursachen Krebs.

Es gibt viel mehr Störungen und Krankheiten, die sich durch chronischen Stress verschlimmern. Tatsächlich hat langanhaltender Stress immer irgendwelche Folgen in unserem Körper oder Geist. Man spricht auch von einer Schwachstelle, um zu verdeutlichen, dass unser Widerstand an einer besonderen Stelle eine Schwäche aufweist. Der eine leidet unter Blasenentzündungen, ein anderer unter Erkältung oder Migräne, oder er hat Probleme mit der Achillesferse. Hautkrankheiten wie Psoriasis[15], Vitiligo, Haarausfall und Urticaria (Gürtelrose) können sich durch Stress oder Angst verschlimmern. Häufig spricht man von einer genetischen Veranlagung als zweiter Komponente.

> *Auch wenn du hundertmal sagst, dass du sehr beschäftigt bist, wird es natürlich nicht ruhiger.*
>
> Loesje

Viele Menschen in unserer modernen westlichen Industriegesellschaft sehen chronischen Stress als unvermeidbar an, aber das ist nichts anderes als die Hülle, die Außenseite. Das wahre Problem besteht darin, wie viel wir uns wirklich wert sind. Natürlich ist Stress nicht notwendig und unvermeidlich. Es ist und bleibt eine Frage der Wahl. Willst du wahrhaben, dass du unter Stress leidest? Ergreifst du irgendwelche Maßnahmen bei den ersten Anzeichen von Stress, die länger anhalten? Du weißt bereits, dass die Anzahl der körperlichen und seelischen Beschwerden zunimmt, wenn du nicht sorgsam mit dir umgehst. Du weißt sehr gut, dass die Möglichkeit ernsthafter Erkrankungen wie Herz-, Gefäßkrankheiten und Krebs stark zunehmen, wenn du immer so weitermachst. Es wurde schon gesagt, aber vielleicht geht es dir wie den meisten Menschen: zum einen Ohr rein, zum anderen Ohr raus. Der eigentliche Bösewicht ist dann auch die Unbekümmertheit und die Selbstverständlichkeit, mit der wir mit unserem Körper umspringen. Wir nehmen unseren Körper (und in gewissem Sinne auch unseren Geist) einfach nicht ernst genug, weil wir nicht bereit sind oder nie gelernt haben, wirklich für unseren Körper zu sorgen, wirklich auf ihn zu hören und uns für ihn und unser Wohlbefinden zu entscheiden. Lieber stehen wir weiter unter andauernder mentaler und physischer Anspannung, auch wenn wir tief in unserem Herzen wissen, dass unser Verhalten eventuell zu einem gestörten Hormonhaushalt führt, zu einer ernsthaften Depression oder sogar einem Herzinfarkt.

Woran liegt es, dass wir nicht liebevoller sind und unsere Verwundbarkeit nicht erkennen? Denn wir haben eigentlich das System fortwährend überlastet und sozusagen unseren Motor bis zur Überhitzung hochdrehen lassen.

Die Abwärtsspirale

Aus mehreren Gründen hängen wir an Angst und Stress, und die Wahrscheinlichkeit ist sehr hoch, dass wir dadurch chronische Beschwerden bekommen. Es wird eine sich selbsterfüllende Prophezeiung, eine Abwärtsspirale, und wenn wir die Tatsache miteinbeziehen, dass das Leben immer schneller und die Tage immer ausgefüllter werden, ist das Unheil unwiderruflich.

Die meisten Menschen, die unter Stress stehen, beklagen sich, dass sie ihre Arbeit nicht zu Ende bringen. Sie hätten zu viele Aufgaben und der Erwartungsdruck der anderen (Mitgestressten) sei zu groß. Bei unserem westlichen Lebensstil folgen stressige Situationen aufeinander; während man noch dabei ist, sich von der einen Arbeit zu erholen, beginnt bereits die nächste. Im gegebenen Moment nimmt man am Montagmorgen eine Pille, die einen wieder aufpeppt, so dass man zur Schule oder Arbeit spurten kann; dabei steckt einem die Müdigkeit infolge eines durchgefeierten Wochenendes noch in den

Kleidern. Auf Dauer sind die Verteidigungsmechanismen des Körpers erschöpft, und man wird immer empfänglicher für Krankheiten und zum Beispiel auch für Bemerkungen von anderen. Die unschuldigsten Beschwerden, die auftreten können, sind ein vages Gefühl von Unzufriedenheit, unruhige Verdauung, Kopfschmerzen, Muskelspannung wie zum Beispiel Rückenschmerzen und Schlafprobleme. Schlimmer wird es, wenn zu viel Stress zu chronischer Nervosität führt, zu Überspanntheit, Depression, Angststörungen und Burn-out. Außerdem verändert Stress auch das Selbstbild: Allmählich wird das Selbstvertrauen schwächer, weil man auch psychisch anfälliger wird.

Stress unter Hochsensiblen

Zahlreiche Menschen, unter ihnen viele Hochsensible, befinden sich in einem chronischen Stresszustand; sie sind dann nicht mehr in der Lage, die normalen Dinge zu genießen, weil alles sie überreizt. Ich kannte auch einmal eine solche Zeit, als meine Kinder noch klein waren. Ich lief nur noch herum und ärgerte mich immer mehr. Wenn du nicht einmal in Ruhe eine Tasse Kaffee oder Tee trinken kannst, das Lachen deiner Kinder nicht mehr genießt oder deine eigenen Verrücktheiten wie Tagträumen und Über-etwas-Nachsinnen durch To-do-Listen und strenge Fitnessprogramme ersetzt, kann es durchaus passieren, dass auch du ein Kandidat für chronischen Stress bist.

Anja (30, Lehrerin) beschreibt, was viele Menschen erleben:

> *Ich bin immer müde. Ich bin bereits müde beim Aufwachen. Mein Körper schmerzt und signalisiert mir, dass er eigentlich nicht mehr mag, aber ich befehle mir weiterzumachen. Die Klasse braucht mich. Ich liebe diese Arbeit, aber meinem Körper ist das zu viel. Im vergangenen Jahr musste ich ein paar Monate pausieren, damit ich mich von einem Burn-out erholen konnte. Ich musste und wollte nach den Ferien wieder anfangen, aber bereits in den Herbstferien war ich körperlich wieder auf demselben Niveau. Müde, unendlich müde. Ich*

finde mich selbst langweilig, aber wenn ich einmal länger auf einem Fest bleibe, leide ich die ganze Woche darunter. Ich verwünsche mich selbst, wenn ich ungesellig war und es nicht so lange auf dem Fest ausgehalten habe. Ich bin noch jung, meine ich wenigstens, aber ich empfinde mich selbst oft wie ein altes Weib.

Anja ist eine liebe Frau, die viel gelitten hat und sich jahrelang unverstanden fühlte. In ihrem Leben gab es niemanden, der zu ihr sagte: Wie ich sehe, haben Sie es schwer. Ich erkenne Ihre guten Absichten. Ich sehe, wie fortwährend neue Reize bei Ihnen ankommen, aber auch, dass Sie Ruhe und Liebe brauchen. Bei Anja ist vor vielen Jahren, ähnlich wie bei anderen Hochsensiblen, ein Prozess in Gang gekommen, nämlich ein sehr ungesunder, ständig erhöhter Cortisolspiegel. Ihr Körper ist schon seit Jahren nicht mehr zu wirklicher Ruhe gekommen; er kämpft unentwegt. Der erhöhte Cortisolspiegel und andere Stresshormone geben Anja permanent das Gefühl, unter Druck zu stehen. Das Dumme ist: Sie erkennt das nicht einmal mehr selbst, weil sie sich daran gewöhnt hat. Sie nimmt diesen Zustand als ihren „normalen Zustand“ wahr. Als ihre Persönlichkeit. Aber darin irrt sie sich.

Ich kenne viele schöne, liebevolle, einfühlsame und aufrechte Menschen, die von Natur aus eigentlich eine strahlende, einnehmende, herzliche oder kreative Persönlichkeit besitzen, wohingegen ihr Leben gezeichnet ist von Stress, Überlebenskampf, Ängsten, Schlaflosigkeit oder Schmerzen. Nicht weil sie in einem Kriegsgebiet leben, Hunger leiden oder von Naturkatastrophen bedroht sind – nein, sie leben in Großstädten im reichen Westen, sie haben anspruchsvolle Arbeit und Familien. Dennoch sind sie nicht glücklich, sie werden durch viele subtile Drohungen eingeengt und beeinflusst. Die Ursache ihrer Leiden und Kämpfe ist in der Regel diffus und scheint eher in der Person selbst zu liegen. Es gibt nicht immer deutliche Anzeichen in ihrer Biographie oder aktuellen Lebenssituation, und dennoch stehen sie oft unter enormem Leidensdruck. Es kann sich um junge Mütter handeln mit ein oder zwei Kindern, die fast zusammenbrechen, es kann sich aber auch um Arbeitnehmer handeln, die das Arbeitsklima nicht mehr ertragen oder … ergänze selbst!

Die Umstände scheinen allgemeingültig zu sein, und nicht immer kann man von einem deutlichen Trauma sprechen, jedoch gleichen sich die Geschichten an irgendeinem Punkt. Der rote Faden ist, dass die Normen und Erwartungen, die wir an uns selbst stellen, immer verhältnismäßig höher sind als das, was wir von anderen erwarten. Der Körper ist in einem Zustand großer Wachsamkeit, und die Schutzmechanismen werden nicht angemessen eingesetzt. Wir neigen dazu, uns selbst die Schuld zu geben. Wir verurteilen uns selbst und geben uns die Schuld, wenn etwas in unserem Leben nicht rundläuft. Wir denken und spüren häufig, dass das Leben schwierig ist und wir selbst daran schuld sind. Wir nehmen das Leben ernst und gehen auf angemessene Weise mit Problemen um.

Wir erleben alles auf eine tiefe und intensive Art, manchmal im Kontakt mit anderen, manchmal mit einer Frage an uns selbst. Wir erleben körperliches Ungemach sehr intensiv und vordergründig. Wir stehen physisch unter Spannung und können uns nur schwer entspannen. Der Körper ist erschöpft, und unsere Haltung verrät ein Ungleichgewicht.

Ein chronisch gestresstes Hirn grübelt gern. Grübeln ist eine Form des Tunnelblicks. Wir denken immer wieder über dieselben Probleme nach, steigern uns immer mehr hinein, und häufig ist es ein Fass ohne Boden. Für einige von uns ist Grübeln zur wahren Sucht geworden. Der Verstand glaubt nämlich, die geistige Aktivität erreiche etwas: Sie biete Lösungen an. Nichts ist weniger wahr. Die Überaktivität des Gehirns tut einfach das Folgende: Sie macht uns wachsam und bereitet uns auf Gefahr und Rückschläge vor. In diesem Fall ist das Denken nicht mehr konstruktiv und nicht nur ein Nebenprodukt deines Lebens, sondern zur chronischen Abhängigkeit geworden. Etwas, worüber man keine Kontrolle mehr hat und das eine große Last bedeutet. Es führt in einen Teufelskreis, weil diese inneren Reize wieder verarbeitet werden müssen. Gedankenassoziationen sind nämlich auch Reize. Es ist wie mit allem: Wenn man von irgendetwas zu viel hat, wird es unproduktiv, es steht im Weg und schafft nur noch mehr Stress. Stress verursacht Unruhe im Gehirn, und dieses Gehirn frisst sich dann voll mit weiteren inneren Reizen, auch wenn es diese schon lange satthat, und auf diese Weise entsteht eine Kreisbewegung. Du kennst wahrscheinlich so einen durchtrabenden Geist: Er ist dann wie ein ungezügeltes Pferd, das sich ohne den Reiter aus dem Staub macht.

Die Abwärtsspirale ist der Grund dafür, dass sich Menschen unter Stress immer ohnmächtiger fühlen, während jene Machtlosigkeit eine Zunahme von Stress bewirkt. Der chronische Stress an sich verursacht noch mehr Gefühle von Machtlosigkeit, die aufgrund dessen mehr Stresshormone produzieren. Diese negative Spirale bewirkt, dass Menschen sich in der Situation gefangen fühlen und Dinge tun, die ihre Machlosigkeit hervorheben. So kommen wir zu dem Paradoxon, dass eines dieser Dinge darin besteht, ausgerechnet die Menschen zu unterstützen, die einen unter Druck setzen. Gestresste Menschen tun also das genaue Gegenteil von dem, was notwendig wäre: Sie reden schön, was krumm ist. Sie unterstützen Autoritäten, die ihnen Druck und Stress bereiten. Da haben wir ein verrücktes Paradoxon! Aber eins, aus dem weltweit viel Profit gezogen wird. Ohne es zu merken – wir sind nun einmal gestresst –, unterstützen wir Systeme, die uns gern in diesem Stress gefangen hielten.

Ich halte nichts von Verschwörungstheorien und möchte auch nicht mit dem Finger auf jemanden zeigen, aber ich finde es wichtig, über die Wirkungsweise bei diesem unbewussten Prozess nachzudenken: Indem wir uns auf unser Elend und Stress konzentrieren, unterstützen wir in gewissem Sinne die „Machthaber“. Autoritäten und andere Mächtige ziehen Nutzen aus gestressten „Untertanen“, denn Stress veranlasst die Menschen nicht nur, härter zu arbeiten, sondern verstärkt auch die Ohnmachtsgefühle, was zu noch mehr Gehorsam führt. Menschen, die an den Hebeln sitzen, wissen das schon seit Jahrhunderten, und solange die anderen das nicht durchschauen, werden Untertanen, Mitarbeiter und Arme kurzgehalten.

Lernen, sich zu entspannen

Glücklicherweise ist Stress nicht nur ein soziales Phänomen, sondern auch ein rein körperlicher Zustand. Im 1. Kapitel sahen wir, dass Sicherheit und Entspannung ein ganz wichtiges Gespann sind, und um den Teufelskreis zu durchbrechen, müssen wir für Entspannung und Sicherheit sorgen. Und wenn es diese Sicherheit gar nicht gibt? Dann können wir noch immer vieles tun, etwa unser Sicherheitsgefühl erhöhen oder gar Gefühle von Sicherheit in uns selbst erschaffen. Durch Selbstsuggestion können wir uns in einen anderen Zustand hineinversetzen, der nach einiger Zeit vom Körper als „richtiger oder wahrer Zustand" anerkannt und angenommen wird.

Genau wie der Stress die Wahrnehmung von anderen und uns selbst färbt, so kann auch Entspannung unsere eigene Wahrnehmung und die anderer einfärben. Wir können uns selbst beibringen, dass nicht jeder ein Feind ist, wir nicht untergeordnet, abhängig oder schwach sind und wir nicht jedes Mal kämpfen müssen. Wir können uns selbst beibringen, unsere Körperreaktionen zu verändern; das gelingt durch aufmerksame Beobachtung, durch einfache Übungen und die Bereitschaft, wirklich autonom für sich selbst zu sorgen.

Wenn du dich sehr aufmerksam beobachtest, wirst du merken, dass das gestresste Selbst nicht das wahre Selbst ist, sondern eine dünne Außenhaut, die sich hören und sehen lässt wie ein ängstliches, widerspenstiges, betrübtes oder nervöses Kind. Darunter versteckt sich dein wahres Selbst. Eine Persönlichkeit, stark und bereit, Frieden zu schließen und zur Ruhe zu kommen. Ich möchte dich einladen, wieder Ja zu sagen zu dieser Wirklichkeit. Weiter zu gehen als dein Traum und noch weit über die täglichen Sorgen und Seufzer hinaus.

Stress entsteht durch das geniale Zusammenspiel des autonomen Nervensystems, des regulierenden Hormonsystems, durch die im Körper verteilten Drüsen und Organe, durch die auf die Außenwelt gerichteten Sinne, die Muskeln und schließlich die oft überschätzten Herzlappen. Also: Der ganze Körper ist vom Stress betroffen.

Auf diese Weise ist auch der ganze Körper vom umgekehrten Prozess betroffen: der Entspannung. Will man von chronischem Stress befreit werden, wird man lernen müssen, sämtliche Körperteile und Prozesse bis zu einem gewissen Grad zu verstehen und zu schätzen; man wird ihnen nacheinander einzeln klarmachen müssen, was sie besser stattdessen tun könnten. Zur Entspannung sollte man Kopf, Herz, Nerven und Sinne unter Kontrolle bekommen. Damit meine ich nicht, sie zu zügeln, zu ermahnen oder zu bestrafen, sondern eher aus Betroffenheit und Selbstrespekt lernen, sie wertzuschätzen und ihnen für ihre Aufgabe zu danken. Sie arbeiten jeden Tag sehr schwer, um deine Maschine in Gang zu halten; sie sind ein Teil von dir, die deine Aufmerksamkeit und Liebe verdienen und mit sanfter Hand geführt werden wollen.

Das stressfreie Ich entdecken

Denke einmal an einen Zustand, in dem du keinen Stress hattest. Zum Beispiel während der letzten Ferien oder an einem Sonntagmorgen, schön warm zugedeckt im Bett. Es hat zahllose Augenblicke und Orte in deinem Leben gegeben, in denen du dich unbesorgt und glücklich fühltest. Augenblicke, die dir vielleicht jetzt unerreichbar oder wie eine Seltenheit erscheinen. Dennoch brauchen wir diese Momente für die folgenden Kapitel, denn wir werden sie ausbauen! Du kannst auch eine Meditation „Das stressfreie Ich“ anhören.

Chronischer Stress – das Wichtigste in Kürze

1. Stress wird immer häufiger angepriesen, als sei er gut und gesund – leider.
2. Chronischer Stress ist nicht gesund, er hat negative körperliche und seelische Folgen.
3. Stress macht Menschen willfährig und machtlos. Das passt anderen Menschen gut in den Kram.
4. Stress verändert unsere Wahrnehmung buchstäblich zum Schlechteren, aber
5. damit wir eine zusammenhängende Geschichte daraus machen können, nehmen wir diese Wirklichkeit (zu Unrecht) für uns selbst als positiver wahr.
6. Durch Stress färben wir die Wahrnehmung unserer Person negativer. Wir betrachten uns häufiger, und oft zu Unrecht, als schlecht, schwach, unkundig, den Problemen nicht gewachsen und so weiter.
7. Wir können lernen, den umgekehrten Prozess in Gang zu setzen.

Schlafen gehen

Ein weißer Gedanke spielt noch
zwischen Blättern, Mond und Bäumen.
Ich liege wach und warte doch,
um miteinander zu träumen.
In Träumen sind Dinge geschrieben
und andere Dinge entrückt,
die mir im einfachen Leben
niemals wären geglückt.[16]

Pierre Kemp

3 Was ist Hochsensibilität?

Die Welt vergnügt sich ziemlich gut
auf ihren Festen und Partys,
auf ihrer alltäglichen Kirmes.
Nur ich streife ziellos umher
wie ein Obdachloser.
Nur ich bin weich
und ohne Lebenszeichen.
Wie das Neugeborene, das noch nicht lächeln kann
(…)
Ich treibe ein wenig umher
wie Wrackteile auf offener See.
Ich bin ungestüm
wie der erste Sturm im Herbst.[17]

Lao Tse

Was ist Hochsensibilität genau genommen?

Etwa dreißig Prozent aller Menschen weltweit, sowohl Frauen als auch Männer, haben ein Nervensystem, das besonders aktiv mit dem Gehirn zusammenarbeitet. Hochsensible fühlen sich dadurch oft anders, bewusster, gründlicher, aufmerksamer, ängstlicher oder verlegener. Die Hochsensibilität äußert sich häufig so stark in der Persönlichkeit und im täglichen Leben, dass etliche sich fragen: Bin ich vielleicht verrückt? Dennoch hat das nichts mit Verrücktheit zu tun. Empfindsamkeit ist eine Eigenschaft des Nervensystems in Kombination mit dem Gehirn, vergleichbar mit einem klaren Verstand oder viel Muskelmasse und Talent für Sport. Diese Unterschiede sind allgemein akzeptiert. Wir haben zum Beispiel ein Unterrichtssystem, das an die unterschiedlichen IQs angepasst ist, und es gibt Leistungssport für diejenigen, die körperlich sehr talentiert sind. Aber für die unterschiedlichen Nervensysteme haben wir eigentlich kaum gesellschaftliche Anpassungen und noch weniger Verständnis. Hochsensible Menschen müssen selbst daraus schlau werden. Und das kommt einer großen Zahl Betroffener teuer zu stehen, wie es scheint.

Übrigens schließen die genannten Qualitäten einander nicht aus. Jemand kann hochsensibel und hochbegabt sein oder ist ein hochsensibler Spitzensportler. Das eine unterstützt manchmal die andere Begabung, und manchmal arbeiten sie sogar gegeneinander.

Maria kennen wir schon aus dem 1. Kapitel. Sie leidet unter diversen Krankheiten und physischen Beschwerden.

> *Viele Probleme kommen von meinem Hormonsystem. Das ganze endokrine System ist noch immer durcheinander. Ich habe Stoffwechselprobleme, Galle und Leber, Nebennierenerschöpfung, und früher litt ich unter Depressionen. Meines Erachtens ist meine Verfassung auf die Tatsache zurückzuführen, dass ich ein hochsensibler Mensch bin und eine recht unsichere Kindheit hatte. Meine Ursprungsfamilie bot mir keine sichere Umgebung, da meine Eltern sich ständig stritten. Mein Vater trank manchmal zu viel, und meine Eltern waren häufig nicht zu Hause, und dann waren wir Kinder allein. Ich wage fest zu behaupten, dass der damit verbundene Stress für ein hochsensibles Kind einen ausschlaggebenden Faktor darstellt beim Entstehen meiner körperlichen Probleme. Ich muss mein Leben so einrichten, dass ich überhaupt noch leben kann. Das*

heißt, ich muss auf die notwendige Ruhe und meine Grenzen achten. Mir ist es inzwischen klarer geworden als früher, ich muss mein Leben so einrichten, dass es zu einem HSP passt.

Viele Begriffe, ein Ursprung?

„Hochempfindsamkeit" und „Hochsensibilität" sind zwei Begriffe für ein und dasselbe Phänomen. Sie werden durcheinander benutzt. Es gibt keinen Bedeutungsunterschied zwischen dem einen oder dem anderen Begriff, auch keinen graduellen. Das kann ich mit ruhigem Gewissen sagen, weil ich selbst der Erfinder des Worts „hooggevoeligheid" (dt.: Hochsensibilität) bin. Ich habe diesen Begriff 2003 gewählt, weil das Wort „hoogsensitief" (dt.: hochempfindsam) damals noch nicht allgemein bekannt war und ich das Wort weniger angenehm auszusprechen fand. Ein Unwort, über das man stolpert. Aber Menschen lieben wörtliche Übersetzungen, und die Bezeichnung „hochempfindsam" ist mindestens genauso beliebt wie die Abkürzung HSP. Man hat übrigens kein HSP, sondern man ist einer.[18]

Beide Termini sind freundlicher und neutraler als das Wort „überempfindlich", denn das bedeutet, dass die Eigenschaft zu viel des Guten ist. Aber du hast nichts zu viel, und an dir ist auch nichts falsch. Genau wie jede andere Eigenschaft ist Hochsensibilität ein Charakterzug, der positive und auch negative Folgen haben kann.

Eine wissenschaftlich bewiesene Eigenschaft

Bist du hochsensibel oder hochempfindsam, sind deine Sinne nicht viel besser als die von anderen, nur die Informationsverarbeitung funktioniert bei dir ausführlicher oder intensiver als im Durchschnitt. Du verarbeitest Sinneserfahrungen komplexer, wobei es irgendwo zwischen der Ankunft eines Reizes und der Verarbeitung im Gehirn gründlicher zugeht als im Durchschnitt oder bei jemandem, der weniger sensibel ist. Hier handelt es sich um sensorische Informationen, die über die Augen, Ohren, Nase und den Tastsinn hereinkommen, und um Informationen, die aus dem eigenen Organismus kommen: aus deinen Gedanken, Gefühlen und Organen. Kurz und gut: um alle körperlichen, geistigen, emotionalen und spirituellen Wahrnehmungen. Für die Verarbeitung braucht es Zeit, und die hat man nicht immer. Die Zeit und Ruhe, die du dir nimmst, um alle Eindrücke zu verarbeiten, bestimmt im Wesentlichen schon einen Teil deiner Persönlichkeit.

Es wurde schon viel über Hochsensibilität geforscht. Im Gegensatz zu dem, was viele Leute denken, ist es auch kein neuer Hype. Schon in den 1930er Jahren erforschten unter anderen Eduard Schweingruber und ein gewisser G. Ewald die Thalamusdrüse im Zusammenhang mit der sensiblen Persönlichkeit. In den 1970er Jahren schrieb der Psychiater Wolfgang Klages über die Psychopathologie des „sensiblen“ Mitmenschen. Der sensible Mitmensch wurde auch schon als ästhetische Persönlichkeit bezeichnet.[19]

Wissenschaftler wie Elaine Aron, eine amerikanische Psychologin, führten 1996 das Phänomen der *highly sensitive person* ein, im Niederländischen abgekürzt als HSP. Sie zieht den Vergleich mit einer Sortiermaschine:

> *„Ein Hochsensibler unterscheidet Reize in zehn Varianten, wohingegen eine weniger sensible Person etwa fünf oder vielleicht auch nur zwei Varianten wahrnimmt.“*

Aron bezeichnet die Reaktion eines Hochsensiblen als das *Pause-to-check*-System: kurz innehalten und nachdenken. Weniger sensible Menschen laufen deutlich schneller und unbefangener in ihr Verderben. Sie erkennen weniger Gefahren und sind deshalb oft auch weniger ängstlich. Das ist schön, wenn man Ritter, Soldat oder Geschäftsmann ist, aber für andere Berufsgruppen ist das nicht so günstig. Ein empfindsamer Mensch prüft erst die Temperatur des Wassers, bevor er hineinsteigt, und studiert zuerst die Wettervorhersage, bevor er beschließt, sich irgendwohin aufzumachen. Man trifft sensible Menschen auch mehr unter den Wissenschaftlern an oder bei den Künstlern oder in Pflegeberufen. Aron beschreibt *pause to check* als das Verhalten, bei dem zuerst insgesamt alle Möglichkeiten registriert werden, bevor die bestmögliche Schlussfolgerung daraus gezogen wird.

Der (Entwicklungs-)Psychologe Michael Pluess von der Cambridge University in England erklärt es folgendermaßen:

> *„Es gibt eine menschliche Eigenschaft, die ich umgebungsgefühlig nenne und definiere als die Eigenschaft, durch die externe Stimuli wahrgenommen und verarbeitet werden können. Es ist eine der grundlegendsten Eigenschaften eines Menschen, und wir können diese Eigenschaft auch bei den meisten Tierarten feststellen. Ohne dieses Vermögen könnte ein Mensch oder Tier nicht richtig wahrnehmen, bewerten und auf verschiedene Lebensumstände reagieren. Die Lebensumstände sind sowohl physischer als auch psychosozialer Art, sie können positiv wie auch negativ sein. Negativ bedeutet, sie bedrohen die Entwicklung, das Überleben und die Fortpflanzung des Individuums; positiv bedeutet, die Stimulation fördert die Entwicklung, das Überleben und die Fortpflanzung des Individuums."*

Pluess erforscht schon einige Jahre lang die Hochsensibilität von Kindern, unter anderem in Zusammenarbeit mit bekannten Wissenschaftlern wie Jay Belsky und Bruce Ellis. Aus einer neuen Studie (2017) geht hervor, dass Kinder und Heranwachsende sich in ihrer Sensibilität in Bezug auf Umgebungseinflüsse deutlich unterscheiden. Derartige Unterschiede kann man einfach messen mit einer von ihm erstellten kurzen und einfachen Befragungsliste, die Highly Sensitive Child (HSC) Scale, die auf einer älteren, von Aron 1997 entwickelten

Liste basiert. Aus fünf Untersuchungsreihen mit insgesamt gut 3500 englischen Kindern und Jugendlichen geht nun hervor, dass der Löwenanteil aller Kinder und Jugendlichen unter eine der folgenden Kategorien fällt:

- 30 Prozent sind hochsensibel.
- 40 Prozent haben eine mittlere Sensibilität und
- 30 Prozent eine niedrige Sensibilität.[20]

Unterschiede in der Weise, in der Menschen sich verhalten, reagieren und mit ihrer Umgebung interagieren, finden wir auch in Modellen mit Bezug auf Temperament und Persönlichkeit. Obwohl die verschiedenen Temperamenttheorien häufig voneinander abweichen, scheinen sie jedoch eines gemeinsam zu haben: Sie suggerieren, dass einige Menschen sensibler sind als andere. Die bekannteste dieser Persönlichkeitstheorien ist die Big Five[21]: fünf Dimensionen, mit denen der Charakter oder auch die Persönlichkeit beschrieben werden können. Man unterscheidet:

- Sorgfältigkeit/Nachlässigkeit,
- extravertiertes/introvertiertes Verhalten,
- emotionale Stabilität,
- Dienstbarkeit/Selbstbezogenheit,
- Offenheit für neue Erfahrungen.

Die Eigenschaft der Sensibilität hat zu allen fünf Merkmalen einen Bezug, muss aber leider in diesem Modell noch indirekt abgeleitet werden.

Eine zunehmende Zahl empirischer Studien beweist, dass Temperamenteigenschaften vorhersagen, wie Menschen sich in ihrer Sensibilität unterscheiden.[22]

Nun gibt es seit kurzem das spezifische und evaluierte Messinstrument, die Highly Sensitive Child-Scale von Michael Pluess, mit der man jedenfalls bei Kindern und Heranwachsenden feststellen kann, wer zur Kategorie „hochsensibel“ zählt. Weitere Forschung ist erwünscht und wird sicherlich erfolgen, denn Hochsensibilität wird weltweit immer ernster genommen.

> *Hochsensibilität kann ich in zwei Worten beschreiben: GANZ INTENSIV!*
>
> Andras (45)

Hochsensibilität hat Folgen

Es ist also wissenschaftlich bewiesen, dass es Hochsensibilität gibt und das Ausmaß dieser Sensibilität unterschiedlich ist. Es wurde auch Zeit, denn die Folgen sind in der Praxis ziemlich drastisch, besonders in der kindlichen Entwicklung. So hat diese Eigenschaft zum Beispiel ziemlich großen Einfluss auf Beziehungsmuster; ein Hochsensibler reagiert intensiver auf Ablehnung und findet es darum schwieriger, jemandem zu vertrauen und eine Liebesbeziehung einzugehen, wenn die Umstände nicht optimal sind.[23] Vor allem im Zusammenhang mit Erziehungsfragen ist diese Einsicht essentiell.

Sensibilität hat auch Einfluss darauf, wie Kinder das Schulleben erfahren; ein hochsensibles Kind hat besonders in neuen Situationen mehr Zeit nötig, um sich einzugewöhnen, oder es ist schneller überreizt, wenn in der nächsten Umgebung viel passiert. Die Menge der Reize muss immerhin verarbeitet werden, und aufgrund der angeborenen Neigung sieht das Kind alle Reize als „mögliche Gefahr“ an.

Durch den Druck und die Erwartungen der modernen Leistungsgesellschaft und durch einen Lebensstil, der sich immer weiter von unserem natürlichen Lebensraum (die Natur) entfernt hat, wird Hochsensibilität mehr denn je auf negative Weise sichtbar, und immer mehr Menschen leiden unter Stress und stressbedingten Beschwerden. Die Umgebung, aber auch die Menschen selbst, legen die Latte schon bald sehr hoch, und das verursacht vor allem bei hochsensiblen Kindern und Erwachsenen starken Druck. Die Anzahl der Hochsensiblen nimmt nicht wirklich zu, aber sie werden immer sichtbarer. Wo ein nicht so sensibler Mensch noch ein wenig weitertrabt, brennt ein Hochsensibler schneller aus oder wird sich früher bewusst: Aber hallo, das kann so nicht weitergehen! Deshalb ist die Verbindung zwischen Hochsensibilität und Stress ein logisches Forschungsgebiet.

> *Wenn bei mir jemand schellt, ziehe ich immer meinen Mantel an. Zu weniger netter Gesellschaft sage ich: „Sorry, ich muss weg." Zu netten Leuten sage ich: „Wie schön, ich bin gerade zurück!"*

Empfindsamkeit, Ohnmacht und Stress sind auf außergewöhnlich komplexe Weise miteinander verzahnt. Je besser wir das verstehen, desto besser können wir hochsensiblen Menschen zur Seite stehen und ihnen raten, was sie nicht oder eben doch tun können.

Stille Kräfte

Hochsensibilität wird manchmal mit Introvertiertheit verglichen. Diesen Begriff von Sigmund Freud machte C. G. Jung zum Kern seiner Persönlichkeitstheorie; er bedeutet so viel wie, eine Neigung nach innen zu haben. In ihrem Buch *Quiet* (*Still*) beschreibt die populär gewordene Susan Cain die „introvertierte Persönlichkeit" als einen Menschentyp, der Arons Beschreibung eines hochsensiblen Menschen stark ähnelt. Auch Cain sieht in der ausgedehnten Verarbeitung von Reizen eine typisch sensorische Eigenschaft stiller Menschen.

> *„In einer Welt voller Lärm werden stille Menschen meistens ignoriert; auf der Arbeit, in der Schule, ja sogar in ihrem intimsten Privatleben können sie überschrien werden. Das ist Unrecht, denn sie haben auch eine Stimme und etwas Wesentliches beizutragen."*

Susan Cain bezeichnet Persönlichkeiten wie Darwin, Einstein, Gandhi, Chopin, Van Gogh, Bill Gates als Vorbilder stiller Kräfte, die die Gesellschaft vorangebracht haben.

Das hochstimulierte Kind

Man liest immer häufiger etwas über das hochstimulierte Kind oder eine hochstimulierte Person. Diese Person ist äußerst feinfühlig, nur in Bezug auf Introvertiertheit und Extrovertiertheit sowie beim Bedarf an Aktivität gibt es einen großen Unterschied. Das Lihsk, het landelijke informatiepunt hoogsensitieve kinderen [dt.: die staatliche Informationsstelle für hochsensible Kinder] äußert sich wie folgt dazu:

> *„Das hochstimulierte Kind hat die Neigung, etwas zu erforschen, neue Erfahrungen zu machen und sich zu entwickeln. Es begrüßt Situationen und Personen und geht auf sie zu, denn sie bieten ihm die Möglichkeit zu Wachstum und Wissenserwerb. Sobald das hochstimulierte Kind also aus seiner Empfindsamkeit heraus Kontakt mit der Welt um sich herum aufnimmt, tritt eine Aktivierung des Verhaltens auf."*

Kernwörter, die in Bezug auf das hochstimulierte Kind genannt werden, sind:

- beweglich,
- intensiv,
- intuitiv,
- untersuchend,
- Aufmerksamkeit erheischend,
- manchmal widerspenstig oder aggressiv.

Ich finde diese Einteilung stichhaltig, nicht zuletzt deshalb, weil ich meine ältere Tochter in der hochsensiblen Persönlichkeit wiedererkenne und meine jüngere Tochter in der hochstimulierten

Persönlichkeit. Meine jüngere Tochter scort im Pluess-Test zwar niedriger, aber immer noch so hoch, dass sie unter die dreißig Prozent hochsensibler Personen fällt.

Die Erklärung für das hochstimulierte Kind könnte eventuell auch eine Erklärung sein für die wirklich nicht leicht zu diagnostizierende ADHS-Störung.

Vergleich mit Autismus

Hochsensibilität wird auch ausführlich verglichen mit Störungen im Autismus-Spektrum. Entscheidend ist der Unterschied bei der Vorgehensweise: Sowohl ADHS als auch Autismus zählen zum problematischen Verhalten; es sind Störungen oder Abweichungen. Meiner Meinung nach ist jemand mit einer Störung aus dem Autismus-Spektrum meistens eine hochsensible Person mit einem männlichen Hirn. Der Unterschied liegt in den Interessen und dem Schutzmechanismus oder den Anpassungsstrategien, die diese Person meist unbewusst entwickelt. Ein Autist ist genauso empfindsam wie ein HSP, zieht sich aber meistens auf seine Hobbys zurück wie Technik und Autos, so dass er sich ungestört mit dem beschäftigen und darauf fokussieren kann, was ihn interessiert. Die Probleme entstehen erst, wenn Empathie gefragt ist, die viel eher zum evolutionär entwickelten weiblichen Hirn passt. Während der Hochsensible im Allgemeinen mit dem Problem von zu viel Empathie kämpft und fürchtet, sich im anderen zu verlieren, und nur schlecht die eigenen Grenzen kennt, kann der Autist sich gerade gut abgrenzen, zu gut manchmal. Andere haben dann häufiger ein Problem mit der autistischen Person, weil sie sich durch sie nicht entsprechend wahrgenommen fühlen oder sich über ihr unangepasstes Verhalten ärgern. Wie dem auch sei, auch hier könnte weitere Forschung Licht ins Dunkel bringen und den Zusammenhang zwischen beiden erhellen.

Introvertiert oder feinfühlig, ästhetisch oder *highly susceptible*, autistisch oder rührig – es werden schon noch weitere Studien notwendig sein, bevor das Rätsel gelöst ist. Nichtsdestoweniger weiß ich aus

Erfahrung und Intuition, dass sich vieles zurückführen lässt auf den Charakterzug erhöhte Sensibilität.

Erkennst du dich darin wieder?

Erkennst du dich in der hochsensiblen Persönlichkeit wieder, dann hast du ein weitaus größeres Bedürfnis nach einem ruhigen Ort, wo du tief nachdenken kannst. Dann findest du deine innere Erfahrungswelt mindestens so interessant wie die Außenwelt, du brauchst mehr Zeit, die täglichen Informationen zu verarbeiten, und bist weniger geneigt, dich selbst gedankenlos in eine Gefahr zu stürzen. Kunst oder schöne Musik können dich in Versuchung bringen, dagegen wendest du dich deutlich ab von Gewalt (Film), Unrecht und Unreinheit. Vielleicht fühltest du dich als Kind mit diesen unguten Gefühlen alleingelassen, oder du passtest mit deinen Vorlieben nicht ins populäre Bild und wurdest von anderen geärgert. Es ist eine Tatsache, dass viele Hochsensible in ihrer Kindheit gehörig gegen die Erwartungen ihrer Erzieher und Mitschüler ankämpfen müssen. Wenn sie ganz jung sind, Säugling oder Kleinkind, haben sie wenig zu sagen und werden teilweise nach dem Bild, das die Eltern von ihnen haben, geformt. Mal mit guten, mal mit bösen Folgen. Manchmal kommt man nicht heil weg und denkt lieber nicht mehr an diese schmerzliche Zeit zurück.

Noch immer werden Hochsensible nicht richtig verstanden. Das hochsensible Kind gab es bis vor kurzem noch nicht. Wohl aber das lästige, verlegene, überempfindliche, sich anstellende, stille oder brave Kind. Aber dies sind Beschreibungen von außen davon, wie andere dich kennenlernten, und das wird nicht dem Inneren gerecht, deiner Wirklichkeit und deinen Erfahrungen. Aufgrund der Erfahrung von hochsensiblen Erwachsenen können wir besser verstehen, was ein hochsensibles Kind braucht, damit es in Zukunft selbst glänzen kann.

Zu einer starken Persönlichkeit erblühen

Wir sollten nicht vergessen, dass man einen Menschen nie wirklich in eine Schublade stecken darf. Jeder Mensch ist einzigartig durch das Zusammenspiel biologischer, psychologischer und sozialer Faktoren. Dennoch kann es einem zur Einsicht verhelfen und hilfreich sein in vielen Situationen, wenn man sein Verhalten einordnen kann und lernt, was die eigene Persönlichkeit braucht, um aufzublühen. Viele hochsensible Menschen empfinden es als Erleichterung und befreiend zu erfahren, dass etliche Eigenschaften, die sie immer als unangenehm ansahen, benennbar und damit in den Griff zu bekommen sind.

Wer hochsensibel ist, hat viel Potential, diese Empfindsamkeit auf eindrucksvolle Weise in vielen Bereichen seines Lebens einzusetzen. Er kann diese Eigenschaft zu einer Gabe machen. Wer hochsensibel ist, braucht vor allem ein Umfeld, das mit seinem Charakter und seinen Bedürfnissen übereinstimmt. Das ist das Wichtigste, was Hochsensible lernen müssen, damit sie ihren Charakter zum Erblühen bringen. Das Verharren in Situationen, die nicht gut für einen sind, ist immer ein verlorener Wettkampf. Früher oder später zerbricht man daran.

Deshalb sind die Forschungen von Pluess auch so entscheidend, denn er kommt in diversen Studien zu der Schlussfolgerung: Hochsensible Kinder *leiden* unter einer stressigen Erziehung und Umgebung *signifikant mehr* als weniger sensible Kinder, während hochsensible Personen von einer adäquaten Erziehung und Umgebung *signifikant mehr profitieren* als Kinder mit einer weniger sensiblen Persönlichkeit.[23] Er fasst die letztere Gruppe unter *advantage sensibility* zusammen. *Advantage* steht dann für die Vorteile. Mit anderen Worten: Das Umfeld und die Erziehung drücken sehr empfindsamen Menschen stärker ihren Stempel auf als den weniger sensiblen Menschen, was sich in beiden Richtungen auswirken kann, positiv wie negativ. Daher ist Aufmerksamkeit für die frühe Entwicklung hochsensibler Kinder sehr wichtig. Wenn normale Kinder wie Löwenzahn sind, der überall wächst und blüht, sind hochsensible Kinder wie Orchideen: Sie brauchen spezifisches Licht, entsprechende Wärme, Nahrung und Aufmerksamkeit, um zu erblühen.

Segelboote gegen Tanker

Ich selbst verwende gern die Metapher vom Segelboot gegenüber dem Tanker. Die meisten Menschen fahren durchs Leben wie Tanker über das Meer. Sie durchschneiden die Wellen im eigenen Tempo, haben ein Ziel vor Augen und streben das an, ohne sich groß ablenken zu lassen. Sie lassen sich nicht so schnell ins Bockshorn jagen oder von ihren Plänen abhalten. Hochsensible Menschen hingegen sind wie Segelboote. Gegenwind oder hohe Wellen, es braucht nur irgendetwas zu passieren, dann kommen sie von ihrem Kurs ab. Sie müssen ständig aufpassen und alle Segel setzen, damit sie vorwärtskommen und nicht bei abflauendem Wind an einer Stelle liegen bleiben. Eine unsensible Bemerkung oder eine schlechte Note, eine unfreundliche Geste oder eine schmerzende Schulter, schon spüren hochsensible Menschen jede kleine Welle, jedes Lüftchen. Dadurch sind sie den Gegebenheiten stärker ausgeliefert. Andererseits genießen hochsensible Menschen oft auch das Leben, sie erleben ihre Fahrt als spannende Reise und kümmern sich weniger um den Zielhafen. Das Bootsfahren ist von etlichen Hochsensiblen zur Kunst erhoben worden. Außerdem ist das Wenden eine wesentliche Beschäftigung für einen Hochsensiblen: Backbord und Steuerbord bieten Abwechslung und Einsicht. Manchmal muss hart gearbeitet werden, und ein andermal ist wieder Zeit zum Genießen des Sonnenuntergangs. Aktivität und Ruhe bestimmen in starkem Maße den Rhythmus des hochsensiblen Menschen.

Unsichtbare Reize

Nicht nur spürbare und sichtbare Reize beeinflussen einen Hochsensiblen, auch weniger gut erklärbare und weniger sichtbare Signale. Zuerst kommen aus den Organen allerlei Botschaften, die das Bewusstsein intensiv beschäftigen. Keine einzige Qual, kein einziger Schmerz entgeht der aufmerksamen Wahrnehmung. Magenstiche, Darmgeräusche, Nierenschmerzen, eine volle Blase oder juckende Haut, allerlei unangenehme oder unverstandene Signale können den Betroffenen intensiv beschäftigen. Manche haben zudem auch Einfluss auf die Stimmung. Kälte, Müdigkeit oder Hunger machen einen verdrießlich, ruhelos oder sogar ängstlich. Umgekehrt beeinflussen Nachrichten aus dem Gehirn wiederum die Muskelspannung und die Wirkung der vitalen Organe. Wenn das Gehirn anzeigt, dass eine Situation unsicher ist (zum Beispiel, weil die Erinnerung an eine solche Situation negativ ist), spannt man unwillkürlich die Wirbelsäule etwas mehr an, kneift die Pobacken und Lenden zusammen, der Atem stockt, und das Herz schlägt schneller. Du bist dir mehr als ein Nicht-HSP dieser Unannehmlichkeiten bewusst. Du beginnst darauf zu achten; was der Angst oder Nervosität nicht gerade zugutekommt. Auf diese Weise kannst du schnell in einen Teufelskreis geraten. Hast du nun endlich diesen Kreis von Angst-und-Stress-Reaktion verlassen, fangen wieder andere Wehwehchen und Unannehmlichkeiten an zu stören. Du musst dringend zur Toilette, du fühlst dich wie ein ausgewrungener Waschlappen, willst nur noch allein sein und dich ausruhen … und auf diese Weise bist du manchmal ständig mit dir selbst beschäftigt und fällst von einer Wahrnehmung in die nächste.

Andrea ist eine dreißigjährige Frau, die mich in meiner Praxis wegen eines Burn-outs aufsucht. Sie ist gut gekleidet, blickt fest und selbstbewusst um sich, aber als sie spricht, gewinnen Zweifel und Nervosität die Oberhand. Andrea spürt, wie alles Mögliche in ihrem Körper jagt, klopft, sticht und grübelt.

Häufig, wenn ich allein zu Hause bin, sitze ich am liebsten im Dunkeln auf dem Sofa oder in meinem Bett. Völlig ohne Reize – von außen, denn der „Reizregen" in mir drinnen pocht unvermindert weiter. Ich bleibe dort eine Stunde ruhig sitzen. Früher fand ich das Verschwendung meiner kostbaren Zeit, genauso wie das lange Schlafen, aber davon bin ich abgekommen. Sogar wenn ich in der Nacht wach bin, kann ich mein Alleinsein genießen. Die Stille. Die Stille ist tröstlich, aber meine Gedanken kreisen wie in einem Karussell. Obwohl ich mir immer wieder vornehme, mich meinem Gefühl zu überlassen, ertappe ich mich dabei, über Vergangenes nachzugrübeln. Ich schließe nicht damit ab, denn ich befürchte, es würde weiter an mir nagen. Über meine Arbeit habe ich einen Termin mit einer Sozialarbeiterin ausgemacht. Ich gab an, dass mir alles schwerfällt. Manchmal jammere ich eine halbe Stunde lang, weil mein Leben nicht so ist, wie ich es mir vorgestellt habe. Ich spüre Wut in mir aufsteigen, weil ich anfange, mich selbst ernst zu nehmen. Obwohl ich dieses Gefühl nicht mag, verstehe ich doch, dass es berechtigt ist. Ich darf auf einige Menschen zu Recht sehr böse sein. Ich bin mir absolut sicher, ich spüre einen Wendepunkt ankommen, aber ich habe noch Angst, ihn zu verpassen.

Zur gleichen Zeit beschäftigen einen auch noch in hohem Maße die Gefühlslagen anderer. Die meisten Leute betreten einen Raum und bemerken als Erstes das Mobiliar und die Äußerlichkeiten anderer. Nicht so ein HSP, er interpretiert sofort Stimmungen, Körpersprache und Energieausstrahlung dieser Menschen. Er erfasst oft sofort die vorhandenen Konflikte und ob jemand ehrlich ist. Der Hochsensible scannt also sofort das Innere der Menschen, denen er begegnet. All diese Reize werden gründlich untersucht und verarbeitet. Das alles kostet Zeit. Und es kann einen auch verwirren. Oft weiß man nicht, welche Information von wem kommt und warum. Oder man ist selbst unsicher und spürt die Unsicherheit des anderen. Sehr kompliziert! In diesem Zusammenhang bezeichne ich einen HSP gern als einen Experten des Zwischenraums: Alles im zwischenmenschlichen Bereich wird wahrgenommen und intensiv verarbeitet. Hochsensible können kaum nichtspüren oder nichtwahrnehmen. Das ist das Hauptkennzeichen der hochsensiblen Persönlichkeit. Es ist eine Gabe und eine Last. Das Feststellen der Details geht ununterbrochen weiter, es kann kaum abgestellt werden und erschöpft den Menschen mehr als einmal oder treibt ihn fast zur Verzweiflung. Es sind die Details, die einen überwältigen oder fesseln können, faszinieren oder ermüden. Grübelei oder Perfektionismus kann schleichend zu einer unterminierenden Lebenseinstellung werden, die in einem Burn-out oder einer Depression endet. Details machen das Leben wertvoll, aber auch komplex.

Jemand, der sich aller Details bewusst ist, überlegt häufig erst, bevor er handelt, trifft bewusst Entscheidungen und weiß, die Dinge sind komplexer, als sie erscheinen. Das ist wertvoll, kann von anderen aber auch als kompliziert angesehen werden, man wird als Spielverderber, Schwarzseher oder sonst wie bezeichnet. Eine andere Folge der Aufmerksamkeit fürs Detail ist idealerweise, dass jemand vieles bemerkt, was in seinem Körper vor sich geht. Ein Hochsensibler hat oft eine niedrigere Schmerz- und Toleranzschwelle und hat möglicherweise vage Beschwerden, die der Arzt nicht diagnostizieren kann. In den Augen anderer kann der Hochsensible jemand sein, der sich „anstellt", ein übergefühliger Typ.

Feinfühligkeit und die Dinge tief ergründen wollen gibt es zu allen Zeiten. Von alters her sind die Hochsensiblen die Pioniere, die Wahrsager, die Geistlichen, die Berater, Seher und Heiler einer Gemeinschaft. Ihre Rolle war immer, die Gruppe, die Gemeinschaft oder den Clan vor Gefahren zu warnen. Sie sind die Berater des Königs, quasi die „Einflüsterer". Somit haben Hochsensible auch heute noch eine äußerst wichtige Aufgabe.

> *Die früher mit Liebe Vertrauten sind zartbesaitet,*
> *empfindsam, tief, unergründlich. Wegen ihrer*
> *Unergründlichkeit sind sie nur wie folgt zu*
> *beschreiben: So vorsichtig, als überquerten sie einen Fluss*
> *im Winter, so zögerlich, als fürchteten sie das Gerede*
> *aller Nachbarn, so zurückgezogen, als seien sie nur auf*
> *Besuch,*
> *auftauend wie schmelzendes Eis, massiv wie ein rauer*
> *Block,*

tief und weit offen wie ein Tal, undurchsichtig wie trübes Wasser.
Trübung wird geklärt durch Herabsinken, was ruht, wird aufgewühlt durch Berührung.[24]

Lao Tse

Der Stressempfindliche

Hochsensibilität ist nicht dasselbe wie chronischen Stress erleben. Das eine ist eine Charaktereigenschaft, das andere ein Kennzeichen einer aus dem Gleichgewicht geratenen Person. Leider treffe ich recht häufig Menschen, die diese beiden Dinge nicht auseinanderhalten können und sagen: „Ich bin so hochsensibel, meines Erachtens bin ich hypersensibel. Ich komme gegen gar nichts an."

Lena ist eine 37-jährige Seminarteilnehmerin, die auffällt durch ihre Unruhe und negative Aura. Sie wechselt mehrfach den Platz und beklagt sich jedes Mal, wenn das Fenster geöffnet wird, damit wieder frische Luft in den Raum kommt: Die Zugluft sei schlecht für ihren Hals. Auch die Uhr ticke zu laut und müsse von der Wand abgenommen werden. Lena kann außerordentlich wenig ertragen, und sie kritisiert meine Unterrichtsstunde und einige Wörter, die ich verwende. Bei ihrer Vorstellung in der Gruppe sagt sie:

Ich stehe so unter Spannung. Ich bin außergewöhnlich empfindlich, mehr als alle anderen hier. Ich kann die Gruppe kaum ertragen. Meine Nachbarin seufzt ab und zu, das kommt meines Erachtens, weil ich sie störe. Ich glaube, ich bin für die anderen Teilnehmer eine Last. Ich erkenne mich wieder in Ihren Büchern, aber ich bin wirklich extrem hochsensibel. Ich kann überhaupt nichts vertragen. Ich will nur noch Ruhe haben, aber die finde ich auch hier nicht! So ein Ferienwochenende ist mir einfach zu viel. Sogar meine Therapie musste ich absagen, das Arousal war einfach zu viel für mich. Ich bin wirklich extrem sensibel, beinahe bei allem!

Ich erkläre Lena, dass es sich bei ihr nicht um Hochsensibilität handelt, sondern um chronischen Stress. Ihr Körper sende ihr ständig die Nachricht, sie sei in Gefahr, und deshalb sei ihr alles zu viel. Ihr Körper und Geist fühlen sich ungeschützt, daher kommt jeder Umstand bei ihr als nicht vertrauenserweckend an. Dieser Zustand, in dem sich Lena schon so lange befand, muss sie als ihren normalen Körperzustand angesehen haben, und sie denkt zu Unrecht, das sei Hochsensibilität.

Die Schwierigkeit liegt darin, dass ein Hochsensibler nicht immer gut mit dem zunehmenden Lebenstempo Schritt halten kann. Die Reize haben sich stark vermehrt, in der Geschwindigkeit, beim Druck, bei der Lautstärke und den Leistungen. Was einen anderen Menschen nicht stört oder was er sogar genießt, wie laute Musik oder große Menschenmengen, lärmende Sirenen, grelles Licht und Einkaufschaos, das kann bei einem Hochsensiblen zu einer heftigen Reaktion führen. Er wird überreizt. Wenn eine solche Reizüberflutung oder Überstimulation lange andauert, führt das zu einer Stresssituation.

Wann und bei wem es durch Überstimulation zu Stress kommt, ist individuell unterschiedlich und von anderen Faktoren abhängig. Faktoren, die dabei eine Rolle spielen, sind zum Beispiel die Erziehung, Anpassungsstrategien und weitere Eigenschaften. Aber auch das Alter gehört dazu und wie viel jemand aushalten kann. Kinder können meist mehr Eindrücke verarbeiten als ältere Menschen; die Sensibilität nimmt mit den Jahren zu.

Ein Hochsensibler ist jedoch besonders sensibel für all diese Effekte.

Bin ich hochsensibel?

Einige auffällige Eigenschaften, die zur Hochsensibilität gehören:

- viele Details und Subtilitäten aufnehmen
- Stimmungen (anderer) deutlich wahrnehmen
- eine reiche innere Erlebniswelt haben
- viel träumen, phantasieren und überlegen
- Dinge sorgfältig und bewusst tun
- Dinge gern in eigenem Tempo erledigen
- sorgfältig sein
- perfektionistisch sein
- Dinge gründlich untersuchen
- Schönheit und Kunst genießen
- Stille und Ruhe genießen
- auch umtriebig, unternehmend oder neugierig sein können

Die obengenannten Eigenschaften müssen nicht bei jedem Hochsensiblen deutlich ausgeprägt sein. Erkennst du jedoch viele dieser Eigenschaften an dir? Damit du dir sicher bist, ob du hochsensibel bist oder nicht, rate ich dir zum Test. Diesen findest du unter anderem auf meiner Webseite. Der Test besteht aus einfachen Fragen und ist nicht sehr umfangreich. Es gibt zahlreiche andere Bücher auf dem Markt. Hinten im Buch befindet sich eine Liste nützlicher Nachschlagewerke und HSP-Vereine.

Was ist Hochsensibilität? – Das Wichtigste in Kürze

„Hochempfindsamkeit" und „Hochsensibilität" sind zwei Begriffe für genau dasselbe Phänomen. Sie werden nebeneinander benutzt, es gibt keinen Bedeutungsunterschied.

Wenn man hochsensibel oder hochempfindsam ist, sind nicht die Sinne um so vieles besser, nur der Informationserwerb funktioniert ausgiebiger oder intensiver als beim Durchschnitt.

Hochsensibilität ist schon viel erforscht worden. Es gibt, anders als viele Menschen denken, keinen Hype. Bereits in den 1930er Jahren sind Bücher und Studien über dieses Persönlichkeitsmerkmal erschienen.

Der (Entwicklungs-)Psychologe Michael Pluess von der Universität Cambridge in England sagt, vermutlich sind von allen Menschen

- 30 Prozent hochsensibel,
- 40 Prozent mäßig sensibel,
- 30 Prozent niedrig sensibel,

veranlagt.

Wir sollten nicht vergessen, dass man einen Menschen nicht in eine Schublade stecken darf. Jeder Mensch ist einzigartig durch das Zusammenspiel biologischer, psychologischer und sozialer Faktoren.

Durch den Druck und die Erwartungen der modernen Leistungsgesellschaft und unseren Lebensstil, der sich immer weiter von unserem natürlichen Lebensraum (Natur) entfernt hat, wird Hochsensibilität mehr denn je in negativem Sinne sichtbar.

Hochsensibilität ist nicht dasselbe wie chronischen Stress erleben. Das eine ist eine Charaktereigenschaft, das andere ein Kennzeichen für eine aus dem Gleichgewicht geratene Person.

Wer hochsensibel ist, braucht vor allem Verständnis und ein Umfeld, das mit seinem Charakter und seinen Bedürfnissen übereinstimmt, so dass er zu einer gesunden Persönlichkeit heranwachsen kann.

4 Warum sind Hochsensible empfindlich(er) für Stress

Eines Tages bemerkt der Hochsensible, dem das bis dato noch nicht bewusst gewesen war, dass das Leben ihm mehr zu tun aufgibt als den meisten Menschen in seiner Umgebung. Der Hochsensible versteht es nun: Er leidet permanent unter Müdigkeit, trotz verschiedener Ruhepausen; Anspannung führt zu Erschöpfung und/oder Reizbarkeit, und seine Gedankenwelt und sein Gefühlsleben stehen dauernd im Vordergrund. Er ist geistig und körperlich schnell verausgabt und fühlt sich oft nervös und aufgeregt. In seinem Innersten ist regelmäßig ein Chaos von Gedanken und Sehnsüchten, die häufig in Diskrepanz zur Realität und den eigenen Möglichkeiten stehen. Der hochsensible Mensch ist nicht so verwurzelt, er ist feinfühliger, schneller müde, weniger in der Lage mitzukommen als andere und treibt dahin in einem Zustand chronischer Überstimulation, aus dem er sich nur schwer befreien kann. Der Hochsensible leidet unter sich selbst und findet nirgendwo Verständnis. Gut gemeinter Rat, Ratschläge von anderen, nicht alles zu verkomplizieren und das Leben nicht so schwer zu nehmen, helfen gar nicht. Der hochsensible Mann oder die Frau können sich einfach nicht dazu entschließen, nicht länger kompliziert zu sein![25]

Eduard Schweingruber

Obwohl heutzutage cool sein eine sehr erwünschte Eigenschaft ist, steht oder fällt die Gesundheit mit gut versorgten Nerven und ihren gut funktionierenden sensorischen Fähigkeiten. Empfindsamkeit ist wichtig für eine gute Gesundheit, auch wenn man sich vielleicht etwas anderes wünschte oder wollte. So wie die Muskeln stark und geschmeidig sein sollten und die Aufgabe der Knochen darin besteht, dem Körper Struktur und Sicherheit zu bieten, so sind die Nervenzellen im Gehirn und Rückenmark dafür zuständig, dass wir so gefühlvoll und passend wie nur möglich reagieren. Das Nervensystem ist zugunsten der Empfindsamkeit angelegt; ein hohes Maß an Sensibilität steuert, erschafft und verzweigt unser Nervensystem. Wir wissen auch, dass die graue Gehirnmasse „Plastizität" zeigt, oder anders gesagt, sich aufgrund von empfindsamen Nervenenden verändern kann. Untersuchungen zeigen: Nervenzellen können wie Muskelgewebe einfach neue Verästelungen bilden, und es gehört nur eine geringe Anstrengung und Übung dazu, um zum Beispiel aus einem Laien mit tauben Fingern einen geübten Braille-Leser zu machen. Unsere Fingerkuppen können einfach mehr Sinneszellen bilden, als nötig sind. Ebenso auch das Gehirn.

Stress ist nicht per se ein Zustand des Gehirns. Wenn es schon einem Körperteil zugerechnet werden soll, dann in erster Instanz dem Nervensystem. Und es ist gerade das Nervensystem, das bei Hochsensiblen so intensiv arbeitet. Daher ist es nicht verwunderlich, dass gerade die Hochsensiblen verhältnismäßig stark unter Stress leiden. Ob Hochsensible signifikant mehr unter Stress leiden als weniger empfindsame Menschen, wurde noch nicht zur Genüge in Studien erforscht, es wird jedoch stark vermutet.

Die 68-jährige **Therese:**

> *Ich meine, die Hautsensoren in meinem Gehirn werden bei mir stärker interpretiert als bei anderen Menschen. Daher habe ich einen extrem empfindlichen Körper. Ich kann nur schwer Kleidung und Unterwäsche ertragen. Das habe ich bereits seit meiner Zeit als Teenager.*

Massage bereitet mir auch Schmerzen, ich empfinde sie als sehr unangenehm und bedrohlich. Momentan habe ich sehr viel zu tun. Wir werden umziehen. Das steht schon hoch oben auf der Top-Ten-Liste für Stress, ganz besonders für Hochsensible! Um so viele zusätzliche Reize wie möglich zu vermeiden, gehe ich es ganz ruhig an. Denn das ist eine schwere Zeit für mich, ich möchte sie möglichst gut überstehen.

Sicherlich haben nicht nur Hochsensible Schwierigkeiten mit Stress, auch nicht alle HSP leiden unter Stress und Reizüberflutung. Dennoch sind die Ursachen meist andere als bei weniger sensiblen Menschen. Es gibt folgende Gründe, aus denen hochsensible Menschen am meisten unter Stress leiden:

- Sie flüchten und unterwerfen sich häufiger, anstatt zu kämpfen.
- Die „künstlerische Persönlichkeit“ braucht Freizeit und Inspiration.
- Die „fürsorgliche Persönlichkeit“ räumt sich selbst aus dem Weg.
- Die hochsensible Person ist häufig perfektionistisch und pflichtbewusst.
- Ein stressiger Start hat große Auswirkung auf ein hochsensibles Kind.

Flucht statt Kampf

Im Allgemeinen wird Flucht-oder-Kampf-Verhalten in einem Atemzug mit Stress genannt. Schauen wir uns das etwas genauer an, dann sind Flüchten, Kämpfen oder die dritte Form „Erstarren“ verschiedene Reaktionsmuster. Eigentlich gibt es sogar vier Formen von Stressreaktionen:

- Den Feind angreifen oder bedrohen.
- Erstarren, um der Aufmerksamkeit zu entkommen.
- Sich zurückziehen oder aus der feindlichen Gefahrenzone flüchten.
- Sich unterwerfen, untertänig sein und dem Willen des Stärkeren nachgeben.

Jasmin hat in Amsterdam studiert und arbeitet nun beim Innenministerium. Sie ist eine schlanke, intelligente Frau mit hellbraunem, halb hochgestecktem Haar. Sie spricht ruhig und wohlüberlegt und denkt ein wenig nach, wenn Fragen an sie gerichtet werden.

Ich schäme mich eigentlich immer. Ich fühle mich sehr verunsichert. In einer größeren Gruppe wird man mich nicht reden hören. Ich kann überhaupt nicht umgehen mit viel Aufmerksamkeit, sobald sie auf mich gerichtet ist. Ich erstarre dann total, spreche leise und spüre, wie mir die Schamröte ins Gesicht steigt. Ich blocke ab.

Man kann sich vorstellen, dass sensitive Menschen nicht so häufig die erste Variante wählen. Hochsensible flüchten eher, anstatt zu kämpfen. Die Stressreaktion eines HSP besteht meist darin, dass er sich verkriecht (sich unterwerfen oder erstarren), was andere Konsequenzen für seine Gesundheit hat. Es verursacht eine Art schleichenden Stress, der leicht chronische Formen annehmen kann.

Die Gesellschaft belohnt Menschen mit einer aktiven, unternehmenslustigen Einstellung, und auch Frechheit ist mehr gefragt. Es hat zudem einen großen Vorteil zu kämpfen, anstatt zu fliehen: Man kann besser die Kontrolle behalten und wird schneller Herr der Lage.

Zurückhaltende Persönlichkeiten, introvertierte Menschen, sind weniger genau in ihren Angaben, was sie brauchen, und es fällt ihnen schwerer, ein deutliches Nein oder Ja zu äußern. Aus Untersuchungen geht hervor, dass zirka siebzig Prozent der sensiblen Menschen introvertiert oder still sind.[26] Die Möglichkeit, dass jemand mit Angst reagiert, anstatt zu kämpfen, hängt sowohl mit der Sensibilität als auch mit der Introversion zusammen. Nur ein Drittel der Hochsensiblen hat einen offeneren, extravertierten Charakter oder ist mutig und bereit zum Kampf.

Physiologisch gesehen ist Erstarren weniger gesund als Kämpfen, weil die durch das Alarmsystem freigesetzte Energie nicht verbraucht wird. Stresshormone zirkulieren länger im Körper und können nur langsam abgebaut werden. Deshalb wird zu Sport geraten als einer Möglichkeit, Stress abzubauen. Vorsicht: Mäßig sein beim Sporttreiben, denn Leistungssport und Sport unter Einnahme von Anabolika und Dopingmitteln verstärken nur die Kampfreaktionen im Körper.

Viele hochsensible Menschen sind erschöpft und kennen das Gefühl, sich mit dem Leben einen mühseligen Kampf zu liefern. Körperliche und seelische Leiden sowie Beschwerden, die Hochsensible selbst mit ihrer Eigenschaft in Verbindung bringen, sind unter anderem: Erschöpfung wie chronische Müdigkeit (CFS oder ME), Fibromyalgie, Burn-out und Überanstrengung, Schlafstörungen, Angst, schwere Verlegenheit, Probleme mit dem Selbstwertgefühl, soziale Phobien, Depressionen, Entzündungsschmerzen, hormonelle Abweichungen wie erschöpfte Nebennieren, Schilddrüsenerkrankungen, Essstörungen und Sucht.

Die künstlerische Persönlichkeit braucht Freizeit und Inspiration

Ein Teil der hochsensiblen Menschen hat eine künstlerische Komponente in ihrer Persönlichkeit. Das hängt auch zusammen mit Neugier und Offenheit für neue Erfahrungen. Künstler und Forscher haben einen anderen Rhythmus, sie brauchen Ruhe, damit sie gut arbeiten können. Die Art und Weise, in der ihr Gehirn optimal funktioniert, unterscheidet sich von der des Handwerkers und ist auch anders als die von jemandem, der im sozialen Bereich tätig ist. Vorgegebene Strukturen und ein hohes Tempo haben eine hemmende Wirkung und schränken den kreativen Geist ein. Entspannung und viel Zeit sind unentbehrlich für jemanden, der erfindet, entdeckt oder kreativ ist.

Muße

In der deutschen Sprache gibt es das Wort *Muße*, was so viel bedeutet wie: das Leben verlangsamen, damit Zeit frei wird, die man nach eigenem Gutdünken nutzen kann. Das Wort bezieht sich auf ein Gefühl von Entspannung, ein tiefes Verlangen der Seele, zu sich selbst zu finden, und kann zugleich verwendet werden als „Möglichkeit oder Gelegenheit, schöpferisch tätig zu werden". Es ist mit dem von Aristoteles gebrauchten Wort *scholé* vergleichbar oder dem von Cicero verwendeten Wort *otium*. Aristoteles wies auf die Bedeutung der Muße hin in seinem Ausspruch: „Wir arbeiten, um müßig sein zu können." Oder anders übersetzt: „Wir arbeiten, um Zeit zu haben."[28] Eine Formulierung in niederländischer Sprache, die dem vielleicht am nächsten kommt, ist „innerlijke rust", im Deutschen: „innere Ruhe". Heutzutage nennt man das auch Chillen.

> *Kreative Menschen haben kein Gerümpel; kreative Menschen haben überall Ideen liegen.*

Maarten (46), Drummer, spielte auf großen Bühnen wie Gelredome im Vorprogramm von Golden Earring und Coldplay. Er sagt über sich selbst:

Ich war ein ziemlich emotionales und empfindsames Kind. Bei mir musste man immer mit allem rechnen. Schule war eine Bedrohung, klaustrophobisch, immer stillsitzen müssen in einem Klassenraum, ich fand es schrecklich und wollte häufig nicht zur Schule gehen. Ich weinte wohl auch, wenn ich doch dazu gezwungen wurde. Ich baute viele Baumhütten, in die ich mich allein zurückzog.

Musik ist mein Beruf geworden. Musik ist für mich Sauerstoff und ein roter Faden durch mein Leben. Obwohl es auf den Podien auch sehr viele Reize gibt. An den lauten Trommelschlägen kann man hören, dass ich da bin, aber ich bin auch unsichtbar, denn als Drummer sitze ich geschützt hinter dem Schlagzeug. Ich habe verschiedenste Ausbildungen gemacht und Berufe ausgeübt: als Automechaniker, Sozialarbeiter, Ladenchef, aber nie mit Leidenschaft. Mit vierzig habe ich professionell Musik gemacht; ich bin jetzt Dozent und Musiker. Zurzeit gehe ich viel spazieren, hier zu Hause, aber auch in meinem früheren Wohnort. Es ist für mich Therapie. Ich brauche viel Zeit, um die neuen Eindrücke wieder zu verarbeiten, und auf diese Weise baue ich Stress ab.

„Die ästhetische oder künstlerische Persönlichkeit"

Der Arzt Eduard Schweingruber beschrieb (1935) die hochsensible Persönlichkeit als „ästhetische oder künstlerische Persönlichkeit" zu einer Zeit, als Albert Einstein bereits die Relativitätstheorie entwickelt hatte, der Arzt/Philosoph Albert Schweitzer Vorkämpfer für Humanität und Menschenliebe war, Mahatma Gandhi aktive Gewaltlosigkeit predigte und empfindsame Künstler wie Matisse oder Cézanne und Schriftsteller wie Hermann Hesse ihre Feinfühligkeit gebrauchten, um sich in der Kunst auszudrücken. Diese Vorkriegszeit war auch gekennzeichnet durch das Aufkommen der Psychologie und Psychosynthese; große Denker wie Jung und Freud passen in dieses Zeitbild.

Die Beschleunigung des Lebenstempos begann schon mit der Industrialisierung zu Anfang des neunzehnten Jahrhunderts, aber das Tempo wurde extrem erhöht seit der Kommerzialisierung und Globalisierung in den fünfziger Jahren des vorigen Jahrhunderts; und seitdem die Computer in die Wohnräume Einzug gehalten haben, wie auch die Smartphones und alles dazwischen, ist das Lebenstempo unserer Kontrolle entglitten. Mit dem Tempo, in dem neue Produkte entwickelt werden und auf den Markt kommen, kann der Konsument kaum Schritt halten. Außerdem ist der Entscheidungsstress als neue Stressart entstanden. Wozwischen soll man denn wählen, wenn alles anziehend gemacht wird? Ein Euro kann nur einmal ausgegeben werden.[29]

Karin, eine dreißigjährige Mutter zweier Kinder, ist alleinstehend und muss sich ihre Zeit gut einteilen.

Ich bin sofort begeistert und lasse mich schnell zu netten Veranstaltungen mitschleppen. In dieser Woche hatte ich an drei Tagen hintereinander jeweils drei Aktivitäten an einem Tag. Ich merkte bereits am zweiten Tag, dass das schiefgehen würde. Ich verliere mich selbst und finde immer seltener zu meinem Gefühl zurück. Ich werde grantig und unsicher. In einem solchen Augenblick gelingt es mir nicht mehr, Verabredungen abzusagen. Jetzt weiß ich, dass ich solche Phasen vermeiden muss. Ich sollte einfach vorausdenken und meine Begeisterung etwas mehr zügeln.

Der Druck, diesen Veränderungen die Stirn zu bieten, sorgt dafür, dass Betriebe ihre Mitarbeiter viel häufiger unter Zeitdruck produzieren lassen. Mein Vater, jahrelang Erfinder bei Philips, erinnert sich noch an die Zeit, wo man alles durfte und machen konnte, wo ein Erfinder noch „herumbasteln" konnte. Das änderte sich für ihn in den achtziger Jahren des vorigen Jahrhunderts.

Die freie Assoziation und ein phantasiereicher Blick auf Leben und Natur sind eine Voraussetzung für die Entwicklung guter Ideen. Das *Out-of-the-box*-Denken. Im Ruhezustand wird der Geist mehr Alpha- und Thetawellen produzieren, die einen assoziativen Prozess in Gang setzen. In einem freien Zustand von Nachsinnen und tiefem

Nachdenken entstehen neue Zusammenhänge. Stress und Zeitdruck sind an Betastrahlen gekoppelt; dies sind schnellere Hirnwellen, die praktisch sind beim Abarbeiten von Listen und Aufgaben und die in sozialen Strukturen funktionieren. Ein Erfinder ist nicht ohne Grund zerstreut und lebt am liebsten außerhalb der Zeit. Die konkreten Aspekte des Lebens lenken stark von den inneren und kreativen Wahrnehmungen ab.

Auf der Suche nach der verlorenen Zeit

Es ist allgemein bekannt, dass Künstler eher sanfte, zartbesaitete Persönlichkeiten sind, zerstreut, manchmal emotional und oft von ihren Sinnen angetrieben. Das Talent des kreativen Hochsensiblen liegt besonders im Tiefgang, im Maß der Introspektion, in den Geist erweiternden und Grenzen überschreitenden Ideen. Stress, Eile und Zeitnot kollidieren mit dieser Denkweise.

Von kreativen, sensiblen Personen zu erwarten, dass sie pünktlich sind, sich streng an Regeln halten und unter Druck mehr leisten, ist genauso kontraproduktiv, wie einen tatkräftigen Macher zu bitten zu warten, sich auszuruhen, stillzusitzen und zu träumen. Ein Hochsensibler liebt es, tief nachzudenken über Probleme, Aufgaben oder Eindrücke. Ungenutzte, ziellose Zeit verbessert die Produktivität eines kreativen Geistes.

Die „ästhetische Persönlichkeit" braucht mehr solcher Zeit als jemand, der weniger sensibel oder artistisch ist. In meinen Augen ist dies auch der Unterschied zwischen den Machern und den Denkern.

Der französische Schriftsteller Marcel Proust beschrieb in seinem Roman À la recherche du temps perdu (*Auf der Suche nach der verlorenen Zeit*, 1908–1922) wie kein anderer die komplexen inneren Wutanfälle, Gefühle, Emotionen und Gedanken eines hochsensiblen, zartbesaiteten, kreativen Jünglings. Dieses Buch liest sich auch wie eine detaillierte und umfassende literarische Erforschung der hochsensiblen Persönlichkeit. Ein wiederkehrendes Thema ist die Zeit, die ziellos und langsam verstreicht, und die Erinnerungen an frühere Zeiten, in denen der Autor und die Hauptperson glücklich waren.

Nicht jeder braucht gleich viel Muße oder freie Zeit. Zeit und Rhythmus sollten viel individueller gestaltet werden, denn das führt häufig zu einer unschönen Reibung. Aktive Menschen drängen den langsameren Mitmenschen ein viel zu hohes Lebenstempo auf. So ärgern sich „frühe Vögel“ oft, dass Abendmenschen morgens so lange ausschlafen. Ein Rhythmus der für den einen perfekt ist, kann für den anderen viel zu stressig sein.

Die fürsorgliche Persönlichkeit zaubert sich häufig weg

Hochsensible Menschen können auch besonders fürsorgliche Menschen sein, die sich gut in andere hineinversetzen können. Sie scheinen ein besonderes Talent für empathisches Verhalten zu haben, sie sehen und spüren gut, was jemand anderen bewegt und was er braucht. Möglicherweise spielen bei diesem Prozess Spiegelneuronen eine Rolle. Diese Neuronen sind aktiv, wenn wir die Bewegungen und das Verhalten anderer betrachten. Aber es ist sicher, dass noch weitere Prozesse hinzukommen; das zu fühlen, was ein anderer fühlt, übersteigt die Wirkung der Spiegelneuronen.[30] Mitfühlen, die Schmerzen eines anderen spüren oder sich in ihn hineinversetzen sind Formen eines empathischen Verhaltens, das ein Ziel hat: sich gut an die Umgebung anpassen und sich um andere kümmern. Nicht jeder ist darin gleich begabt, aber meine Erfahrung nach zehn Jahren in der Begleitung Hochsensibler zeigt, dass hochsensible Menschen oft damit ausgestattet sind. Aufgrund ihrer gut entwickelten Ausrichtung auf andere vergessen sie häufig, sich an die erste Stelle zu setzen. Es ist nicht einmal eine Frage des Vergessens, sondern sie finden es auch schwierig; die Nöte anderer kommen oft vor ihren eigenen Bedürfnissen. Hinzu kommt, dass sich Hochsensible nicht so häufig für eine leitende Position entscheiden; strategisches Denken und Knotendurchschlagen ist von einem empathischen Blickpunkt aus mühsam. In energetischer Sprache: Sich mit der Energie des anderen verbinden bedeutet, darauf zu achten, was der andere fühlt und was ihn bewegt. Bei der Kommunikation liegt der Fokus meist viel mehr auf dem anderen als auf sich selbst. In einem solchen Augenblick läuft häufig etwas falsch. Was will ich eigentlich? Wer bin ich eigentlich? Der HSP fragt lieber: „Was möchtest du?“, anstatt zu sagen: „Das will ich!“

Gisela ist eine hochsensible Frau in den Fünfzigern. Sie hat einen besonders fürsorglichen Charakter und findet es herrlich, anderen Menschen zu helfen. Sie heiratete in jungen Jahren ihren Mann, Michael, und bekam mit ihm drei Kinder. Ihre Qualitäten konnte sie im Haushalt und in der Erziehung gut einsetzen:

Ein HSP will so gern in Harmonie den Menschen helfen. Harmonie fand ich schon immer sehr wichtig. Ich wollte gerne für meine Familie da sein und habe die Zeit, als die Kinder klein waren, sehr genossen. Aber sich zu viel kümmern und sich selbst ausklammern kann in einer Beziehung zu einem Fallstrick werden. Mein (Ex-)Mann entwickelte Depressionen und fühlte sich offensichtlich nicht wohl. Er wurde allmählich aggressiver. Wenn man sich einmal in einer solchen Situation befindet, kommt man nicht so schnell wieder heraus.
Ich brauchte schließlich 15 Jahre, bis ich bei meinem jetzigen Ex-Mann auszog. An meinem fünfzigsten Geburtstag beschloss ich, es müsse sich etwas verändern. Ich verließ ihn nach einer sehr bedrohlichen Situation. Mein jüngster Sohn ging mit, die beiden Älteren sind bei ihrem Vater geblieben. Ich bin in eine Ex-Partnergruppe gegangen, eine Gruppe, deren Ex-Partner psychische Beschwerden oder derartige Anzeichen hatten.
Dort bin ich dahintergekommen, dass viele Gruppenmitglieder hochsensibel sind. Das Wegzaubern der eigenen Person stellte sich als ein wiederkehrendes Muster heraus. Menschen können

sich angezogen fühlen von jemandem mit narzisstischen oder psychopathischen Zügen, wie ich in dieser Gruppe erfuhr. Durch Therapie, Selbstentfaltung, Seminarbesuche, Reflexion, Bücher und Reisen habe ich meine eigene passive Haltung und sein aggressives Verhalten verstanden. Ich verstehe nun, wie wir aufeinander einwirkten und uns beide ohnmächtig dabei fühlten.

Der Hochsensible ist oft pflichtbewusst und perfektionistisch

Hochsensibilität ist eine Eigenschaft, die gewissenhaftes Benehmen erzeugt; sie lässt uns brav, gewissenhaft, angepasst handeln. Da hochsensible Menschen von Natur aus dazu neigen, sich gut den Umständen anzupassen, werden sie eher gewissenhaft und perfektionistisch veranlagt sein. Diese Charaktereigenschaften arbeiten dem Stress in die Hand. Folgende Eigenschaften sind in hohem Maß dafür bekannt, chronischen Stress zu erzeugen:

- Perfektionismus
- Ehrgeiz
- Leistungsbezogenheit
- Eile
- nicht „untätig“ sein können
- oft zwei Dinge gleichzeitig erledigen
- viel von sich selbst fordern und tun „müssen“
- hohes Verantwortungsgefühl
- enge Verbindung zu Familie oder Arbeit
- Streben nach Anerkennung von anderen
- schlecht Nein sagen können, Grenzen setzen oder für sich selbst eintreten können
- nur schwer um Unterstützung bitten können
- Gefühle schlecht äußern können

Viele dieser Eigenschaften passen auf die Charakterbeschreibung einer hochsensiblen Person. Viel von sich selbst fordern, mühsam Grenzen aufzeigen, Perfektionismus, nur ungern um Hilfe bitten, nicht untätig sein können, all dies führt schnell zu chronischer Überlastung.

Jasmin (27), die junge Frau, die im Innenministerium ein Praktikum macht, sagt:

Ich finde es schön zu forschen und zu reflektieren, aber häufig rege ich mich zu sehr auf. Einige Sorgen kann ich nur sehr schwer loslassen. Als Praktikantin beteilige ich mich an der Erstellung von Texten, die auf Versammlungen oder für Präsentationen im In- und Ausland benötigt werden. Ich tue es gern, aber ich stelle auch hohe Ansprüche an mich. Ich möchte sehr gern alles gut machen, ich bin sehr perfektionistisch. Das war ich immer schon. Manchmal habe ich zu viele Dinge auf meiner To-do-Liste, ich habe immer Dinge im Kopf, die ich auch noch tun muss oder möchte. Ich beschäftige mich oft mit meinem Terminkalender. Ich finde es schrecklich, zu spät zu kommen.

Aufgrund dieser Unsicherheit bin ich immer angespannt. Ich versuche sehr, die Kontrolle zu behalten, und schäme mich schnell. Ich mache mir Gedanken darüber, was andere denken und finden, das beeinflusst mich oft mehr, als ich dachte. Folglich bin ich ganz oft müde, schnell gestresst und angespannt. Meistens spüre ich die Spannung im Bauch. Positive Gedanken wie „Ich kann es doch, ich muss Vertrauen haben und mich normal verhalten" helfen mir in einem solchen Augenblick. Diese Gedanken werden mir von meiner Mutter eingeimpft.

Unter Perfektionismus verbirgt sich häufig ein negatives Selbstbild oder Unsicherheit. Der Grundstein für genügend Selbstvertrauen wird meist schon in der Jugend gelegt. Der Gedanke, nicht zu genügen und etwas leisten zu müssen, um beliebt zu sein, führt oft zu übermäßiger Kontrolle über uns selbst. Wir brauchen dann viel Sicherheit und Bestätigung. Gelingt es dir jedoch nicht, rechtzeitig damit aufzuhören und die eigenen Grenzen zu zeigen, trabst du nicht nur weiter, sondern auch andere werden sich in zunehmendem Maße auf dich stützen. Diese Eigenschaften sorgen dafür, dass auch andere einfach deine Gutmütigkeit und Bereitschaft sowie dein gewissenhaftes Temperament ausbeuten. Nicht immer mit voller Absicht, aber doch, weil du „gerade zur Verfügung stehst". Außerdem sind sie daran gewöhnt, dass du immer zeitig bist, alle Sachen beisammenhast, verlässlich bist und dringende Dinge noch eben dazwischennimmst. Wer seine eigenen Grenzen nicht markiert, zu Recht oder Unrecht, wird andere erleben, die darüber hinweggehen.

Aber Druck und Erwartungen lassen sich nicht immer deutlich abgrenzen. Bestimmt nicht in einem Autoritätsverhältnis. Wenn die Schule zu viel fordert, lange Fahr- und Schulzeiten, viele Hausaufgaben und zu viel Deadlines, erhöht sich der Stresspegel erheblich. Ein Hochsensibler befindet sich dadurch bereits schnell in einem Konflikt: Muss er sich entscheiden für die eigenen Bedürfnisse oder für die Erwartungen der Schule beziehungsweise der Lehrer?

Meine hochsensible Tochter leidet unter den Schulzeiten, denn hier in der Schweiz beginnt die Schule außergewöhnlich früh und dauert lange. Sie ist kein Morgenmensch, und genau wie bei mir müssen ihr Geist und ihr Körper am Morgen erst noch in Gang kommen. Abends hingegen ist sie topfit, und dann macht sie am liebsten bis in die späten Nachtstunden weiter. Das ist vielleicht keine Eigenschaft, die per se zur Hochsensibilität gehört, aber der Druck der Schule, der stets zunimmt und ihren eigenen Rhythmus nicht berücksichtigt, ist eine starke Belastung für ihre Gesundheit, und das ist durchaus eine Folge ihrer Hochsensibilität. Für Denker, wie sie und ich, ist die Macher-Mentalität, die an der Schule wie selbstverständlich gilt, eine wahre Herausforderung. Sie schließt nicht nahtlos an unsere Bedürfnisse an und erfordert viel Durchhaltevermögen. Selbst wenn ein jüngerer hochsensibler Mensch mehr Durchhaltevermögen hat als ein älterer, dann sehe ich doch, dass dies ihrer Natur nicht wirklich guttut.

Auch **Eva,** die wir im 2. Kapitel kennengelernt haben, war auf der weiterführenden Schule immer mit Lernen beschäftigt. Es war nie genug:

Ich hatte enorm lange Tage, musste einen weiten Weg mit dem Rad zur Schule hin- und zurückfahren, ich hatte keine Zeit für Hobbys. Schließlich begann ich depressiv zu werden. Glücklicherweise begegnete ich auf der Schule einer Vertrauensperson, die mir riet, Hilfe zu suchen. Das habe ich getan, und auf diese Weise geriet ich über einen Schulpsychologen an eine Psychotherapeutin. Ich hatte soziale Ängste entwickelt.

Jasmin ist genauso perfektionistisch wie meine Tochter und Eva:

In stressigen Situationen hilft es mir, mit Menschen zu reden, die mir nahestehen, wie meine Mutter, die mich gut versteht. Mir hilft es auch, ein Buch zu lesen, um den Kopf frei zu bekommen. Dazu ziehe ich gern eine Jogginghose und ein T-Shirt an. Ich habe dann das Gefühl, mich wieder zu erden und zu mir zurückzufinden. Im Ministerium arbeite ich in einem Multifunktionsraum. Danach komme ich richtig erschöpft und aufgedreht nach Hause. Es wäre gut, wenn ich eine Stelle fände, die insgesamt zu mir und meiner Hochsensibilität passt, wo ich arbeiten könnte in einer Umgebung mitten in der Natur, die zugleich abgeschlossen ist von zu vielen Reizen, die mich entleeren. Ich habe den Wunsch, einen Ort zu finden, an dem ich ganz ich selbst bin und auf meine Weise leben kann.

Ich plädiere dafür, Schüler schon früh entdecken zu lassen, welcher Rhythmus und Lebensstil wirklich zu ihnen passt, und dabei sollen sie lernen, diese auf ihre Person abzustimmen. Ich plädiere außerdem dafür, den Charakter immer weniger als Nebensache zu betrachten und immer häufiger die individuellen Qualitäten in den Mittelpunkt zu rücken. Zurzeit wird an Schulen oft die Norm an die weniger gewissenhaften Kinder angepasst. Im Allgemeinen wird ein HSP sich nicht so schnell dem Willen der Autoritäten widersetzen und sein Bestes geben und sich angepasst verhalten, aber wenn die Anpassung bedeutet, sich an einen Lebensstil anzupassen, der nicht mit der eigenen Art korrespondiert, ist das fatal für die Gesundheit.

Meine Tochter sagt regelmäßig: „Ich würde lieber auf eine Abendschule gehen!"

Nicht alles ist möglich, aber ich bringe meiner Tochter bei, sich viel Zeit zur Entspannung zu nehmen. Ich motiviere sie häufiger, mit dem Lernen und Studieren aufzuhören, als dass ich sie animiere, mehr zu tun. Immer wieder sage ich zu ihr: „Bleib mal einen Nachmittag zu Hause", aber mit hochsensiblen Kindern erlebt man schnell die verkehrte Welt. Ihr Pflichtbewusstsein hält meine Tochter davon ab, zu Hause zu bleiben, wenn sie nicht körperlich krank ist. Sie ist wissbegierig und stellt hohe Anforderungen an sich selbst. In einem solchen Fall ist es Aufgabe der Eltern, nicht noch mehr Druck auszuüben, sie sollten ihrem Kind vorleben, dass es noch mehr gibt als Lernen und gehorsam sein.

Wenn man jung ist, kommt man mit dem Druck noch zurecht, aber früher oder später erhöht sich das Lebenstempo und der emotionale Druck, den das Leben nun einmal mit sich bringt. Die Folgen können starke Erschöpfung, Entzündungen, Magen- und Darmbeschwerden, Burn-out und Ähnliches sein.

Anna (42 Jahre alt) durfte als Kleinkind schön draußen spielen, aber das war nichts für sie, und eine Viertelstunde später war sie oft wieder im Haus – saß dann ruhig in einer Ecke

> mit einem Büchlein. Schon als Kind erspürte Anna sehr viele Emotionen richtig. Als Erwachsene zog sie mit ihrem Partner ins Ausland. Sie befand sich in einer schwierigen Phase, als ihr Sohn geboren wurde und die Beziehung scheiterte.
>
> *Tropenjahre. Ich entwickelte Stressleiden, hatte Probleme mit der Schilddrüse und fühlte mich immer erschöpfter. Müde, müde, nichts als müde. Schwer und depressiv wurde ich dadurch, dass der Körper nicht mitarbeitet und der Geist so viel will.*
>
> *Nun weiß ich, ich bin hochsensibel und lerne Schritt für Schritt, in meinem eigenen Tempo zu leben. Heute höre ich viel eher auf meine eigene Intuition als früher. Ich finde Gartenarbeit herrlich und mache das, so oft ich kann. Viel draußen sein, damit lade ich mich selbst auf.*

Hochsensible Menschen müssen lernen, sich selbst pfleglich zu behandeln und zu versorgen, wie sie das mit einem kleinen Kind täten, denn nur ein beschütztes Herz kann harmonisch sein und innere Kraft entwickeln. Das funktioniert nur, indem man bewusst Entscheidungen trifft und für seine Eigenart eintritt. Das erfordert Einsicht und Taten: Nicht abwarten, meckern oder klagen, sondern machen! Ein erfülltes Leben mit Hochsensibilität bietet dir konkrete Strategien, Einsichten und Übungen, die dir dabei helfen, den hochsensiblen Lebensstil par excellence zu finden und zu entwickeln. Lies weiter und entdecke deine wahre Stärke!

Ein stressiger Start hat große Auswirkung auf ein hochsensibles Kind

Leider sind die hochsensiblen Erwachsenen von heute meist nicht mit dem Bewusstsein ihrer besonderen Art aufgewachsen, und das gilt noch weniger für die Eltern der jetzigen Eltern. Während des letzten Jahrhunderts lag die Moral in der Erziehung stark auf Selbständigkeit, auf geistiger Entwicklung und Sozialverhalten, die auf Ideen davon fußten, was sich ziemt, statt wie es sich anfühlt. An Stelle von körperlichem Kontakt und unbedingter Liebe wird jungen Kindern beigebracht, allein zu schlafen, nicht zu weinen und mutig zu sein. Für empfindsame Kinder haben sich viele dieser Erziehungsstrategien als fatal herausgestellt. Bindungs- und Verlassenheitsängste, Stress und Depressionen sind nur einige der Auswirkungen der vorherrschenden Erziehungsmethode. Langsam, aber sicher verändert sich das, aber Ratschläge und Strategien sind häufig noch nicht genügend an die wirklichen Bedürfnisse nach Liebe, Glück und Gesundheit angepasst. Besonders das hochsensible Kind leidet schwer darunter. Die Forscher Jay Belsky und Michael Pluess kommen zu dem Schluss, dass hochsensible Kinder von einer guten (das heißt: entsprechend ihrer Empfindsamkeit) Erziehung mehr als der Durchschnitt profitieren, während sensible Kinder, die keine adäquate Erziehung hatten (das heißt: nicht liebevoll an ihre Empfindsamkeit angepasst), überdurchschnittlich leiden und später Probleme in Bezug auf Stress und Empfindsamkeit bekommen. Der Bindungsstil spielt hierbei eine vielfältige Rolle, aber nicht immer.[31]

> *Die Welt*
> *ist schöner*
> *mit dir.*
> Loesje

Unterschiede in der Empfindsamkeit erfordern eine andere Herangehensweise, die nicht erst in der Schule beginnt, sondern bereits im Mutterschoß. Im ersten Kapitel habe ich von meiner Geburt berichtet, die für meine Mutter unter stressigen Umständen stattfand. Die erhöhten Stresshormone im Körper meiner Mutter konnten geradewegs durch die Nabelschnur mein Wachstum beeinflussen.

Es gibt mehrere Untersuchungen, die einen solchen Vorgang nachweisen. Eine davon fand an Säuglingen statt, die 2001 nach dem Anschlag auf das World Trade Center in New York geboren wurden. Schwangere Frauen, die das aus der Nähe erlebten und dadurch traumatisiert wurden (eine nachweisbare posttraumatische Belastungsstörung entwickelt hatten), verglich man mit anderen schwangeren Frauen. Die Cortisolspiegel waren bei den Säuglingen niedriger.[32] Erniedrigte Cortisolspiegel sind verknüpft mit Anfälligkeit für posttraumatische Belastungsstörungen (PTBS) und ein Risikofaktor für PTBS bei Erwachsenen, was sich auch bei den Nachkommen von Holocaustüberlebenden herausstellt.[33]

Das könnte bedeuten, Kinder entwickeln in der Gebärmutter, als Folge von Stress und Sorgen der Mutter, andere körperliche Eigenschaften und Reaktionen. Wir wissen auch, dass diese Reaktionen so weit reichen können, dass sich die DNA verändert. Studien an Mäusen haben gezeigt, dass bestimmte konditionierte Ängste beider Eltern vererbt werden können. In einem Fall wurden Mäuse konditioniert, indem ein starker Geruch an einen Elektro-Schocker gekoppelt wurde, so dass die Mäuse Angst vor dem Geruch entwickelten. Diese Angst war offensichtlich an die Mäusejungen weitergeben worden. Obwohl die Nachkömmlinge dieser Mäuse den elektrischen Schock nie selbst erlitten, zeigten sie noch immer Angst vor dem Geruch, weil sie die Angst epigenetisch[34] geerbt hatten. Diese Veränderungen hielten noch zwei Generationen an, ohne dass der Schock noch einmal ausgelöst worden wäre.[35]

Gisela, wir haben sie im 1. Kapitel bereits kennengelernt, beschreibt ihre ersten Lebensjahre:

Ich wurde 1958 in eine Familie hineingeboren, in der beide Elternteile durch den Krieg traumatisiert waren. Mein Vater hatte im Alter von 19 Jahren an der Ostfront beide Beine verloren, und meine Mutter war im Alter von 15 Jahren zusammen mit ihren Brüdern und Schwestern mit einem Handkarren zu Fuß aus dem deutschen Osten vor dem Feind geflohen. Meine Mutter war eine besorgte Frau, die mich übermäßig beschützte. Heute weiß ich, sie hatte narzisstische Züge. Mein Vater vergötterte sie, aber er starb leider, als ich 12 war.

Bei meiner Geburt stellte sich heraus, dass ich eine beidseitige Hüftdysplasie hatte. Mit 18 Monaten wurde ich ins Krankenhaus gebracht, wo ich sechs Monate lang mit Schrauben und Gewichten im Bett lag. Wenn ich meine Mutter über diese Zeit befragte, antwortete sie immer: „Mädchen, das willst du gar nicht wissen." Danach musste ich noch anderthalb Jahre mit einer Spezialhose herumlaufen, bis ich ungefähr vier Jahre alt war. Über die psychischen Folgen einer so intensiven Behandlung, weit weg von zu Hause, dachte man damals nicht nach. Als meine Mutter mich nach sechs Monaten abholte, gab ich ihr eine Ohrfeige. Froh war ich also nicht, und ich glaube, das hat Spuren in meiner Beziehung zu meiner Mutter hinterlassen. Als HSP stoße ich in Liebesbeziehungen immer wieder auf dieselben Ängste und Verhaltensmuster. Sind es weitervererbte Traumata meiner Eltern? Oder liegt es an der narzisstischen Persönlichkeit meiner Mutter? Oder der zu langen Trennung in den wichtigen ersten Lebensjahren? Ich wüsste es zu gerne.

Man könnte denken, das gelte für jedes Kind, hochsensibel oder nicht, aber das stimmt so nicht. Das hochsensible Kind ist im Allgemeinen leichter zu beeinflussen und sensibler für Gefahr und Stress als das weniger empfindsame Kind. Es ist sehr empfänglich, besonders für die unausgesprochenen Dinge, es kann also mehr aufschnappen von der Energie der Eltern (wie unverarbeitete Traumata). Sicherheit ist nicht so selbstverständlich für ein hochsensibles Kind; bei Anzeichen von Gefahr wird es intensiver mit Angst reagieren, was aber auch andeuten kann, dass die Mutter (oder ein anderer Versorger) Stress, Sorgen oder Kummer haben können.

Wenn also Körper und Geist schon in jungen Jahren mit unsicheren, dramatischen oder traumatischen Situationen zu tun hatten, wird das hochsensible Kind als Erwachsener mit mehr Sorgen, Stress und Angst reagieren als das weniger oder nichtsensible Kind und alles dafür tun, damit es so bleibt. Das nennt man Anpassungsstrategien oder Coping. Ob Coping gesund oder nützlich ist, das ist die große Frage.

Hochsensible Säuglinge und Kleinkinder haben aufgrund ihrer Empfindsamkeit mehr Bestätigung und Schutz nötig als weniger sensible Kinder. Sie sind empfindlicher bei Zurückweisung, entwickeln schneller Stressmuster und eine Maske, hinter der sich die eigene Persönlichkeit verstecken kann oder geschützt ist. Hochsensible Kinder erfahren auch mehr Zurückweisung, weil ihr Verhalten in der westlichen Gesellschaft häufiger als „schwierig" empfunden wird. Verlegenheit, nicht einfach mal mitkommen, schnell weinen oder quengeln, das kann auf Eltern oder Lehrer unsympathisch oder als Anstellerei wirken. Das hochsensible Kind verliert daher schneller an Authentizität als ein weniger sensibles Kind: Es passt sich den Bedürfnissen der anderen an, an erster Stelle an die Eltern oder den Versorger, und entwickelt sich zu einer hyperwachsamen Persönlichkeit, zu jemandem, der es allen recht machen will, oder manchmal auch zu einem aufsässigen Quertreiber.

Eine Untersuchung des Psychologen Jerome Kagan aus den sechziger Jahren zeigt, wie vier Monate alte Babys, die einem anhaltenden Stimulus ausgesetzt werden (ein Spielzeug, das sich kurz vor ihrem

Gesicht bewegt), ganz verschieden darauf reagieren. Manche Babys reagieren stark, auch körperlich; sie strampeln mit den Beinchen und schlagen mit den Ärmchen wild um sich. Schon bald wird das Stimulationsniveau zu hoch, dann weinen sie. Das waren laut Kagan die *highreactive* Kinder. Kagan sah im Voraus, dass die Kinder, die schnell Stress erleben, sich in einigen Jahren zu stillen, zurückgezogenen und verlegenen Kindern entwickeln würden. Andere Babys, die ruhig vor sich hinguckten und weniger gestresst auf Reize reagierten, würden später eher die *outgoing*, die unkomplizierten und sozialen Kinder werden. Er fand seine Vorhersage bestätigt, als er die Kinder etliche Jahre später noch einmal untersuchte.[36]

Viele Menschen wussten als Kind nicht, dass sie hochsensibel sind, und müssen später als Erwachsener erst den Umgang mit dieser besonderen Eigenschaft erlernen. Gisela sagt über sich und ihren Mann Michael:

Erst seit 2011 weiß ich, dass ich hochsensibel bin und immer war. Ich hatte schon immer das Gefühl, ich sei es, und ich hatte Stimmungsschwankungen, wenn ich meine Grenzen überschritt. Als ich dahinterkam, was HSP bedeutet, fielen viele Puzzleteile auf ihren Platz, auch aus meiner Kindheit. Ein Trauerprozess kam in Gang. Glücklicherweise, dachte ich, ich bin also nicht die Einzige, die sich so fühlt. Das war für mich eine Erleichterung. Ich hatte Momente, in denen ich an meinem Geisteszustand zweifelte und dachte, ich hätte viele Anzeichen für psychische Probleme. Oft dachte ich: Hätte ich nur schon früher gewusst, dass ich hochsensibel bin …

Hochsensible Kinder haben das Potenzial, starke, selbstsichere und talentierte Erwachsene zu werden. Es ist wichtig, das zu verstehen. Daran sind jedoch Bedingungen geknüpft, an erster Stelle eine versorgende Person (meistens die Mutter), die adäquat auf die Bedürfnisse des Säuglings oder Kleinkinds reagiert, die uneingeschränkte Botschaft, „willkommen zu sein“, genügend Sicherheit und Schutz und ausreichende Ermutigung, allerdings ohne Zwang oder Druck. Wenn ein hochsensibles Kind nicht seiner Würde beraubt wird, kann es zu einem lebendigen, warmherzigen und vernünftigen Menschen heranwachsen. Mit der richtigen Erziehung können hochsensible Kinder sich wunderbar zu authentischen Erwachsenen entwickeln. In bestimmten Berufen ist Sensibilität ein Vorteil, wie bei Forschern, Wissenschaftlern, Ärzten, Krankenpflegern, Betreuern, Lehrern und Künstlern. Die Aufnahme vieler Details fördert die Kreativität, Intuition und Fürsorge.

Leider haben nicht alle Kinder eine natürliche und sorglose Kindheit.

Josje (66): *Ich komme aus einer großen Familie, wurde kaum wahrgenommen und musste schon in jungen Jahren lernen, mit der unsensiblen Art meines Vaters und meiner Brüder umzugehen. Vor allem meine drei Brüder ärgerten mich und schlugen mich gern; ich wurde als Schwächling angesehen und fühlte mich vollkommen fehl am Platz. Als ich älter war, begriff ich, dass ich mich vollständig abgeschirmt hatte und in eine Rolle geschlüpft war, in der ich meine Sensibilität verleugnete. Ich fühlte mich ständig falsch verstanden und tat selbst noch das Meinige dazu!*

Sylvia (44): *Mein Vater war hart und herzlos, er antwortete immer: „Das ist eben so, weil ich es sage!“, oder „Schluss mit der Diskussion“, „Ich habe das letzte Wort hier“ und „Ich will nichts mehr davon hören“.*

Nie wurde ich angehört oder gefragt, was ich wollte, ganz bestimmt nicht danach, wie ich mich fühlte! Tief in meinem Innersten war ich ein lebendiges und fröhliches Kind, aber jedes

Mal, wenn ich meine Lebenslust zeigte, hörte ich: „Benimm dich!“

Conny (31): *Ich fühlte mich falsch verstanden und war furchtbar einsam! Meine Pflegeeltern hatten kein Interesse an mir, ich sollte vor allem gehorsam sein und nach ihren Erwartungen leben. Als ich älter wurde und ein eigenes Appartement bezog, habe ich mir gelobt, bei meinen Kindern alles anders zu machen. Glücklicherweise begegnete ich einem lieben Mann, wir sind nun verheiratet, und mit ihm kann ich so sein, wie ich wirklich bin.*

Es geht auch anders.

Peter (35): *Meine Mutter, die auch sehr sensibel ist, verstand die Kunst, negative Erfahrungen in positive umzuwandeln. Sie war natürlich, warmherzig, verständnisvoll und förderte unsere Authentizität. Erst als ich aus dem Haus ging, verstand ich, dass die meisten Menschen ganz andere Erfahrungen gemacht hatten.*

Die eigenen Stressmuster kennenlernen

Erkennst du dich in einigen der obengenannten Eigenschaften oder Bedingungen wieder? Versuche dann mithilfe der folgenden Ratschläge und Übungen herauszufinden, was bei dir Stress verursacht und wie du diese Muster beeinflussen kannst.

Deinen Kampfgeist wecken

Als hochsensibles Kind hast du vielleicht Probleme damit, Wut zu empfinden. Das ist nicht ungewöhnlich und kommt häufig vor. Du hast diese Emotion schon früh in deinem Leben weggeschlossen, weil du es nicht passend findest, jemand anderem die Schuld zu geben, weil du schneller Mitleid mit dem anderen empfindest oder weil man es dir abgewöhnt hat, die Stimme zu erheben oder einmal deutlich die Wahrheit zur Sprache zu bringen. Viele HSP unterdrücken ihre Wut, die sich meist um das Zwerchfell herum aufstaut. Die Leber, Galle, der Magen und die Bauchspeicheldrüse, sie alle haben in der traditionellen chinesischen Medizin mit Wut zu tun; wir kennen auch den Ausdruck „Galle spucken", wenn man sehr verärgert ist.

Es ist sehr gesund, diese Energie herauszulassen und nicht in sich hineinzufressen. Man braucht die Energie nicht auf jemanden zu richten, wichtig ist nur, dass man sie herauslässt. Sport ist gut, um überschüssige Energie im Körper abzubauen, aber bestimmte Sportarten unterstützen das Erwecken des unterdrückten Kampfgeists in besonderem Maße. Boxen, Thaiboxen und alle Kampfsportarten sind besonders gut für aufgestaute oder unterdrückte Wut. Wenn du dich nicht gleich für diesen Sport anmelden willst, kannst du immer mal wieder in deinem Zimmer in die Luft boxen.

Zeitmanagement

Gutes Zeitmanagement ist ein wesentlicher Aspekt im Leben eines HSP. Häufig ist das ein Prozess, bei dem man stets besser darauf hört, was man selbst eigentlich will, was sich gut anfühlt und wo die persönliche Grenze liegt. Zeitmanagement erfordert eine aktive Haltung: Das bedeutet, man bestimmt von Anfang an, wie viele Termine man pro Tag, Woche, Monat als angenehm empfindet. Vergleiche dich dabei nicht mit anderen, sondern folge nur deinem inneren Kompass.

Setze dich bequem hin und frage dich Folgendes:

Zu welchen Tageszeiten bist du gern mit Leuten zusammen, und wann bist du lieber allein?

Ich selbst kam zu dem Schluss, dass ich morgens nicht gern unter Menschen bin, und seitdem plane ich keine Termine mehr vor zwölf Uhr mittags.

An welchen Wochentagen bist du lieber allein, und an welchen Wochentagen bist du lieber mit anderen zusammen?

In welcher Jahreszeit brauchst du etwas mehr Ruhe zur Besinnung (zum Beispiel im Winter), und in welcher gehst du lieber mehr aus?

Versuche von nun an, nach diesen Einsichten zu leben. Je überzeugter du von diesen Einsichten bist, desto besser wird sich das Leben deinen Bedürfnissen anpassen; das ist das Gesetz der Anziehungskraft. Gehe schonend mit dir um. Schließlich geht es um dein Leben und Wohlbefinden.

Empfangen lernen

Macht es dir Freude, dich um andere zu kümmern? Findest du es schön, dich für andere einzusetzen und gebraucht zu werden? Um jemand anders glücklich zu machen? Dann fokussierst du dich meist mehr auf den anderen als auf dich selbst. Höchstwahrscheinlich bist du auch gewillt, an dir vorbeizulaufen, und es fällt dir schwer, Nein zu sagen. Diese Eigenschaft kann dich auch behindern, wenn immer mehr Menschen wie selbstverständlich mit deiner Hilfe rechnen. Denn du gibst ja doch, und das wird dankbar angenommen, manchmal auch ausgebeutet. Du musst dir klarmachen, dass das „Geben und Nehmen"-Prinzip eine Lüge ist. In der Wirklichkeit handelt es sich fast immer um Geben-und-Geben oder um Nehmen-und-Nehmen. Das ist das Energiegesetz.

Es ist höchste Zeit, dass du lernst, wieder etwas mehr in den Nehmen-Modus zu kommen. Und den anderen die Nachricht zukommen lassen, dass dein Wohlwollen und deine Anteilnahme Grenzen haben. Das kannst du mit einer einfachen Meditation tun.

Lege dich hin oder setze dich, und stelle ruhige Meditationsmusik an.

Bringe dich selbst in einen entspannten Zustand, indem du tief atmest. Stell dir vor, du sitzt auf einem Thron. Genieße deine Position, die höher ist als die der Menschen, die du nun vage im Saal vor dir siehst. Du merkst, die Menschen haben etwas für dich dabei: Sie kommen mit Geschenken. Das sind wertvolle Dinge, aber auch Dienste wie Massage, Aufmerksamkeit, ein offenes Ohr. Du nimmst die Geschenke und Dienste dankbar an. Atme tief in dieses Gefühl des Empfangens hinein.

Möglicherweise lösen sich Gefühle. Emotionen, die etwas mit „nicht gesehen werden" zu tun haben, mit Abweisung oder Einsamkeit. Lass die Gefühle zu: Es ist Schmerz, Traurigkeit, Bosheit oder Angst, die du als Kind hattest. Vielleicht kannst du erkennen, wie alt dieses Kind damals gewesen sein könnte und wer mit deinen Gefühlen verbunden war. Lasse alles zu, während dir bewusst ist, dass du nun erwachsen bist und du dir selbst geben kannst, was du vermisst hast.

Wenn viel unverarbeitete Traurigkeit hochkommt, rate ich dir, dies mit einem Therapeuten zu bearbeiten.

Die 80:20-Regel

Bist du jemand mit einem hohen Verantwortungsgefühl? Bist du der Perfektionist, der nichts abgeben oder beenden kann, wenn es nicht bis ins Letzte perfekt ist? Dann stehst du dir dummerweise selbst im Weg.

Die 80:20-Regel, abgeleitet vom sogenannten Pareto-Prinzip, erklärt Folgendes: Mit 20 Prozent der Energie erreichst du die ersten 80 Prozent deines Ergebnisses, mit den anderen 80 Prozent der Energie schaffst die letzten 20 Prozent des Ergebnisses. Mit anderen Worten:

Bist du zufrieden mit einer Zwei für deine Klassenarbeit? Wenn ja, warum lernst du dann für eine Eins? Die Zeit, die du für eine Eins brauchst, kostet dich vier Mal mehr Energie als die Zeit, die du für eine Zwei investierst. Menschen, die das intuitiv wissen, leben entspannter. Sie verzeihen sich einen Fehler und sagen: „Beim nächsten Mal wird es besser!“ Sie wissen, Fehler machen ist menschlich, und jeder macht einmal einen Fehler.

Versuche heute noch, eine Sache falsch zu machen: Zum Beispiel deinem Chef eine Tasse Kaffee mit Salz statt mit Zucker zu reichen oder eine Bluse anzuziehen, die überhaupt nicht zur Farbe der Hose passt.

Die Angst vor Fehlern kann man bezwingen, indem man sich ab und zu selbst zugesteht, etwas Verrücktes, Dummes oder Nutzloses zu tun. Fange klein an und lache dann über dich selbst. Nimm dir ab heute vor, jeden Tag etwas falsch zu machen und dann mit einem Freund oder einer Freundin herzlich darüber zu lachen.

Pränatalen Stress entwirren

Hast du die Vermutung oder weißt du sicher, dass deine Mutter während deiner Schwangerschaft Stress hatte, dann könnte es sein, dass du unter pränatalem Stress leidest. Dein Körper ist dann etwas „stressiger“ eingestellt als nötig. Vielleicht war auch dein Lebensbeginn aufgrund einer komplizierten Schwangerschaft, Geburt oder Krankheit stressig. Diese Geschehnisse haben Einfluss darauf, wie du als Erwachsener mit herausfordernden Situationen umgehst. Es kann auch deinen Bindungsprozess beeinflusst haben, die Art wie du dich an deine Bezugsperson gebunden hast. Möglicherweise hat dich das in Liebesbeziehungen verunsichert, oder du vermeidest sogar Herzverbindungen, weil du sie als bedrohlich empfindest. Vielleicht verliebst du dich immer wieder in die verkehrten Männer, verkehrten Frauen. Bei diesem Thema kommt viel an die Oberfläche; will man es gründlich behandeln, dann sollte man das nicht allein tun, sondern mit der Hilfe eines Psychologen oder eines Coachs.

Warum HSP sensibler auf Stress reagieren – das Wichtigste in Kürze:

- Stress ist ein Zustand des Nervensystems. Und gerade das Nervensystem arbeitet so intensiv bei Hochsensiblen. Das Nervensystem ist aktiver, tiefer, gründlicher.
- Hochsensible fliehen häufiger, anstatt zu kämpfen. Als Reaktion verkriecht sich ein HSP, er duckt sich weg (Fliehen, Unterwerfen oder Erstarren), was Konsequenzen für die Gesundheit hat. Es verursacht eine schleichende Form von Stress, die schnell chronische Formen annehmen kann.
- Die künstlerische Persönlichkeit braucht zur Inspiration Freizeit, damit sie etwas Neues entdecken, erfinden oder erschaffen kann. Ein perfekter Rhythmus für den einen kann für den anderen sehr stressig sein.
- Die fürsorgliche Persönlichkeit zaubert sich selbst weg. Aufgrund einer gut entwickelten Empathie, die Qualität, sich auf andere zu richten, vergessen Hochsensible häufig sich selbst. Der HSP fragt lieber: „Was möchtest du?“, als dass er sagte: „Das will ich!“
- Der Hochsensible ist oft perfektionistisch, pflichtbewusst und gewissenhaft; fordert viel von sich selbst, kann nur schwer Grenzen aufzeigen, kontrolliert im Übermaß, bittet nur selten um Hilfe, kann nicht stillsitzen und nichts tun – das alles führt schnell zu chronischer Überlastung.
- Ein stressiger Start hat große Auswirkungen auf ein hochsensibles Kind. Unterschiede in Empfindungen erfordern eine

andere Vorgehensweise, die nicht in der Schule, sondern im Mutterschoß beginnt. Haben Körper und Geist schon in jungen Jahren mit unsicheren, dramatischen oder traumatischen Situationen zu tun gehabt, wird das hochsensible Kind als Erwachsener mit mehr Sorgen, Stress und Angst reagieren als das weniger oder nichtsensible Kind.

5 Der Stress- und Ruhenerv

Das Geheimnis wahrer Veränderung liegt darin, den Fokus der gesamten Energie auf den Aufbau des Neuen zu richten, anstatt gegen das Alte zu kämpfen.[37]

Dan Millman

Abgesehen davon, dass das Nervensystem und das Hormonsystem, das mit Ersterem zusammenarbeitet, unglaublich essentiell sind, wissen wir nur sehr wenig darüber. Wer kennt schon die Wirkung unseres Nervensystems und weiß, welche Hormondrüsen was tun? Noch weniger wissen wir, wie man sie kontrollieren kann und was man tun könnte, um bewusst zur Ruhe zu kommen. Eine Kenntnis über die Wirkungsweise unseres Köpers ist wesentlich, damit wir aus dem Teufelskreis von chronischem Stress herauskommen. Deshalb gehe ich anschließend intensiver auf die Teile, Stoffe und Prozesse ein, die hilfreich dabei sind, einen angenehmen Zustand von Wohlbefinden zu schaffen und unseren Körper zu regenerieren.

Zwei Systeme

Gehen wir jetzt auf Distanz zum Stress und lenken nun unsere Aufmerksamkeit darauf, was uns dabei hilft, uns zu entspannen. Wenn wir Körper und Geist als Ganzes verstehen, können wir nach einem Ausweg aus dem Teufelskreis von Machtlosigkeit und Stress suchen. Der Körper hat schließlich zwei Systeme: eins zum Genießen und eins zur Verteidigung. Anders ausgedrückt: eins zum Entspannen und eins für Aktivität. In der westlichen Anatomie nennt man das

System zur Entspannung Parasympathikus oder das parasympathische Nervensystem, während das aktive System als Sympathikus oder sympathisches Nervensystem bezeichnet wird.

Die zentrale Schaltstelle mit zwei Zweigen

Das autonome Nervensystem ist ein enorm wichtiges Organ in unserem Körper: Es verbindet und koordiniert alle wesentlichen Prozesse und Aufgaben. Gemeinsam mit dem Hormonsystem hält es die Zustände im Körper, unser inneres Milieu, aufrecht. Jedes Organ in unserem Körper hat von beiden einen Zweig: Zum einen kümmert es sich um das Denken im Gehirn, aber auch um die vitalen Organe in Brust und Bauch. Die zwei Nervensysteme verbinden sozusagen alles mit allem. Sie sind die zentrale Schaltstelle, vereinfacht gesagt, mit zwei Hauptaufgaben:

1. zu aktivieren,
2. zur Ruhe zu bringen.

Der Sympathikus koordiniert Tätigkeiten, er reagiert aufmerksam und wachsam bei Gefahr. Er ist sozusagen unser Gaspedal.

Der Parasympathikus koordiniert Entspannung, Lust und Ruhe, er regeneriert den Körper. Er ist sozusagen unser Bremspedal.

Beide Systeme wechseln einander ab – nach Bedarf und unter Einfluss unter anderem von Tageslicht –, halten sie uns damit in Balance.

Die Wirkweise des sympathischen Nervensystems wurde in den vorherigen Kapiteln schon ausgiebig besprochen: Dieses regelt Stress durch den Mechanismus der Kampf-oder-Flucht-Reaktion.

Die zentrale Gefühlsachse

Der Parasympathikus ist jedoch genauso wichtig, eventuell noch wichtiger in unserer heutigen Zeit mit Stress und Hektik. Er ist nämlich zuständig für die Koordinierung und Handhabung feiner Gefühle im Körper wie Genuss, Entspannung und Ruhe. Der Parasympathikus ist also der Gegenspieler des eifrigen, hochgezüchteten, nie zur Ruhe kommenden sympathischen Nervensystems, indem er Gefühle von Milde, Liebe und Rührung reguliert. Er arbeitet eng mit den Sinnesorganen zusammen und braucht Information über die Sinne, damit er im Körper für Entspannung sorgen kann. Er ist auch mit dem Herzen verbunden, so dass Gefühle wie Liebe, aber auch Einheit und Akzeptanz durch den Parasympathikus geweckt und im Körper verbreitet werden. Über das Kreuzbein ist der Parasympathikus auch mit unseren Geschlechtsdrüsen verbunden. Sexuelles Erleben ist ein Aspekt unseres Seins, das über den Parasympathikus mit Gefühlen von Liebe und Zuneigung verbunden wird.

Den Parasympathikus können wir auch beschreiben als zentrale Gefühlsachse, weil sie

1) Gefühle weckt, hauptsächlich positive Gefühle,
2) und zentral durch den Körper verläuft
3) und zum Beispiel die Hormondrüsen beauftragt, mehr Hormone zu produzieren, die angenehme Gefühle hervorrufen.

DHEA (Dehydroepiandrosteron) ist zum Beispiel so ein Stoff, der einem ein herrliches Gefühl gibt. Oxytocin ist ein anderes Hormon, das im Körper schlummert und wartet, bis es aktiviert wird. Wird man beispielsweise auf eine angenehme Art berührt, bei einer Massage oder im Liebesspiel, wird das Hormon Oxytocin freigesetzt. Auch Cortisol und Serotonin spielen eine Rolle und bereiten ihrerseits positive Gefühle von Entspannung, Genuss und Wohlbefinden.

Es ist ausgesprochen wichtig, diese Phasen von Anspannung und Wohlbehagen zu haben, nicht nur weil es einfach schön ist, sondern auch weil in diesen Phasen der Parasympathikus den Stoffwechsel und die Zellerneuerung stimuliert. Er sorgt dafür, dass der Körper in angenehmen Zeiten der Ruhe wiederaufgebaut wird und seine Reserven auffüllt, indem er zum Beispiel die Blutzirkulation und das Immunsystem auf die richtige Weise stimuliert.

Besonders sensibel

Bei Hochsensibilität musst du damit rechnen, dass auch diese Systeme intensiver reagieren oder feiner abgestimmt sind. Manchmal bemerkst du schon selbst, was in deinem Körper gerade los ist im Gegensatz zu Menschen, die weniger sensibel sind. Du spürst, dass dein Darm von einem bestimmten Nahrungsmittel gereizt wird; du empfindest eine Berührung als besonders intensiv; etwas muss genau so und nicht anders sein; du bist schneller erschöpft, wenn du zu spät isst. Deine Nieren sind besonders kälteempfindlich, deine Augen sind lichtempfindlich, oder dein Ohr reagiert intensiv auf laute Geräusche. Deine Sinne sind an sich nicht besser, aber was du siehst, fühlst, hörst oder riechst, empfindest du stärker, und es ist mehr an andere Körpererfahrungen gekoppelt.

Arianne (31 Jahre): *Oft scheint der Teil von mir, der Lust und Spaß haben kann, unter Verschluss zu sein. Zu gewissen Zeiten finde ich es sehr schwierig, zu genießen und Spaß zu haben und mich gehen zu lassen. Ich bin sehr ernst und kann meine Verantwortung schlecht loslassen. Geht es um die Arbeit, den Haushalt und die Betreuung unseres Sohns Ian, dann fühle ich einen permanenten Druck und Verantwortung. Gedanken an meine Aufgaben scheinen mich zu blockieren, ich merke, wie ich mich verkrampfe. Dann gibt es wenig Freiraum für Sex, Lachen, Humor, Spaßmachen, obwohl ich mich sehr danach sehne und es genießen kann.*

Der Teufelskreis des sympathischen Systems

> *Viele Menschen verpassen das Wichtigste in ihrem Leben, weil sie es so wichtig finden, nichts zu verpassen.*[38]
>
> Ernst Ferstl

Wenn der Parasympathikus (unser Bremspedal) während einer längeren Zeit nicht seine Arbeit tun kann, entstehen dramatische Ungleichgewichte in Körper und Geist. Man sollte glauben, wir würden darüber wachen und dafür sorgen, dass wir zur rechten Zeit Ruhe finden, aber nichts ist weniger wahr.

Unser Lebensstil zeigt im Allgemeinen viel mehr sympathisches Verhalten: Wir sind aktiv, aktiv, aktiv … ungemein beschäftigt. Wir lieben Deadlines auf der Arbeit, das Gefühl, etwas Nützliches zu tun, wir bewundern das gehetzte Leben anderer Leute, und auch die Ferien verwandeln sich immer mehr in Reisen in ferne Länder bis zur Erschöpfung oder in schlauchende, überfordernde Wander- oder Radtouren, Kletterpartien und Segelfahrten. Etwas tun oder unternehmen, auch die Wochenenden verplanen mit spannenden Aktivitäten – all diese Dinge werden ausführlich beschrieben. Schön für einige Leute, aber nicht klug für andere. Viele von uns finden den Ausschaltknopf nicht mehr, und ich höre immer häufiger von Kindern, die erschöpft, mit hängenden Köpfen, hinter ihren Eltern durch vietnamesische Reisfelder und javanischen Dschungel trotten und seufzen: Können wir nicht einfach mal zu Hause bleiben?

Den Parasympathikus müssen wir – wie komisch das auch klingt – ganz bewusst aktivieren. Warum ist das so? Warum tun wir uns selbst (und unseren Kindern) so viel Stress an?

Dafür gibt es zwei wichtige Gründe:

- Der Sympathikus erhält sich selbst, indem er sich immer im Kreise dreht.
- Die Moral von harter Arbeit passt anderen gut in den Kram.

Ist man einmal in den Bann des Sympathikus geraten, findet man nur sehr schwer wieder heraus, denn dafür braucht man Willenskraft und Mut. Der Mensch reagiert aus evolutionären Gründen eher auf Gefahr und interessiert sich daher mehr für schreckliche Geschichten über Stress und Krieg als für positive Geschichten über Frieden und Entspannung. Die Ursache dafür ist der Sympathikus selbst, er sorgt nämlich für eine falsche Wahrnehmung der Wirklichkeit: Wer gestresst ist, wittert überall Gefahr und konzentriert sich darauf.

Ich spüre *ständig eine Unruhe in mir und bin auf der Hut. Das ist sehr ermüdend. Sogar nach einer Yogastunde oder einem Saunatag. Ich bin mir dieser Unruhe sehr bewusst, aber ich habe nicht die leiseste Ahnung, wie ich das ändern kann. Mal eben zehn Minuten stillsitzen, das fühlt sich gut an. Ich bin jedoch daran gewöhnt, den ganzen Tag über beschäftigt zu sein. Wenn ich meinen Tag fülle mit Verabredungen und mit Sachen, die ich regeln muss, dann bin ich zufrieden. Ich genieße das Beschäftigtsein, aber es gelingt mir nicht, selbst zu bestimmen, wann es aufhören soll. Häufig schweifen meine Gedanken ab zu Dingen, die ich noch tun muss oder tun möchte.*

Wenn dein Sympathikus schon längere Zeit chronisch auf „aktiv“ steht, erkennst du dich vielleicht im vorhergehenden Beispiel. Du bleibst aktiv und tust mehr Arbeit, als gut für dich ist. In der ersten Zeit findest du das möglicherweise gut; du versetzt Berge, bist produktiv, dein Chef ist zufrieden, und du selbst fühlst dich kompetent. Auf deiner To-do-Liste kannst du täglich etwas durchstreichen – aber du vergisst auch die neuen Aufgaben, die du täglich hinzufügst, und auf diese Weise wird die Liste nie leer. Allmählich begreifst du, dass du nicht mehr weißt, wie du zur Ruhe kommen sollst; du bleibst aktiv, setzt dir weiterhin Ziele, so dass du oft nicht mehr wirklich das Hier und Jetzt genießt, sondern fortwährend mit Zukunftsplänen beziehungsweise mit Zukunftsängsten beschäftigt bist – Sorgen für später, eigentlich. Außerdem bist du mehr dabei, das zu verarbeiten, was du schon alles getan hast, das heißt, auch dein Geist steht nicht still; je mehr du tust, umso mehr musst du verarbeiten.

Einem hochsensiblen Menschen fällt das normalerweise schwerer. Das Verarbeiten erfolgt sowohl mental als auch emotional. Häufig mischen sich Schuld- und Schamgefühle darunter, Angst und Wut über Dinge, die anders gelaufen sind als geplant. Du kannst weniger von anderen ertragen, aber auch von dir selbst. Insgesamt wirst du dich ruheloser, unzufriedener und ängstlicher fühlen. Vielleicht schläfst du auch schlechter, und wenn du morgens aufwachst, bist du nicht wirklich ausgeruht. Vielleicht liegst du Stunden wach, vielleicht hast du einen leichten Schlaf. Deine Verdauung wird schlechter, denn der Parasympathikus steht *on hold*, denn er stimuliert und führt Regie über die Verdauungsprozesse. Dein Brustkorb fühlt sich gespannt an, denn die Atmung wird flacher. Eventuell spürst du auch Herzrhythmusstörungen oder Muskelschmerzen als Folge einer schlechteren Durchblutung. All dies geschieht durch ein sympathische Nervensystem, das nicht mehr zum Halten kommt.

Kurzum: Erhöhte Aktivität des sympathischen Nervensystems geht mit der Ausschüttung von Hormonen und mit Prozessen einher, die einen anfänglich aktiver und produktiver machen, auf lange Sicht aber auch ängstlicher, unzufriedener, müder und ruheloser. Du siehst dich selbst negativer und unterteilst die Welt in Gut und Böse. Überdies weißt du nicht mehr so richtig, wo sich dein Ausschaltknopf befindet.

Der Parasympathikus: das Bremspedal

Der Ausschaltknopf, der Parasympathikus, ist in eine Ecke gedrängt. Wir nehmen ihn nicht mehr wahr, wir hatten sowieso keine Ahnung, was genau er tut, wo er sich befindet, noch weniger wie wir ihn wieder anschalten könnten, wohingegen das System uns gerade hilft zu entspannen, Spaß und Genuss zu erleben und uns über das einfache Leben zu freuen. In Zeitschriften und im Internet kann man alles über Stress lesen, in Studien wird aufgezeigt, wie ungesund er für uns ist, und die Hilfe ist ausgerichtet auf die Aktivität und die Probleme des sympathischen Nervensystems. Der Fokus liegt vorwiegend auf allerlei Stresshormonen wie Cortisol und Adrenalin und den damit verbundenen Gefahren. Rat und Therapie beziehen sich auf die Gesundheitsbeschwerden oder auf die Bösewichte. Idiotischerweise lauten Ratschläge immer häufiger: „Treiben Sie viel und oft Sport." Fitness ist in Mode, ohne dass erkannt wird, dass all die Mühe, so muskulös und fit auszusehen, auch eine Stimulation des sympathischen Nervensystems bewirkt. Solange Sport und Bewegung in Maßen betrieben werden, bauen wir Energie und Stress ab, aber wenn es um Leistungssport geht und zusätzlich stimulierende Mittel eingenommen werden, wird höchstwahrscheinlich die Aktivität des sympathischen Systems erhöht. Einige Anabolika bestehen buchstäblich aus Testosteron, einem Hormon, das durch das sympathische System stimuliert wird.

Nicht nur Laien, auch Wissenschaftler beschäftigen sich bis auf den heutigen Tag lieber mit dem sympathischen System. Sie untersuchen unsere Flucht-und-Kampf-Reaktionen minutiös und beschäftigen sich gern mit Stoffen wie Adrenalin und Cortisol. Weniger interessant erscheint ihnen der Gegenspieler, die Bremse in unserem Leben. Wir interessieren uns offensichtlich mehr für Krankheiten als für Methoden, gesund zu bleiben. Der Sympathikus sorgt buchstäblich dafür, dass wir das Leben als schwerer und stressiger erleben, und dadurch halten wir uns selbst zum Narren. Es ist nicht so, als wäre die Welt gefährlicher und stressiger geworden. Das Leben im Mittelalter mit Kriegen, Pest und großer Armut war viel stressiger. In Europa konnte man im Wald Räubern begegnen, die einem die Kleider und wenigen Besitztümer raubten und einen tot liegen ließen. Immer wieder rafften Seuchen große Teile der Bevölkerung dahin. Menschen schlugen und knüppelten einander nieder bis zum Tod. Kinder wurden ausgebeutet, und Menschen lebten als Unfreie auf Ländereien des Grundherrn. Das Leben hat sich seitdem in vieler Hinsicht verbessert. Wenn wir mehr auf die Botschaften unseres parasympathischen Nervensystems hörten, würden uns die positiven Erzählungen über Fortschritt, Frieden und Freundlichkeit mehr interessieren. Wir sähen, um wie viel die Welt besser und freundlicher geworden ist und wie wir als eine Weltbevölkerung mehr Rücksicht aufeinander nehmen; wie Menschen überall dabei sind, bewusster zu leben, die Natur zu retten und Gleichheit zu propagieren.

Es ist höchste Zeit, mehr auf den Parasympathikus zu hören, denn gerade in diesem System finden wir unsere Rettung.

Nichtstun, eine Sünde

Stress verursacht Stressgedanken und hält uns in einem negativen, immerwährenden Kreislauf gefangen. Unsere innere Beschäftigung mit Aktivität und Arbeit ist die Folge einer gestressten Überzeugung, die wir unbewusst selbst bewirken. In uns befindet sich ein unpraktisches System, das sich selbst am Leben erhält. Aber es gibt noch einen zweiten Grund: Es wird auch propagiert. Schon jahrhundertelang … von Machthabern.

In der Alltagssprache hat „Nichtstun" im Gegensatz zu „freier Zeit" noch immer einen sehr negativen Beiklang. Bei dem Wort denkt man an Faulheit, die unerwünscht und unerhört ist. Warum? Trägheit gehört zu den Ursünden, sie ist eine der sieben Todsünden, gegen die nach jüdischer und christlicher Tradition jahrhundertelang gepredigt wurde. Die Angst vor dem Nichtstun hat der Mensch so sehr verinnerlicht, dass wir in unserem tiefsten Wesen noch immer Todesängste haben, wir könnten wegen einer kurzen Zeit des Nichtstuns in der Hölle schmoren. „Müßiggang ist aller Laster Anfang" (oder wie es im Niederländischen heißt: „Müßiggang ist des Teufels Kopfkissen") – so drohten die Priester von der Kanzel herab den kleinen Leuten. Das war in einer Zeit, in der die Kirche die Aufgabe der Erziehung übernommen hatte, kein übertriebener Rat für Strauchdiebe und Schurken, aber es ist ein absolut katastrophaler Rat für den hochsensiblen Menschen in der heutigen Zeit.

Dieser Rat ist hauptsächlich ein praktisches Machtinstrument, das vielfältig missbraucht wurde und noch wird. Genau wie früher kommt es heutzutage dem Staat und den CEOs der großen Konzerne gut zupass, dass die Bevölkerung schwer arbeitet und sich gestresst fühlt. In dieser Hinsicht sind wir tatsächlich keinen Schritt weiter gekommen als der Bauer des Mittelalters, der von Kirche und Adel aufgeschreckt wurde und den Zehnten (von der Ernte) zahlen musste. Der Zehnte diente jahrhundertelang als soziale Steuer, womit die Armen versorgt und Kirchen gebaut und in Stand gehalten wurden; häufig wurden die Abgaben zum eigenen Nutzen missbraucht, und die kleinen Leute wurden zusammengeschlagen, wenn sie aufgrund einer schlechten Ernte nicht genug bezahlten. Oft wurde ein Zehntel des Bodens den Bauern abgenommen oder die Kirche holte sich ohne Skrupel den zehnten Teil der Ernte von den Feldern. Wofür? Um Krieg zu führen und ein luxuriöses Leben auf den Höfen zu unterhalten.

Das Anhalten der Menschen zur Arbeit und das Verurteilen des Nichtstuns als Teufelswerk, inklusive der Angst, die wir noch immer spüren, wenn wir etwas rundum genießen – es kommt alles Jahrhundert um Jahrhundert zurück. Die heutigen Profiteure sind die Aktionäre; Multis und Banken streben nun nicht mehr nach Gewinn, sondern nach dem Wachstum des Gewinns. Nur um zu expandieren oder die Wettbewerbsfähigkeit zu verstärken. Es geht in Wirklichkeit nie um eine gesunde Gesellschaft, sondern immer um Konkurrenz und Macht. Wenn wir intensiv darüber nachdenken, erkennen wir, dass der Sympathikus den Parasympathikus tatsächlich besiegt.

Dein Stress kommt demjenigen, der am Schalthebel sitzt, zugute. Er zieht Nutzen aus „Untertanen", die gestresst sind, denn diese arbeiten härter und sind gehorsamer.

Das System der Ausbeutung über Stress und Armut ist nichts Neues, aber wir hören dennoch nicht auf die Weisen, die das durchschauen und regelmäßig Müßiggang als Lösung vorschlagen. Jetzt nicht und früher offenkundig auch nicht. Bereits 1935 schrieb der Philosoph Bertrand Russell:

> *Wie die meisten meiner Generation bin ich nach dem Sprichwort „Müßiggang ist aller Laster Anfang" erzogen worden. Da ich ein sehr braves Kind war, glaubte ich*

alles, was man mir sagte; und so entwickelte sich mein Pflichtgefühl derart, dass ich zeit meines Lebens und bis zum heutigen Tage nicht umhin konnte, immer schwer zu arbeiten. Aber wenn mir auch mein Handeln *vom gewissen vorgeschrieben war, so hat sich doch in meinen „Ansichten" eine Revolution vollzogen.*[39]

Russell warnte vor dem Lobgesang auf die Arbeitsmoral, die in eine Abwärtsspirale führt. Er plädierte für den Vier-Stunden-Arbeitstag und ein Grundeinkommen, so dass auch Künstler genug zum Leben haben. Russell begriff, dass eine gesunde Haltung in Bezug auf Freizeit und Arbeit nicht von selbst entstehen würde, weil der Mensch der letzten Jahrhunderte nicht anderes gekannt hatte, als Teil der ausgebeuteten Klasse zu sein, die hart arbeitet, um zu überleben, oder Teil der ausbeutenden Klasse war, die verwöhnt und zu faul zum Arbeiten war.

Man muss wohl zugeben, dass kluges Nützen von Freizeit und Muße das Ergebnis von Zivilisation und Erziehung ist. Wer zeit seines Lebens täglich lange gearbeitet hat, wird sich langweilen, wenn er plötzlich untätig sein muss. Aber ohne beträchtlich viel Muße bleiben dem Menschen viele schönste Dinge vorenthalten. Es liegt jedoch kein Grund mehr vor, die Masse des Volkes weiterhin diese Entbehrung erleiden zu lassen; nur törichte, meist verdrängte Askese veranlasst uns, weiterhin auf einem Übermaß an Arbeit zu bestehen, nachdem es heute gar nicht mehr nötig ist.[40]

Bildung und Unterricht: ein Weg zur Befreiung

> *Unsere tiefste Angst ist nicht die, dass wir unzulänglich sind. Unsere tiefste Angst ist die, dass wir über die Maßen machtvoll sind. Es ist unser Licht, nicht unsere Dunkelheit, das uns am meisten erschreckt. Wir fragen uns: Wer bin ich denn, dass ich so brillant, großartig, talentiert, fabelhaft sein sollte? Aber wer sind Sie denn, dass Sie es* nicht *sein sollten? Sie sind ein Kind Gottes. Wenn Sie sich kleinmachen, dient das der Welt nicht. Es hat nichts von Erleuchtung an sich, wenn Sie sich so schrumpfen lassen, dass andere Leute sich nicht mehr durch Sie verunsichert fühlen. Wir sollen alle so leuchten wie die Kinder. Wir sind dazu geboren, die Herrlichkeit Gottes in uns zu manifestieren. Sie existiert in allen von uns, nicht nur in ein paar Menschen. Und wenn wir unser eigenes Licht leuchten lassen, erlauben wir auch unbewusst anderen Menschen, das Gleiche zu tun. Wenn wir von unserer eigenen Furcht befreit sind, befreit unsere Gegenwart automatisch auch andere.*[41]
>
> Marianne Williamson

Extreme scheinen in unserer heutigen Welt zuzunehmen. Das Licht und die Finsternis werden extremer und stehen im Konflikt miteinander. Auch wenn einige noch immer zuerst vollständig vernichtet werden müssen durch die Dunkelheit, erst tiefen Schmerz und Kummer erleben, um zu verstehen, dass sie Licht sind, dass Leben Helligkeit ist. Der Lotus dringt durch den Schlamm nach oben; damit wir unsere Lektion lernen, müssen wir zuerst den Schmerz und das Leiden spüren und durchleben. Immer mehr Menschen öffnen sich wie eine Lotusblume, weil sie trotz der Drohung hartnäckig auf Weisheiten und tröstende Worte von Menschen wie Russell und Williamson hören. Der Schlüssel zur Befreiung ist für jeden ein anderer; die individuellen Lektionen sind kleine Schritte auf einem fortwährenden Pfad der Transformation. Welchen Weg du wählst, ist gleich, solange du dich vorwärtsbewegst. Gute Erziehung und eine liberale, aufgeklärte Bildung nehmen eine Schlüsselrolle ein. Jede noch so kleine Revolution ist ein Meilenstein, der eine neue, tiefverwurzelte Überzeugung zur Diskussion stellt oder brutal niederreißt. Transformieren ist schmerzhaftes Revolutionieren. Letztendlich können wir uns aus der selbstgeschaffenen Sklaverei befreien, in der wir schon jahrhundertelang gefangen sind. Den Schlüssel zu wirklicher Veränderung findest du plötzlich, wenn du es am wenigsten erwartest, strahlend und glänzend im schimmernden Licht der Reinheit und Liebe. Dieser Weg ist jedem zu seiner Zeit vorbehalten. Während die Mehrheit der Menschen noch im Dunkeln tappt, blinzeln andere schon ungläubig ins strahlende Licht der Selbstverwirklichung. Wenn uns schließlich tief bewusst wird, wie wir positiv und sinngebend mit uns selbst und anderen umgehen können, ist es besonders einfach, die negative Spirale von Unterdrückung und Kleinheit hinter uns zu lassen. Dann verstehen wir plötzlich, wie einfach es ist, uns selbst von Stress, Ohnmacht und Abhängigkeit zu befreien.

Worte allein sind nicht genug. Was wir auch brauchen, ist Fühlen. *Feeling is the right healing.* Menschen werden sich verändern, wenn sie wieder mehr fühlen und sich wieder mit dem heiligen Tempel verbinden, der ihr Körper in Wirklichkeit ist. Wir sind nicht unser Verstand, im Gegensatz zu dem, was einige dir weismachen wollen. Im Geist allein wohnt kein Frieden, keine Liebe, keine Erleuchtung. Damit die Verbindung zwischen Geist, Körper und Seele, die Dreieinheit, zustande kommt, brauchen wir guten Unterricht, der uns die entsprechende Einsicht und das richtige Bewusstsein vermittelt. Unterricht, der sich nur an den Verstand richtet oder der Kinder untertänig macht, ist kein guter Unterricht. Jedes Kind ist ein göttliches

Licht, möchte als Seele gesehen werden und in dieser Weise einen Beitrag liefern für die Welt.

Wollen wir uns wirklich befreien von der Versklavung an Stress, Negativität und Machtlosigkeit, dann brauchen wir die außergewöhnlich lebenswichtigen Eigenschaften des parasympathischen Systems, damit wir durch Sexualität, Meditation und Mut einen neuen Weg einschlagen. Diese drei Wörter klingen dir jetzt vielleicht merkwürdig in den Ohren, das wird sich aber nach dem Lesen dieses Buchs ändern.

Der Parasympathikus und seine entscheidende Rolle im Körper

Warum sind der Parasympathikus und seine Funktion im Körper so wichtig? Warum wissen wir so wenig über dieses System? Und was ist notwendig, um das zu ändern?

In diesem Abschnitt erkläre ich die Arbeitsweise des Parasympathikus, die große Bedeutung dieses Nervensystems für unsere Gesundheit und warum sogar Ärzte nur eine ungenügende Kenntnis dieses Systems haben. Dieser Teil dient zugleich als Einführung in andere, östliche medizinische Systeme.

Der Parasympathikus besteht aus drei Teilen:

1. Ein Teil entstammt der Region um die Kehle und hat Verzweigungen zu den Sinnesorganen.
2. Ein weiterer Teil entspringt dem Kreuzbein, dem Knochen im unteren Rücken, der mit der unteren Hälfte der Rückenwirbel und dem Becken verbunden ist.
3. Der dritte, der Nervus vagus, führt zu den meisten der vitalen Organe im Rumpf.

Teil 1 und 2 sammeln Informationen, Teil 3 gibt Informationen weiter.

Hast du schon einmal eine Katze gestreichelt? Eine Katze lässt sich gern an zwei Stellen endlos kraulen: unter dem Kinn (am Hals) und kurz vor ihrem Schwanz; sie drückt dann ihren Unterkörper gegen deine Hand. Das sind genau dieselben Bereiche, die auch bei uns Menschen, evolutionär betrachtet, mit Genuss und Entspannung in Verbindung stehen. Einerseits genießen die Sinne – die meisten befinden sich in Halsnähe (Kehle, Mund, Ohren, Nase) – die Dinge, die wir lecker finden, gern sehen, schmecken, hören und riechen. Andererseits geben die Geschlechtsorgane bei sexueller Aktivität ein Zeichen: Es geht uns gut, wir genießen es und sind entspannt. Beide kommunizieren mit Feuchtigkeit und schicken dem Körper durch das parasympathische Nervensystem Reize und Impulse über unseren Zustand in Muße, Genuss und Entspannung.

Angenommen, du siehst einen lieben Menschen, dein Kind oder deinen Partner, und fühlst dich glücklich und gerührt: Fast automatisch gehen deine Mundwinkel nach oben, und deine Augen werden ein wenig feucht. Oder du siehst eine herrliche Erdbeer- oder Schwarzwälder Kirschtorte: Es ist unvermeidlich, deine Speicheldrüsen beginnen, mehr Speichel zu produzieren. Der Speichelfluss, die Aufwärtsbewegung der Wangen und die Augenflüssigkeit sind allesamt Zeichen des Parasympathikus und zeigen, dass du glücklich bist.

Mit der Zunahme der Aktivität und der Feuchtigkeitsproduktion in den Geschlechtsorganen verhält es sich genauso. Wenn wir Aufregung verspüren und die Energie in den untersten Bereichen unseres Körpers zunimmt, erhält der Parasympathikus das Signal: Es geht uns gut, und der Körper darf sich entspannen. Wenn der Parasympathikus diese positive Information empfängt, schickt er seinerseits Informationen durch den Nervus vagus an so ziemlich alle vitalen Organe im Rumpf wie die Lungen, das Herz, die Bauchspeicheldrüse und den Darm. Auf diese Weise vertieft sich die Atmung, das Herz schlägt langsamer, die Verdauung, die Zucker- und Hormonproduktion stellen sich auf Entspannung ein, und auch der Darm entspannt sich, wodurch er seine normale Funktion wieder gut erfüllen kann. Zu gleicher Zeit empfangen Drüsen im Gehirn die Botschaft, dass sie noch weiter entspannen und den Körper unter anderem mit Oxytocin, Dopamin und Endorphinen belohnen dürfen. Oxytocin, Dopamin und Endorphine tun genau das Gegenteil von dem, was die Stresshormone tun: Sie rufen angenehme und entspannende Gefühle hervor, sie besänftigen und sorgen dafür, dass wir die Welt und uns selbst wieder positiver wahrnehmen.

Deinen eigenen Parasympathikus spüren (Gesicht)

Nimm dir einmal einen Augenblick Zeit, um deine parasympathischen Nerven zu fühlen. Nimm hierfür das Foto eines lieben Kindes, eines süßen Tieres oder einen rührenden kurzen Film. Bei dem Überfluss an netten Filmchen auf YouTube wird das Letztere nicht schwierig sein.

Beginne damit, dein Gesicht bewusst zu entspannen. Entspanne die Stirn, die Augen in den Augenhöhlen, die Wangen, Zunge und Lippen. Möglicherweise merkst du es sofort, du atmest tiefer, oder eine gewisse Sanftheit erscheint auf deinem Gesicht. Entspanne nun auch deinen Hals und den Kiefer, den Nacken und die Schultern. Manchmal musst du gähnen – unterdrücke dieses Bedürfnis nicht.

Nun betrachte das Foto oder denke einfach an etwas Schönes. Deine Mundwinkel wandern wahrscheinlich nach oben. Vielleicht spürst du, wie die Speichelproduktion zunimmt und/oder wie deine Augen feucht werden.

Ist das nicht der Fall, versuche dann, dein Gesicht noch mehr zu entspannen und die positiven Glücksgefühle noch zu verstärken. Je mehr Flüssigkeit du im Mund und in den Augen fühlst, desto besser.

Es ist möglich, dass du anfangs nur wenig Flüssigkeit produzierst. Du wirst merken, das nimmt zu, wenn dein Parasympathikus besser arbeitet.

Du kannst diese Übung machen anhand der Meditation „Der Parasympathikus – Rachen".

Dieselbe Wirkung kannst du übrigens durch angenehme Gerüche, Geschmack oder Bilder von leckeren Törtchen erreichen. Aber pass auf! Essen ist häufig ein Ersatz für Liebe und Intimität. In Anbetracht der nächsten Übung sind rührende, liebevolle oder lustvolle Bilder besser.

Ein anderer wichtiger Teil des Parasympathikus bewegt sich über unseren unteren Rücken im Becken und verzweigt sich unter anderem hin zu den Geschlechtsorganen. Bei Frauen und Männern ist die Libido recht stressabhängig. Begierde oder Lust können nachlassen, wenn Körper oder Geist nicht genügend entspannt sind. Die Stärke des Sexualtriebs besagt, besonders bei Frauen, viel über das Ausmaß an Stress. Das ist umgekehrt proportional: viel Stress, wenig Lust und umgekehrt. Eine Erektion funktioniert zwar unabhängiger vom männlichen Stressniveau, aber Sex fungiert bei Männern häufig als Mittel zum Stressabbau. Eine Frau muss ausgeruht und entspannt sein, damit sie Lust auf Sex bekommt, ein Mann muss ausgeruht und entspannt sein, um sich zu öffnen für eine Verbindung und eine tiefere Form von Intimität. Der Parasympathikus spielt dabei eine entscheidende Rolle.

Den eigenen Parasympathikus (Kreuzbein und Geschlechtsdrüsen) spüren

Lege dich ruhig auf ein Sofa oder Bett. Sorge dafür, dass du in den kommenden zehn Minuten nicht gestört wirst. Versuche, dich von allen Gedanken an Dinge zu befreien, die noch zu tun sind. Stelle dein Telefon lautlos und entspanne dich, indem du tief ein- und ausatmest.

Bewege nun sanft dein Becken hin und her. Bei dieser Übung sind keine großen Bewegungen nötig; kleinere Bewegungen regen die Nervenenden besser an als große. Führe danach Drehbewegungen mit dem Becken aus. Wiederum kleine. Stelle in Gedanken eine Verbindung her zwischen dieser und der vorherigen Übung, indem du die Gesichtsmuskeln entspannst und an etwas Rührendes oder Schönes denkst. Es ist nicht per se notwendig, an etwas Sexuelles zu denken, aber das geht auch.

Spanne nun die Beckenbodenmuskulatur leicht an, als wolltest du nur kurz deinen Urin oder Stuhlgang aufhalten. Wiederhole das mehrmals in einem ruhigen Rhythmus. Die Nerven des Parasympathikus regen das Becken mithilfe von Entspannung und Durchblutung an. Auch hier gibt es Einfluss auf den Feuchtigkeitshaushalt, aber auch auf die Temperatur. Spürst du mehr Wärme, ein Kribbeln oder Lust aufkommen? Dann bist du auf einem guten Weg und aktivierst deinen Parasympathikus.

Folgende Nebeneffekte können vorkommen: verlangsamter Herzschlag; Energie fühlen, die in Becken, Beine und Füße fließt. Du kannst Energie spüren, die im Rückenmark aufsteigt, aber auch eine vermehrte sexuelle Lust.

Mache diese Übung mithilfe der Meditation „Der Parasympathikus – Becken“.

Der Parasympathikus, ein unterschätztes Stiefkind

Die Lage und Wirkweise des parasympathischen Systems zeigt, dass Sexualität und sinnliche Erfahrungen förderlich sind für die Gesundheit. Nicht ohne Grund sind wir oft wie besessen von Nahrung und leckerem Essen, und nicht ohne Grund kann Sexualität obsessive Formen annehmen. Ob das nun die gesündesten Formen sind, wird sich noch herausstellen, aber es ist klar, wie notwendig diese Bedürfnisse für uns sind. Blicke mit Freude auf deine spielenden Kinder oder lege einen Arm um deine(n) Geliebte(n), so wird die Darmaktivität indirekt auch davon profitieren.

Wenn du den Parasympathikus richtig verstehst, weißt du auch, dass es unmöglich ist, deinen körperlichen Zustand losgelöst von Gedanken und Gefühlen zu sehen, und du verstehst sofort die Rolle der Sinnesorgane in ihrer Gesamtheit. Alle Körperfunktionen sind an der Entspannung beteiligt, mehr als du denkst. Gefühle wie Genuss, Freude und Liebe helfen dabei, den Körper von Stress zu befreien.

In medizinischen Werken ist die Erklärung des Parasympathikus häufig recht trocken und wird seiner Funktion nicht gerecht. Man findet zum Beispiel folgende Beschreibung: „Eine Reizung des Augennervs (Irritation) sorgt für vermehrte Tränenflüssigkeit und dadurch für zunehmende Aktivität im Parasympathikus.“ Das ist eine besonders abstrakte Erklärung, die der Tiefe der Wirkung nicht gerecht wird. Denn wie neutral kann man Rührung oder Liebe beschreiben? In Wirklichkeit findet ein wunderbarer Prozess statt: Indem du einen geliebten Menschen siehst, sei es dein Kind oder deinen Partner, bekommst du feuchte Augen (Zunahme der Tränenproduktion), was über den Nervus vagus direkt das Herz berührt, aber er sorgt auch für die Ausscheidung von angenehmen Hormonen wie Oxytocin.

Die Faustregel „5:1"

Dein parasympathisches Nervensystem ist der Ausweg aus dem Stress. Das System wieder in Schwung zu bringen, ist einfacher als man denkt, aber man muss schon etwas Zeit investieren.

Ich halte mich an die Faustregel „5:1". Warst du fünf Jahre lang extrem gestresst, dann brauchst du mindestens ein Jahr, um aus jener Abwärtsspirale herauszukommen und dem Parasympathikus beizubringen, wieder „anzuspringen". Standest du zwanzig Jahre lang chronisch unter Stress, rechne dann mit vier Jahren dafür, dein gesamtes System zu „resetten". Schneller geht es nicht. Manchmal kann man auf Supplemente in Form von Medikamenten zurückgreifen, beispielsweise bei (ernsthaften) Erscheinungen wie Depression, Schlaflosigkeit oder physischem Leiden. Unterstützung durch Medikamente ist kein überflüssiger Luxus. Für einen Diabetespatienten kann eine Medikation auch unentbehrlich sein. Bei Krankheiten, die leicht erkennbar körperlicher Natur sind, ist es gesellschaftlich akzeptiert, Medikamente zu verschreiben. Eine Depression oder Angststörung ist nicht immer psychisch bedingt, sondern häufig gibt es eine starke körperliche Komponente (der Körper ist schließlich eine chemische Fabrik). Manchmal ist der Körper so durcheinander, dass man selbst (so gerade) nicht mehr allein damit fertigwird. In dieser Hinsicht finde ich die Moral in den Niederlanden sehr streng im Vergleich zur Schweiz, dem Land, in dem ich schon 16 Jahre lebe. Wir Niederländer sind manchmal zu calvinistisch, und in Bezug auf Gesundheit sind wir oft sehr streng mit uns selbst.

Es handelt sich immerhin um Lebensqualität. Wo stehst du auf einer Scala von 1 bis 10? Stehst du seit Monaten oder sogar seit Jahren bei einer mageren Sechs, dann konsultiere deinen Arzt. Das Leben ist zu schön, um es leidend zu verbringen. Chronisch gestresste Menschen stecken sehr häufig in einem Muster fest, in dem Leiden zu einer Selbstverständlichkeit geworden ist, weil sie sich nie anders gefühlt haben. Schon seit der Säuglingszeit lebt der Körper wachsamer, ängstlicher und sorgenvoll. Wie fühlt man sich, wenn man tagaus, tagein wirklich unglücklich ist? Als Erstes muss die Spirale sich andersherum drehen. Das geschieht nicht von einem auf den anderen Tag, aber es ist möglich. Im parasympathischen Nervensystem befinden sich die Gedanken, die liebevoller und milder über uns und die Welt urteilen; die Ganzheit, Einheit und Glück erstreben und das Wunder in den kleinen Dingen entdecken.

Der Stress- und der Ruhenerv – das Wichtigste in Kürze

- Lass uns wegkommen vom Fokus auf Stress, den Körper und Geist im Ganzen begreifen und bewusst einen Ausweg aus dem Teufelskreis von Ohnmacht und Stress suchen.
- Der Körper hat zwei Systeme: eins zum Genießen und eins zur Verteidigung und zum Kampf. Der Sympathikus, das Gaspedal, koordiniert Aktionen, reagiert aufmerksam und wachsam im Fall einer Gefahr. Der Parasympathikus, das Bremspedal, koordiniert Entspannung, Lust und Ruhe. Es regeneriert den Körper.
- Der Parasympathikus kann dafür sorgen, dass der Körper vermehrt angenehme Hormone produziert wie Oxytocin, DHEA und Melatonin.
- Der Sympathikus erhält sich selbst am Leben durch einen Teufelskreis. Stress verursacht Stressgedanken und diese wiederum Stress. Und jemand, der mehr tut, muss auch mehr verarbeiten. Besonders der Hochsensible leidet darunter. Deshalb müssen wir bewusst aus dem negativen Kreis ausbrechen.
- Auch die Moral von schwerer Arbeit kommt etlichen Menschen, zum Beispiel Chefs und Machthabern, gerade recht. Das Anstiften von Menschen zur Arbeit und die Verurteilung des Nichtstuns als Teufelswerk, inklusive der Angst, die wir noch immer spüren, wenn wir etwas richtig genießen, spielt

uns schon seit Jahrhunderten einen bösen Streich. Das nützt den Sklaventreibern.

- Nicht nur der normale Mensch, auch die Wissenschaftler beschäftigen sich bis auf den heutigen Tag lieber mit dem sympathischen Nervensystem. Das parasympathische wurde in der westlichen Heilkunde viel seltener untersucht.
- Obwohl das Leben objektiv gesehen leichter und ungefährlicher geworden ist, gaukelt uns der Sympathikus weiterhin vor, wir müssten schwer und gestresst durchs Leben gehen. Wir halten uns dabei selbst zum Narren. Der Mensch mag die Selbstkasteiung und leidet weiter, auch wenn unser Lebensstandard uns ein bequemes und freies Leben garantieren könnte.
- Wir können uns aus dieser selbst geschaffenen Sklaverei befreien, in der wir schon jahrhundertelang gefangen sind. Dafür sind objektive Kenntnisse und Weisheit notwendig. Darüber hinaus können wir aus der negativen Spirale der Unterdrückung und Kleinheit herauskommen, indem wir uns selbst mit dem Fühlen (und weniger mit dem Denken) verbinden. *Feeling is healing*. Menschen verändern sich, wenn sie wieder mehr fühlen und sich aufs Neue mit dem heiligen Tempel verbinden, der der Körper in Wirklichkeit ist.
- Befreiung von Machtlosigkeit und Stress erfordert die Kenntnis des parasympathischen Systems. Der Parasympathikus erhält seine Informationen vornehmlich von den Sinnesorganen, dem Hals und dem Becken. Die Lage und Wirkung des parasympathischen Systems zeigt, dass Sexualität und sinnliche Erfahrungen förderlich für die Gesundheit sind.
- Wende die Faustregel „5:1“ an. Auf fünf Jahre extremen Stress kommt ein Jahr, in dem du aus der negativen Spirale wieder herausfinden und deinem Parasympathikus beibringen kannst, den Schalter wieder auf „Ein“ umzulegen.

6 Das endokrine System und die Chakren

Feeling is healing

Der Parasympathikus: die zentrale Gefühlsachse

Ich bezeichne den Parasympathikus gern als „zentrale Gefühlsachse“, weil damit sein Wesen ausgedrückt wird: ein zentral arbeitendes System, das durch das zentrale Rückenmark verläuft, vom Schädel bis zum Kreuzbein. Es hat eine zentrale Funktion in Bezug auf Wohlbefinden und Gesundheit. Ein großer Teil davon wird auch Nervus vagus genannt, weil er sich in beinah alle Organe von Brust und Bauch verzweigt. Er bezieht seine Informationen aus dem gesamten Körper, unter anderem aus den vitalen Organen wie Leber, Herz und Darm, und leitet diese Informationen weiter mithilfe von Reizen, Gefühlen und Flüssigkeit. Positive Gefühle aus (hauptsächlich) zwei Körperregionen liefern dem Parasympathikus Reize, die dieser in Signale an den ganzen Körper umsetzt. Der Parasympathikus informiert die meisten Organe wie das Herz, die Blase, die Lunge und gibt über das Gehirn den Auftrag, Hormone zu produzieren. Diese Hormone und Stoffe versehen den Körper mit zusätzlicher Entspannung und geben ihm die Chance, sich von Krankheiten zu erholen. Von Zellwachstum schaltet der Körper auf Zellerneuerung um. Das Herz und die Lungen vergrößern zum Beispiel die Assimilation mit der sauerstoffreichen Umgebung, wodurch das Blut mehr weiße Blutkörperchen erhält, so dass sich der Körper besser gegen Eindringlinge wehren kann. Es werden noch weitere positive und gesundheitsfördernde Aktivitäten in Gang gesetzt wie eine gute Darmarbeit, Ausscheidung von Gift- und Abfallprodukten (Nieren und Leber) und Senkung der Herzfrequenz.

Eine entscheidende Rolle

Es ist deutlich geworden, dass das parasympathische System für unsere Gesundheit und Befreiung von Stress eine zentrale Rolle spielt. Als Mensch können wir ohne das zentrale Nervensystem nicht leben, das alle Organe miteinander verbindet und lebenswichtige Signale über unseren jeweiligen Zustand weiterleitet. Das parasympathische und das sympathische System halten den Menschen in Balance. Das eine System funktioniert nicht ohne das andere, sie sind ein komplementäres Paar. Wo das eine Aktivität und Zellwachstum stimuliert, sorgt das andere für Ruhe und Zellerneuerung. Der Körper ist evolutionär aus diesen zwei Prozessen entstanden und hat sich mit der Zeit zu einer immer komplexeren Struktur mit stets komplexeren Fertigkeiten entwickelt.

Diese Wechselwirkung zwischen dem sympathischen und dem parasympathischen Nervensystem ist entscheidend für das Überleben und Wohlbefinden. Diese beiden vegetativen Systeme sind unabhängig vom Willen oder Bewusstsein, sie regeln selbständig alle Basisfunktionen und werden daher „autonomes Nervensystem" genannt. Sie verbinden selbständig alle Teile des Körpers miteinander, vergleichbar mit dem Internet: ein unvorstellbar großes und schlau arbeitendes System der Informationsbereitstellung. Zusammen sind sie in der Lage, alle Zellen derartig zu beeinflussen, dass sie ihre Aufgaben rechtzeitig, in der richtigen Reihenfolge und auf die richtige Art und Weise ausführen.

Diese zweigliedrige, umfangreiche Arbeitsweise ist im Grunde dualistisch; es sind zwei entgegengesetzte oder nebeneinander existierende Systeme. Diese Organe sind in Zusammenarbeit mit den endokrinen Drüsen ein Prachtstück der Natur.

Dualität des Lebens

Das orthosympathische Nervensystem und das parasympathische Nervensystem werden in den medizinischen Systemen des Ostens in etwas anderen Worten beschrieben. Auch dort sind sie ein Paar und regeln gemeinsam einen großen Teil der Körperfunktionen. Das sind die zwei zentralen Prozesse von Aktivierung und Inaktivierung, von Aktivität und Ruhe. Mit den Begriffen Yang und Yin werden zum Beispiel dieselben zusammenarbeitenden Funktionen in der Traditionellen Chinesischen Medizin beschrieben; dieselben zwei Prozesse von Aktivierung und Inaktivierung, von Erregung und Ruhe.

Ein anderes System, das diese beiden einander entgegengesetzten Prozesse beschreibt, ist das indische Chakrensystem. Das aktive Tun ist der manifestierende Strom, gesteuert vom Sympathikus. Das passive Sein ist der befreiende Strom, gelenkt vom Parasympathikus.

Auf diese Weise bewegt sich der manifestierende Strom aus dem Geist durch das Stoffliche, durch die sieben Chakren hinunter zum Niveau von Realisation und Materie; eine Idee wird in ein Produkt verwandelt, das Denken wird verkörpert, zum Beispiel durch den Bau eines Hauses. Und der befreiende und erleuchtende Strom bewegt sich aufwärts aus einer festen Form, die durch die sieben Chakren noch sehr verbunden ist, zum ätherischen Bewusstsein; eine tiefe Einsicht wird geboren. Transformation findet statt und sorgt für Befreiung in Richtung göttlicher Liebe oder spiritueller Entbindung. Die nach unten weisende Richtung ist zentrifugal beziehungsweise nach außen gerichtet, die andere Richtung ist zentripetal, also nach innen gerichtet. Beide Ströme müssen ins Gleichgewicht kommen, damit sie Ganzheit erfahren. Transformieren bedeutet, in die richtige Balance zu kommen. Für den einen bedeutet das Einkehr und Bescheidenheit, für den anderen Verströmen und Kräfte bündeln. Für den einen steht das Loslassen im Zentrum des Lernprozesses, der andere wird notgedrungen lernen festzuhalten, Form zu geben. Aber immer unterliegen wir Veränderung und Wachstum, denn stehen wir still, dann sind wir tot.

Ida und Pingala, Yin und Yang

In den früheren Heilmethoden wird immer Aufmerksamkeit auf die Dualität von Gesundheit und Glück gerichtet, und es gibt mehr Aufmerksamkeit für die parasympathischen Prozesse. Vermutlich achtete man mehr auf Ruhe und Befreiung. Die bekannteste Unterteilung ist die Yin- und Yang-Energie, wobei Yin das weibliche, passive Element ist und Yang das männliche, aktive Element. Oder, Yin ist zuständig für die parasympathische und Yang für die sympathische Aktivität. In der vedischen Tradition Indiens, die besonders für ihre Chakrenlehre bekannt ist, werden die zwei Basiszustände als Ida und Pingala beschrieben. Den Veden zufolge strömen Ida und Pingala durch das zentrale Rückenmark, genau wie die Nerven. Die Sanskritbezeichnung *nadi* kommt von der Wurzel *nad* („Bewegung“, „Strom“, „Schwingungen“ oder „Vibration“). Ida ist das Yin-Element aus der chinesischen Philosophie, auch die weibliche Kraft genannt. Die chinesische Philosophie arbeitet mit Energiebahnen, die man Meridiane nennt. Ein Akupunkteur oder Shiatsu-Masseur bearbeitet diese Energiebahnen, die sich, genau wie die Nerven, überall im Körper befinden. Die Lehre von den Meridianen und die Lehre von den Chakren ergänzen einander und beruhen auf demselben Prinzip: Alles ist Energie, und alles steht mit allem in Verbindung. Das nennt man auch eine holistische Weltsicht.

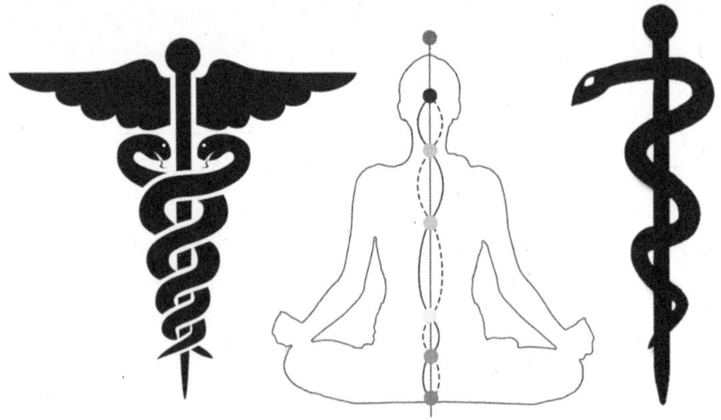

Pingala ist die Yang-Energie der Sonne und vertritt den aktiven Aspekt unserer Persönlichkeit. Es sind die wichtigsten Energiekanäle, in denen der Lebensatem Prana, die Lebensenergie, zirkuliert. Wir können sie einfach mit den parasympathischen und sympathischen Nervenbahnen vergleichen, die auch an den Rückenwirbeln entlang verlaufen. Ida, die weibliche Energie, ist das parasympathische System, das dem Menschen zur Ruhe verhilft, Sanftheit und Kühlung bringt. Pingala, der Vertreter der sympathischen Prozesse im Körper, ist für Feuer, Taten und Erregung zuständig. Die zwei schlängeln sich umeinander herum und sind ein unzertrennliches Paar mit entgegengesetzten Funktionen. Sie schlingen sich um den zentralen Kanal namens Sushumna, die Rückenwirbel, und stehen mit allen physiologischen Prozessen in Verbindung. Zwischen Steißbein und Gehirn koordinieren sie die vitalen Funktionen der Organe und des Gewebes, sie verbinden geistige Prozesse im Gehirn mit körperlichen im übrigen Teil des Körpers. In der westlichen Welt sind der Kopf, das Herz und die Geschlechtsteile weit voneinander getrennt. In der östlichen Herangehensweise lernen wir, wie wichtig es doch ist, mit dem ganzen Körper zu fühlen und zu denken, so dass wir Entscheidungen treffen, die ihre Basis in unserem ganzen Wesen haben. Vor der Zeit der Christianisierung ließen sich auch westliche Ärzte mehr von einer holistischen Sicht und einem vollkommen anderen Menschenbild leiten. Das zeigt sich schon am Äskulapstab. Er ist noch immer das Symbol der westlichen Heilkunde. Er bezieht sich auf die griechische Mythologie: Asklepios war der Sohn des Apollon und als Gott für die Medizin und Heilung zuständig. Aber auf der Abbildung lässt sich leicht die Übereinstimmung mit dem Symbol der Ida und des Pingala sehen: eine Schlange, die sich von der Basis aus an der Wirbelsäule entlang nach oben schlängelt. Natürlich wurde in der westlichen Variante ein Teil weggelassen … das Weibliche! Oder anders betrachtet: der Parasympathikus! Oder noch anders: Ruhe, Entspannung und Sexualität.

> *Pingala steht für die dynamische, aktive, männliche, positive Energie innerhalb unserer Persönlichkeit. Sie ist Yang. Sie hat eine physische und eine mentale Seite. Auf materieller Ebene drückt sie sich*

aus als hell, warm, sonnig, sich ausdehnend, kreativ, organisierend, zum Zentrum hinführend und kontrahierend. Die positive, dynamische mentale Seite ist im System von Freud der Eros, das Lustprinzip; in C.G. Jungs System ist sie die bewusste Persönlichkeit, die rationale und unterscheidende Seite. Wir können sagen, dass Pingala psychosomatische Energie ist, nach außen gerichtet, den Geist aktivierend, um die Organe im Körper zum Handeln zu motivieren. Es sind die Karmendriyas. Es ist die grundlegende Lebensenergie. Ida steht für die passive, aufnahmebereite, weibliche, negative Energie innerhalb der Persönlichkeit. Sie ist Yin. Sie drückt sich aus als dunkel, kalt, zum Mond gehörend, sich zerstreuend, unorganisiert, sich ausdehnend (zentrifugal) und entspannend. Die Zuordnungen auf mentaler Seite wurden von Freud als Thanatos, ‚Instinkt des Todes' bezeichnet, und von Jung als Anima, das unbewusst Weibliche in uns, emotional, mitfühlend, intuitiv und nicht diskriminierend, der Hintergrund, von dem aus Unterschiede erkannt und vereint werden können. Es ist der somapsychische Aspekt des Menschen, hier wird die Energie nach innen gerichtet und der Körper handelt durch den Geist. Ida beeinflusst die Sinnesorgane, die Jnanendriyas, durch sie können wir die Welt, in der wir leben, erkennen und wahrnehmen.[42]

Swami Satyananda Saraswati

Frühe Naturärzte und der Parasympathikus

Beziehen wir die alten Systeme und Kenntnisse in unsere Fragestellung mit ein, zeigt sich auf einmal eine weitaus umfangreichere Kenntnis des Parasympathikus! Das sind erfreuliche Nachrichten!

Denken wir logisch nach, dann ist es eigentlich nicht so verwunderlich, dass die alten Heiler bereits viel über das Bremspedal oder das parasympathische Nervensystem wussten. Moderne Medikamente gab es noch nicht, also brauchte man eine gute Alternative. Und die bot das Leben und die Natur in hohem Maße! Die frühesten Ärzte und medizinischen Wissenschaftler waren vermutlich echte HSP und spürten am eigenen Leibe, was im Körper geschah und was nötig war. Sie waren hervorragende „sensible" Beobachter, denn sie hatten viel Zeit, um herauszufinden, was genau sich in ihrem Körper unter besonderen Umständen abspielte; sie bewahrten diese Kenntnisse und gaben sie mündlich weiter. In der Meditation, die sie oft ausführten, da sie sehr viel Zeit hatten, spürten sie, wie Energie in ihren Körper floss. Sie erzählten ihren Schülern und Klienten, was sie wahrnahmen. Erst später zeichnete man diese Kenntnisse auf.

Das Buch des Gelben Kaisers ist solch ein uraltes Gesundheitsbuch. Die Texte stammen ungefähr aus der Zeit um 200 vor Christus und wurden 1973 entdeckt, als in Südchina das Grab eines Adligen geöffnet wurde.

In der alten Heilkunde ist die Natur zweifellos ein wesentlicher Aspekt eines gesunden Lebensstils. Die Natur schenkte dem Menschen nicht nur zahlreiche Vorbilder dafür, wie der innere Mensch wahrscheinlich aussah, sondern auch die Wechselwirkung zwischen Pflanzen- und Tierwelt wurde gefühlsmäßig schon früh verstanden. Pflanzen besitzen Heilkraft, aber noch entscheidender ist: Sie geben Sauerstoff an die Atmosphäre ab, die Tiere und Menschen zum Überleben brauchen.

Laut chinesischen Quellen ist ein Teil der Kenntnisse auch aus der Jagd entstanden. Das lange Stillhalten während der Jagd hat Qigong hervorgebracht, das älteste uns bekannte System körperlicher und geistiger Übungen zur Förderung der Gesundheit. Während der Stunden ihrer Wache und des damit verbundenen Nichtstuns konzentrierte sich die hochsensible Person auf alle inneren Prozesse in ihrem Körper. Jäger in der Savanne entwickelten Techniken, die ihre Wachsamkeit optimierten und auf diese Weise den Energieverbrauch minimalisierten. So ist möglicherweise die Meditation entstanden. Wissen über Energie(verbrauch) war für unsere Vorfahren wichtig, und er wurde in ihrer Umgebung und in ihnen selbst wahrgenommen. Aber sie erkannten auch die Unterschiede zwischen den Menschen und sahen, dass durch Übung Fortschritte gemacht werden konnten in Bezug auf den Erfolg ihrer Tätigkeit. Jemand, der seine Muskeln während der Jagd übermäßig anspannte, ermüdete schneller als jemand, der sich locker und leicht bewegte. Es bestand also ein Zusammenhang zwischen Muskelspannung und Energieverbrauch und damit indirekt eine Verbindung zwischen Muskelspannung und Jagderfolg. Auf diese Weise entstanden die ersten heilenden Körperhaltungen und praktische Übungen, damit das ganze Skelett und die Muskeln entspannt blieben, was sich allmählich zu einem regelrechten System von Haltungen, Bewegungen, Selbstmassagen, Atemtechniken und Meditation auswuchs – alles war darauf ausgerichtet, die Leistungen zu optimieren.

Das endokrine System im Vergleich zu den Chakren

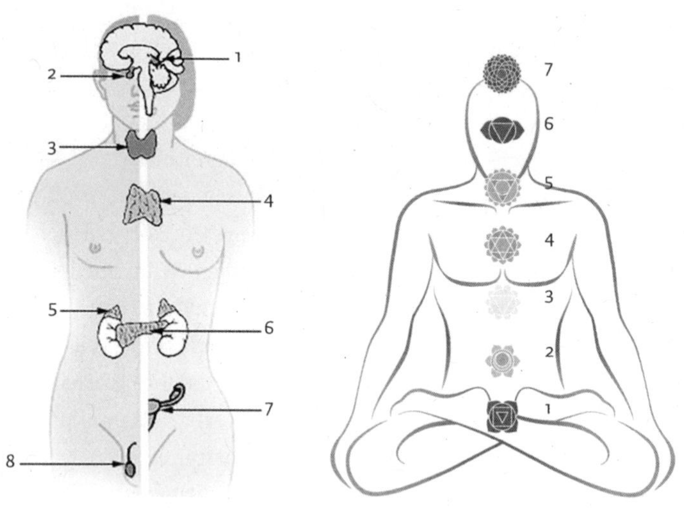

Legende, linkes Bild:

1 Epiphyse (Zirbeldrüse)
2 Hypophyse
3 Thyroidea (Schilddrüse)
4 Thymus (Bries)
5 Nebennieren
6 Bauchspeicheldrüse
7 Weibliche Geschlechtsorgane
8 Männliche Geschlechtsorgane

Legende, rechtes Bild:

7 Sahasrara (Kronenchakra)
6 Ajna (Stirnchakra)
5 Vissudha (Halschakra)
4 Anahata (Herzchakra)
3 Manipura (Sonnengeflechtchakra)
2 Svadhistana (Sakralchakra oder Bauchchakra)
1 Muladhara (Wurzelchakra)

Die Hormondrüsen	**Die Chakren**
Endokrine oder Hormondrüsen produzieren Stoffe, die der Körper braucht, um gesund zu bleiben, und die die Organe brauchen, um ihre Funktionen richtig auszuführen.	Chakren sind energetische Bereiche im Körper, die Informationen liefern über den physischen, mentalen und emotionalen Zustand in dem betreffenden Bereich. Sie können stark, schwach oder blockiert sein.
Von oben nach unten: 1. Epiphyse (Zirbeldrüse) Produziert Melatonin, wichtig für Schlaf-Wach-Rhythmus und Lebensrhythmus.	**Von oben nach unten:** 7. Sahasrara (Kronenchakra) Bewusstsein des Menschen im Kosmos. Zusammenfügen des Individuellen und des Göttlichen. Das Recht auf Weisheit im Zusammenhang mit allem.
2. Hypophyse Produziert mehrere Hormone, u. a. Oxytocin, Vasopressin und schmerzreduzierende Endorphine (ADH). Das sind Hormone, die glücklich machen. Vasopressin hat z. B. Einfluss auf treues und großzügiges Verhalten.	6. Ajna (Stirnchakra) Befreiung des Ego von einschränkenden Gedanken. Selbstbespiegelung. Klar sehen, klar wissen, klar denken. Vorbei sind die Illusionen von Verbundenheit und Abhängigkeit. Das Recht auf pure Einsicht, Intuition und Glück.

Stimulierung der Hypophyse macht uns froh, entspannt, treu und freigiebig, Aspekte, die den parasympathischen Prozess bekräftigen. Hypothalamus Produziert diverse Hormonstoffe wie TRH (Triiodthyronin) und Dopamin. Dopamin bewirkt Glücksgefühle und macht aktiv. Man freut sich zu leben.	
3. Thyroidea (Schilddrüse) Erhält Signale des Hypothalamus (TRH) zur Produktion von Schilddrüsenhormonen, die vor allem wichtig sind für den Stoffwechsel und das Zellwachstum anregen. Je intensiver die Schilddrüse arbeitet, desto schneller werden alle Prozesse im Körper. Sympathische Aktivität und Besserung.	5. Vissudha (Halschakra) Die sinnliche Wahrnehmung und der Austausch mit der Umgebung. Kommunikation und Schwingungen. Reinigung von empfangenen Eindrücken. Selbstausdruck und Nahrung aus Schönheit. Das Recht zu sprechen, zu hören, zu riechen, zu kosten, gesehen zu werden und zu genießen.
4. Thymus (Bries) Produziert ein Hormon, das den Körper vor Eindringlingen beschützt. Bietet Schutz und hilft dem Körper, sich zu erinnern, wie er sich selbst schützen muss. Dabei arbeiten Herz und Milz zusammen. Sympathische Aktivität und Genesung.	4. Anahata (Herzchakra) „Anahata" bedeutet „ungeschlagen". Es beschützt das vitalste Organ: das Herz (und die Lunge). Balance bedeutet einen gesunden Austausch mit der Umgebung (Natur und andere Lebewesen). Assimilation, Mitleid. Der Mensch in liebevoller, akzeptierender Beziehung zu seiner Umgebung. Das Recht, sich zu öffnen.
5. Nebennieren Produzieren Adrenalin und Noradrenalin, wichtige Hormone für Aktivität und Kampflust. Sympathische Aktivität.	3. Manipura (Sonnengeflechtchakra) Themen wie Macht, Willenskraft und Kampfeslust. Überlebenswillen, Vitalität und Selbstwert. Das

6. Die Bauchspeicheldrüse ist zuständig für den Blutzuckerspiegel und sorgt für einen optimalen Energiehaushalt. Auch die Leber arbeitet aktiv daran mit: Sie aktiviert u. a. rote Blutzellen und ist Speicher für Eisen, Vitamine und Glykogen (Energievorrat).	Recht zum Handeln, das Recht, etwas zu wollen und zu kämpfen. Es ist das Chakra der Energie und Aktivität mithilfe von Aufladen und Entladen. Psychologisch: Autonomie und Individuation (Entwicklung des Ego, das Ich).
7. Weibliche Geschlechtsorgane Produzieren Östrogene, Progesteron, etwas Testosteron und Relaxin. Das sind Hormone, die Einfluss auf Fruchtbarkeit und Libido haben.	2. Svadhistana (Sakralchakra oder Bauchchakra) Süße, emotionale Identität. Sexualität und Selbstgefallen, Lust. Das Recht zu fühlen.
8. Männliche Geschlechtsorgane Produzieren Androgene (Testosteron), Estradiol und Inhibin. Testosteron spielt eine wichtige Rolle bei der Entwicklung von Muskelmasse und Kraft, für männlichen Wuchs, Kampflust, Libido und Aggression.	1. Muladhara (Wurzelchakra) Überleben und Selbsterhaltung Die Seele nimmt eine physische Identität an und verwurzelt sich im Irdischen. Das Recht, Vertrauen zu haben ins eigene Dasein.

Was ich in dieser Tabelle zusammengestellt habe, ist nur ein kleiner Teil dessen, was an Wissen und Einsichten über die Hormondrüsen und Chakren bekannt ist. Ich habe mich bemüht, das Wesentliche zusammenzufassen und auf diese Weise zu zeigen, dass deutliche Parallelen bestehen zwischen den körperlich nachweisbaren Drüsen und den spirituellen, emotionalen und psychischen Wirkungen der Energiezentren. Westliche und östliche Gesundheitsmodelle können daher einander auch heutzutage noch gut ergänzen.

Wie die Systeme einander ergänzen

Wie wir den vorhergehenden Grafiken und Tabellen entnehmen können, ist es möglich, die endokrinen Drüsen und die Chakren so ziemlich zur Deckung zu bringen, wobei die Chakren uns viele Informationen verschaffen über die endokrinen Drüsen und umgekehrt. Die Übereinstimmungen sind frappant und nicht zu bestreiten. Die Chakren liefern uns viele Informationen über

- Funktion und
- Zusammenhang.

Es ist Wissen, das bereits fühlend und wahrnehmend entwickelt wurde, aus dem Inneren heraus, von Wissenschaftlern, die gerne gewusst hätten, was genau sich im eigenen Körper abspielte. Außerdem suchten und fanden sie Übereinstimmungen mit der sie umgebenden Natur.

Das endokrine System im westlichen Modell hat die

- Anatomie und
- die Physiologie

sehr genau beschrieben. Diese Kenntnisse wurden gesammelt, indem man die Körper aufschnitt und die genaue Lage von Organen und Geweben und die Verbindungen zwischen ihnen untersuchte. Darüber hinaus haben die pharmazeutische Industrie und Studien über Krankheiten und Störungen tiefe Einsichten in die Funktion von entsprechenden Hormonen, Neurotransmittern und dem endokrinen System ermöglicht.

Die Übereinstimmungen und Parallelen zwischen den beiden Systemen sind ausgesprochen spannend. Wo es der westlichen Wissenschaft besonders gut gelungen ist, die genaue mechanische Wirkung der Drüsen herauszufinden, haben die östlichen Heiler Einsicht in den holistischen Zusammenhang zwischen emotionalen, mentalen und physischen Erscheinungen erworben. Das endokrine Modell lehrt uns, was geschieht, wenn wir eine bestimmte Medizin hinzufügen oder ein Organ entfernen. Das Chakrensystem lehrt uns hingegen, die Funktionen zu verbessern und zu regenerieren, hauptsächlich durch Übung, Massage, Kräuter und Bewusstwerdung. Manchmal ist die eine Methode notwendig, manchmal ist die andere Methode vorzuziehen.

Stress in den Chakren

Achten wir nun besonders auf Stress, dann können wir chronische Stresserscheinungen eventuell durch Übungen, Massage und Meditation auflösen. Im Fall einer ernsthaften Dysfunktion oder eines Ausfalls wird manchmal eine rigorose, westliche Herangehensweise notwendig sein. Leider, füge ich hinzu, denn einen Körperteil zu amputieren kann niemals die beste Lösung sein.

Stress kann übrigens Auswirkungen haben auf alle Teile unseres Körpers. Wenn wir Chakren betrachten, können wir jedem Zentrum spezifische Krankheiten oder Einschränkungen zuordnen, die häufig auch anatomisch in diesen Regionen zu deuten sind.

Chakra 7 – Kronenchakra/Scheitelchakra

Mangel an Sinngebung, (Gott-)Vertrauen
Mangel an Inspiration
Schlafstörungen
Engstirnigkeit und Skepsis
Verkrampfung, Fixierung und Kontrolle (Klammerung)
Wahnideen, Psychosen (zu loslassend)

Chakra 6 – Stirnchakra

Fehlende Übersicht und Klarheit (Erkennen von Mustern und Lösungen)
Kopfschmerzen
Tunnelblick aufgrund von Stress und Sorgen
Keine klare Sicht auf das (eigene) Leben
Depression
Mangel an Fokus, Ruhelosigkeit, keine Prioritäten sehen
Konzentrationsprobleme
Augendruck/trockene Augen
Gedächtnisprobleme

Chakra 5 – Halschakra

Schilddrüsenprobleme

Hemmung/Angst vor Menschen/(emotionaler) Missbrauch

Stottern

Zu viel reden oder zu viel zuhören

Verlegenheit, zurückgehaltene Energie

Nicht wagen, Nein zu sagen

Mangel an Kreativität

Steifer Nacken und steife Schultern

Chakra 4 – Herzchakra

Mangel an Lebensfreude oder Mitgefühl

Herzbeschwerden

Herzrhythmusstörungen

Hoher Blutdruck

Atemstörungen

Panikattacken

Schwache Grenzen

Bitterkeit, kritisch

Probleme mit den Armen

Chakra 3 – Sonnengeflechtchakra

Mangel an Energie

Nebennierenerschöpfung

Diabetes

Magenbeschwerden

Folgen von Abhängigkeit/Sucht

Ohnmacht/Machtlosigkeit

Zu aggressiv und beherrschend

Zu passiv und grenzenlos

Chakra 2 – Sakralchakra/Bauchchakra

Mangelnde (Lebens-)Lust
Sexuelle Abhängigkeit
Übertriebene Emotionalität
Impotenz/Frigidität
Beschwerden im unteren Rücken
Reizdarm
Schlechte Verdauung (Nahrungsaufnahme)

Chakra 1 – Wurzelchakra

Mangel an Vertrauen
Lebensangst (Selbstmordgedanken)
Habsucht und Materialismus
Schlecht geerdet, schlecht inkarniert
Ruhelosigkeit (flatterhaft/unstet und gehetzt)
Beschwerden im unteren Rücken
Probleme mit Beinen/Füßen
Verstopfung
Klammern

Holistische Einsichten

Leider lehnt die westliche Wissenschaft die östliche noch immer ab als nicht beweisbar. Die Idee der Energiezentren stammt jedoch von alten Naturheilern, die ihre Spuren überall auf der Welt hinterlassen haben. Der Kern dieses Wissens war das Verstehen des Menschen im Zusammenhang mit seiner Umgebung, die zu 99 Prozent aus Natur bestand. Alles, was lebt, produziert Biokraft, Lichtenergie. Erst wenn du ganz still wirst und deinen Geist im Zaum hältst, kannst du die eigene Energie und die deiner Umgebung spüren. In einem umtriebigen Leben ist das unmöglich.

Auf allen Kontinenten gibt es den Begriff vom Menschen als Homo naturalis. So basiert die chinesische Heilkunde auf Energiezentren und Energiebahnen, und traditionelle Schamanen arbeiten nach der Tradition der Inkas in Peru bis zu den Schamanen in Sibirien nach dem Konzept von Energie und Energiezentren. In den meisten Traditionen unterscheidet man hauptsächlich die drei wichtigsten Energiezentren: das Herz-, das Stirn- und das Bauchchakra. Möglicherweise existierte, lange bevor die uns bekannten Zivilisationen (wie die ägyptische, die chinesische und die griechische) mit ihren jeweiligen Heilverfahren zur Blüte kamen, eine andere weltweite Kultur, die umfangreiches Wissen besaß über Gesundheit in einem energetischen, alchemistischen und holistischen Zusammenhang. Das wird deutlich, wenn wir die Praktiken der Schamanen weltweit miteinander vergleichen. Für den Schamanen ist alles Energie, und alles hat eine Stimme; sein Wissen ist tief mit der Natur verbunden und ihrer heilkräftigen, transformierenden und komplementären Aktivität. In schamanistischen Traditionen sind Absicht und Wahrnehmung wichtige Aspekte des Heilens: Der spirituelle Wille des Schamanen sowie des „Patienten“ kann nicht losgelöst vom Gesundungsprozess gesehen werden. Der spirituelle Wille steuert die Energie, und Energie steuert die Materie. Durch die Veränderung seiner Wahrnehmung verändert sich seine Welt, und damit ist Gesundheit von Krankheit zu unterscheiden. Anders ausgedrückt: *What is in the mind, is in the body*. Alles ist eins und gehört zusammen. Alles ist Ausdruck des göttlichen Lichts, das in uns selbst ist. Auf diese Weise spielen die Götter und Geister eine bedeutende Rolle für Gesundheit, Heilung, Leben und Tod.

Sieh die parallelen Systeme als verschiedene Möglichkeiten an, zum Beispiel ein Fahrrad zu betrachten. Es gibt Damen- und Herrenfahrräder, Mountainbikes, Stadträder und Rennräder; es gibt Fahrräder mit und ohne Rücktrittbremse sowie solche mit einer Reifengröße von 51, 53 und 55 Zoll; es gibt Räder ohne Gangschaltung, mit 3, 7 oder 21 Gängen; es gibt auch braune, schwarze, rote und grüne Fahrräder …. Und so kann man auch auf viele verschiedene Weisen denselben Körper oder dasselbe Objekt ansehen. Ob man nun den Körper anatomisch betrachtet und die Anatomie der Blutgefäße, Knochen und des Gewebes beschreibt oder den Körper unter energetischem

Gesichtspunkt betrachtet und die Energieeffekte auf Papier festhält, es ist und bleibt ein und derselbe Körper. Ein Chakra beschreibt die Lebenskraft des Körpers, seine Energie, zu viel oder zu wenig davon, blockierte oder gut fließende Energie. Man kann es vergleichen mit der Beschreibung eines fließenden Gewässers: Wenn es nicht durchfließen kann, staut es sich auf und tritt schließlich über die Ufer. Wenn irgendwo eine Blockade entsteht, trocknet ein anderer Teil aus. Die Energie und die Art und Weise, wie sie fließt, reflektiert nach außen und nimmt im Körper Form an. Wir können diese Sichtweise auch mit der Produktion von Neurotransmittern vergleichen, die eine bestimmte Energie oder Körperaktion im übrigen Körper zustande bringen. Auch die endokrinen Drüsen stehen nicht für sich allein; sie arbeiten, indem sie Stoffe ans Blut abgeben, das dieses durch den gesamten Körper und zu bestimmten anderen Organen transportiert. Auf diese Weise sind auch das Nerven- und Blutsystem holistische Systeme. Die Chakren verbinden emotionale Zustände mit physischem Naturell, ebenso verbinden die endokrinen Drüsen Hormonstoffe mit Gemütszuständen. Fügen wir das westliche und östliche Wissen zusammen, dann erhalten wir eine interessante Übersicht, die ich in der folgenden Tabelle zusammengestellt habe. Wissen aus dem westlichen Modell liefert wichtige Erkenntnisse und zeigt uns, dass das endokrine System und das Nervensystem mit all seinen Hormonen und Neurotransmittern auch auf einen Zusammenhang von Emotionen und physischer Verfassung hinweist.

Das endokrine System und die Chakren – das Wichtigste in Kürze

- Der Parasympathikus hat eine zentrale Funktion für Wohlbefinden und Gesundheit.
- Der Parasympathikus und der Sympathikus sind ein unzertrennliches Paar. Dieses Paar wurde und wird in der östlichen Naturheilkunde als Ida und Pingala beschrieben, als Yin und

Chakra	**Lebensbereich**	**Element**	**Probleme (zu wenig, zu viel)**	**Balance**
Scheitel	universales Bewusstsein	Energie, Liebe, eins mit der Schöpfung	Verbundenheit, Angst Materialismus, Kontrolle, rational, Schlaflosigkeit, Mangel an Erdung und Ziel, verträumt, (Religions-)Wahn, Psychose	Den Menschen als göttliches Wesen im kosmischen und zyklischen Ganzen sehen
Stirn	Intuition, Verstand	Licht, Einsicht, mentale Assoziation	Grübeln, starr, Kopfschmerz, Tunnelblick, Augendruck, mentale Spannung, schlechter Fokus, keine Prioritäten sehen, nachts Albträume	Produktion von Oxytocin, Schmusehormon, weite und entspannte Wahrnehmung, gesunde Selbstreflexion
Hals	kommunikative Sinnesorgane	Geräusch/ Vibration	Zu wenig/zu viel reden, Lügen, laut und übertrieben expressiv oder verlegen und still, zu viel/wenig sinnlicher Genuss, Nacken- und Schultersteife	ankommende und abgehende Reize sind in Balance, die eigene Wahrheit aussprechen und kreativ danach leben, wagen Nein zu sagen
Herz	Liebe, Austausch (Assimilation)	Luft	Kummer, Mangel an (Selbst)Liebe und Mitgefühl, einsam, Bitterkeit, Neid/ Eifersucht, zu viel oder kein Selbstschutz, Herzbeschwerden, Herzattacke	Gute Beziehung zur Umgebung, Friede im Herzen, Raum und Mitgefühl für sich und andere
Zwerchfell	Macht, Selbstbewusstsein	Feuer/ Verbrennung	Wut, Aggression, Manipulation, beherrschend oder machtlos, müde, lustlos, Probleme mit Blutdruck, Diabetes, Essstörung	Gesundes Selbstbewusstsein, energisch, gute energetische Grenze, Wille ist nicht manipulativ, untergeordnet o. beherrschend
Becken	Sexualität, Lust	Wasser/ Polarität	Scham, emotional verschlossen oder *zu* intensiv, schlechte Grenzen, frigide oder sexuelle Obsession, schlechte Verdauung, Probleme mit weiblichen Geschlechtsorganen	Gesunde Sexualität, Heiligkeit des Körpers, Integration von Leib und Seele, gesunde Verdauung und Nahrungsaufnahme
Steiß	Wieder-Geburt, Körperlichkeit	Erde/ Standfestigkeit	Angst, Bindungsprobleme, erden, autoritär, konkurrierend, habsüchtig, materialistisch, schlechter Stuhlgang, Impotenz, Probleme mit männl. Geschlechtsorganen	Gesunder Umgang mit Besitz und Wissen um die Heiligkeit des Körpers, Integration von Leib und Seele

Hormondrüse	Bereich	Produktion von	Ziel	Chakra
Epiphyse	Hinterkopf und Gehirn, Raum über und hinter unserm Körper (Himmel, Kosmos)	Melatonin, abhängig vom Sonnenlicht	regelt das holistische und zyklische Bewusstsein und hat starke antioxidante Funktion	**Scheitel**
Hypophyse/ Hypothalamus	Stirn, Gesicht und Augen	u.a. TRH, Dopamin, Oxytocin, Endorphine, Vasopressin	regelt Glücksgefühle, Lebensfreude, treu, Großzügigkeit, Prioritäten erkennen	**Stirn**
Schilddrüse	Kehle, Hals, Kiefer, Nacken und Schultern, Sinne (Nase, Ohren, Mund, Augen)	Schilddrüsenhormon	regelt den Stoffwechsel und gesundes Zellwachstum, Parasympathikus beruhigt den Körper via Regeneration und sinnliche Erfahrung	**Hals**
Thymusdrüse (Bries)	Herz, Brustkorb, Arme und Hände	Weiße Blutkörperchen	Gesunder Selbstschutz und Assimilation, Immunität, (Selbst) Fürsorge und (Selbst) Liebe	**Herz**
Nebennieren/ Bauchspeicheldrüse	Zwerchfell, Leber, Magen, Nieren, Bauchspeicheldrüse, Milz, Orthosympathikus	(Nor-)Adrenalin, Insulin, Glukagon	Aktivität, Kampfgeist und Energie liefern	**Zwerchfell**
weibliche Geschlechtsdrüsen	Bauch, Becken, Sakrum, Gebärmutter Parasympathikus	Östrogen, Progesteron Testosteron	gesunde Sexualität und Fruchtbarkeit, gesunde Lust und Entspannung, Quelle weiblicher Energie	**Becken**
männliche Geschlechtsdrüsen	Pobacken, Steißbein, Beine, Füße und der Raum unter unserem Körper (Erde), Orthosympathikus	androgyn, Testosteron	Überleben, gesunde Erdung, Quelle männlicher Energie	**Steiß**

Yang oder als die männlichen (aktiven) und weiblichen (passiven) Energieströme.

- Die endokrinen Drüsen (Hormondrüsen) aus der westlichen Medizin können wir mit den Chakren der östlichen Heilkunde zur Deckung bringen. Die Chakren liefern uns viele Informationen über deren Funktion und den Zusammenhang. Das endokrine System im westlichen Modell beinhaltet viel Wissen über die Anatomie und Physiologie. Die Chakren verbinden emotionale Zustände mit physischer Veranlagung, auch die endokrinen Drüsen verbinden Hormonstoffe mit den Gemütszuständen.
- Beziehen wir die alten Systeme und das Wissen in unsere Fragestellung mit ein, gibt es auf einmal deutlich mehr Wissen über den Parasympathikus!
- Die frühesten Ärzte und medizinischen Wissenschaftler waren vermutlich echte HSP und spürten am eigenen Leib, was passierte und notwendig war. Sie hatten noch Zeit, genau zu beobachten.
- Die Natur spielte auch eine wesentliche Rolle: Sie gab dem Menschen zahlreiche Beispiele dafür, wie der innere Mensch aussieht, bot Sauerstoff und heilende Stoffe an, die Tiere und Menschen zum Überleben brauchen.
- Ein Teil der Kenntnisse entstammte der Jagd. Das langanhaltende Stillstehen während der Jagd hat Qigong hervorgebracht, das älteste uns bekannte System körperlicher und geistiger Übungen zur Förderung der Gesundheit.
- Betrachten wir nun spezifisch den Stress, dann können wir eventuell chronische Stresserscheinungen durch Übungen, Massage und Meditation lösen. Stress kann sich übrigens auf alle Bereiche unseres Körpers auswirken (siehe Liste und Tabelle).

7 Körperlichkeit und Lust

Lebensenergie entsteht, wenn zwei Gegensätze miteinander vereinigt werden: Feuer und Wasser, das Himmlische und das Irdische, das Männliche und das Weibliche, Körper und Geist, das Bewusste und das Unbewusste, das Selbst und die Umwelt. So wie ein elektrischer Stromkreis einen positiven und einen negativen Pol braucht, so erfordert auch ein starker Qi-Strom zwei Gegenpole, die miteinander in Balance sind.[43]

Kenneth S. Cohen

Die Lebensbereiche des ersten und zweiten Chakras

Ich fasse die ersten zwei Chakren zusammen, weil sie in Bezug auf Stress aufeinander einwirken und besser im Zusammenhang verstanden werden. Das erste und zweite Chakra kann gemeinsam über Sexualität und Lust einen Ausweg aus dem Teufelskreis des Stresses anbieten.

In früheren Büchern habe ich wiederholt auf die Bedeutung von Erdung hingewiesen: Leben und Überleben mit Hochsensibilität steht oder fällt mit einer gesunden physischen Identität, der Qualität des ersten Chakras. Das erste Chakra ist zuständig für Sicherheit, Schutz und Vertrauen. Das zweite Chakra ist mit Eigenschaften wie Begrenzen, Fühlen, Lust erleben und der Heiligkeit des Körpers verbunden.

Beide Energiezentren sind essentiell, übrigens genau wie die fünf weiteren. Das erste und zweite Chakra kann jedoch im Hinblick auf den Parasympathikus und Stress am besten zusammen behandelt werden.

Ich will ganz ehrlich sein: Lange Zeit habe ich nicht genau verstanden, wie die zwei untersten Chakren sich zueinander und zum Körper verhalten. Obwohl ich wusste, dass beide wichtig sind, war ich mir lange im Unklaren über die genaue Wirkung und Lage und die Eigenschaften, die ihnen zuerkannt worden waren. Auch war mir die Lage der beiden in Bezug zum untersten Dantien im chinesischen System und dem Hara im japanischen System nicht völlig klar. Das richtige Wissen ist im Laufe der Jahrhunderte in vielen medizinischen Systemen verloren gegangen, oder aber Menschen haben mit eigenen Ergänzungen oder Theorien gearbeitet. Bis ich eines Tages einen Film sah über einen Schamanen im tiefsten Urwald von Borneo: *Dynamite Joe* (1967). Dieser Mann ist inzwischen gestorben, wurde aber von den Filmemachern so genannt wegen seines außergewöhnlichen Könnens. Er konnte unter anderem mit bloßen Händen Papier anzünden. Für uns ist das übernatürlich, und viele Menschen aus dem Westen glauben nicht einmal, was sie selbst sehen. Als ich meinem Bruder diesen Film zeigte, lachte er höhnisch und nannte es *fake*. Schade, die meisten Menschen glauben nicht mehr an Kräfte, über die der Mensch durch das Kultivieren von Energie in seinem Körper selbst verfügt. Im Osten wird diese Energie Chi oder Ki genannt. Dynamite Joe gab mir jedoch sehr nützliche Hinweise, die ich in meiner eigenen Praxis langsam, aber sicher zu einem vollständigen Bild zusammenfügte. Indem ich dieses Bild verbreite, hoffe ich, etwas von dem beinahe verloren gegangenen Wissen zu retten.

Männliche und weibliche Energie

In den beiden ersten Chakren geht es um unsere sexuellen Organe und Geschlechtshormone. Wo das erste Chakra die männliche Energie abbildet, bildet das zweite Chakra die weibliche Energieform ab. Für Verwirrung sorgen kann die Tatsache, dass jeder Mensch zu beiden

Energieformen Zugang hat – jeder Mensch hat immerhin beide Energiezentren.

Das erste Chakra, verbunden mit den männlichen Geschlechtsorganen, befindet sich energetisch sowohl bei Männern als auch bei Frauen unter dem Becken, unter dem Leib. Bei den Männern ist das erste Chakra physisch geworden und beherbergt die männlichen Hormone in den Hoden, bei den Frauen ist es ausschließlich energetisch. Bei Frauen ist das zweite Chakra physisch geworden und beherbergt die weiblichen Geschlechtsorgane. Das hat mit der Entwicklung der Eizelle zum Fötus zu tun: Bevor der Körper ein Geschlechtsmerkmal zeigt, besitzt jeder energetisch gesehen zwei Geschlechter, das männliche und das weibliche. Die (bewusste) Wechselwirkung zwischen beiden Energiezentren kann uns nun eine beispiellose Kraft geben und ist auch ein wichtiger Ausweg aus den stressbedingten Beschwerden.

Dynamite Joe gab mir die erste Erklärung, und danach suchte ich weiter nach Antworten in Übungen der Schamanen und alchemistischen Praktiken aus Ost und West. Alchemie ist in der chinesischen Tradition die Suche nach einem lebensverlängernden Mittel, ja sogar nach der Unsterblichkeit. Man könnte auch sagen nach einem Weg, stressfrei und glücklich zu leben. Die Philosophie von Yin und Yang, die weibliche und männliche Energie, ist ein alchimistischer Weg zu einem langen und glücklichen Leben.

Unsere westliche Medizin zeigt auch auf, dass die Chemie der männlichen und weiblichen Geschlechtshormone gemeinsam einen Ausweg aus dem Stress bedeuten können, und am Parasympathikus kann man das gut sehen, weil er viele Rezeptoren und Nervenenden im Kreuzbein und Unterbauch hat, die diese Hormone anregen.

Wir sahen auch Ida und Pingala als Schlangen aufgerollt beim Kreuzbein liegen. Sie können auf zahlreiche Weise zum Leben erweckt werden, aber das Wesentliche ist die energetische Befruchtung des zweiten Chakras oder der weiblichen Geschlechtsorgane, mit der männlichen Energie. In der chinesischen Terminologie wird die Energie der beiden untersten Geschlechtsorgane Jing genannt, die sexuelle Energie, die die Basis unseres Seins und Keim allen Lebens ist. Die

Jing-Energie nimmt mit fortschreitendem Alter ab, es sei denn, man verstärkt sie durch Übungen. Das bewusste Verstärken des Jing liefert nicht nur den Brennstoff für mehr Energie, sondern auch den Brennstoff für positive Gefühle und Gedanken an Ruhe, Frieden und Kraft.

Die Wechselwirkung zwischen beiden Energiezentren kann uns eine unvergleichliche Kraft geben, baut Stress ab und bietet die Lösung für viele moderne Wohlstandsprobleme.

Schamanische Übungen zeigen nämlich, wie sehr diese beiden Chakren zusammenarbeiten, damit sie eine optimale Gesundheit erreichen, die Stress abbaut. Einfache Bewusstseinsübungen verstärken die Wirkung des Parasympathikus im Becken und regen die Hormondrüsen an, Neurotransmitter und Stoffe einzuschalten, die einen positiven und wohltuenden Effekt auf Körper und Geist haben. Das erste und zweite Chakra bildet so zusammen ein gutes Team, ein Fundament, auf dem eine gesunde Persönlichkeit ruht. Durch die Hormonproduktion in den physisch gewordenen Energiezentren bekommen Frauen und Männer allmählich eine andere Vorstellung vom Leben, andere Funktionen und einen anderen Ausdruck ihrer Persönlichkeit. Aber, und das ist sehr wichtig: Sowohl Männer als auch Frauen haben energetisch gesehen Zugang zu beiden Kraftzentren.

Durch mehrere westliche Studien wissen wir, dass eine wichtige Beziehung zwischen Sexualität, Libido und Stress besteht. Meist wird dies in negativem Sinne besprochen. Stress beschränkt die Lust am Sex. Zwar wird die Ejakulation noch als eine Möglichkeit zum Abbau von Stress gesehen, doch dabei bleibt es dann. Das System ist viel interessanter und wesentlicher. Wir wissen inzwischen, dass der Parasympathikus, der über das Rückenmark durch die Höhlen des Kreuzbeins sich im Unterleib verzweigt, die Geschlechtsorgane, Drüsen und Muskeln dieser Region benötigt, damit er optimal arbeiten kann. Der Parasympathikus holt sich sozusagen seine Information aus dem Kreuz, um sie an das Gehirn und den Rest des Körpers weiterzuleiten. Sind wir entspannt und in unseren Lenden anwesend, dann meldet der Parasympathikus an höher gelegene Organe und Drüsen: Es geht uns gut, wir sind bereit zu relaxen! Das wirkt besser als eine Beruhigungstablette, wenn man ihm gut zuhört. Und es ist natürlicher!

Das Vermögen, sich insgesamt zu entspannen, zu genießen und zur Ruhe zu kommen, hängt direkt mit dem Zustand unseres Beckens zusammen. Man kann es auch anders erklären: Wenn wir mit eingeklemmtem Schwanz herumlaufen, dann befinden wir uns in einem Angstzustand; wedelt der Schwanz und ist das Becken wieder offen und zugänglich, dann sind wir glücklich.

Voll in den Lenden, leer im Geist

Asiatische Kampfsportler und Meditationsmeister praktizieren Techniken, die dazu führen, dass sie eine gewaltige körperliche und geistige Kraft entwickeln, indem sie die Energie aus dem untersten (männlichen) Chakra mit der Energie aus dem zweiten (weiblichen) Chakra zusammenfließen lassen. Das Produkt wird im Hara aufbewahrt, dem Bauch, und von dort zu den Gliedern transportiert. Man nennt das auch sanfte Gewalt. Es ist eine flexible Kraft, die stärker wird, je mehr sich die Person entspannt. Der Geist wird ruhiggestellt und der Kämpfer oder Meister ist hochkonzentriert. All diese Aspekte hängen direkt mit der Aktivierung des Parasympathikus zusammen. Der Krieger ist übernatürlich stark, weil er keine Angst kennt, er steht über seiner Kampf-oder-Flucht-Reaktion und verhindert das spontane Aufflammen der sympathischen Reaktionen des Körpers. In seinem entspannten Zustand ist er außergewöhnlich wachsam und aufmerksam, weil der Parasympathikus das Vermögen zu meditativer Wachsamkeit (in den obersten Chakren) reguliert. Wir können daraus lernen, dass dies der Weg ist, der uns aus dem Stress herausführt: indem wir selbst wieder die spontanen Körperreaktionen zu beherrschen lernen. Wir brauchen kein Kung-Fu-Kämpfer zu werden, aber die Prinzipien sind es wert, verstanden und angewandt zu werden.

Lust ist nichts, was man per se gemeinsam erlebt. Berührung und Körperkontakt haben jedoch einen Mehrwert, wenn es von Mensch zu Mensch geschieht. Wenn du den eigenen Arm berührst, ist das ganz nett, berührt jemand anders ihn, ist das angenehme Gefühl deutlich stärker. Physischer Kontakt gibt dem Körper das Bewusstsein von Spannung, Liebe, aber auch von Grenzen und Schutz. Die Haut benachrichtigt das Gehirn über eine exklusive Nervenhotline. Diese sozialen Verdrahtungen verschaffen uns Kontakt, Sicherheit und Trost. Die Haut hat viele Rezeptoren, die in direkter Verbindung zum parasympathischen System stehen und die Produktion des Stoffes Oxytocin fördern, und wir wissen, dass Schmusen, Knutschen und Sich-Lieben die Oxytocinproduktion fördert. Das bisschen Oxytocin verbindet dich nicht nur mit den Menschen, die du liebst, gleichzeitig verringert es allgemeine angstbesetzte Emotionen und Verhaltensweisen, er vermindert die Aktivität des orthosympathischen Stresssystems, beruhigt und macht dich glücklich. Oxytocin ist ein echtes Antistressmittel: Es senkt den Blutdruck und den Cortisolspiegel, wirkt beruhigend auf alle Stressvorgänge und verbessert beispielsweise auch die Wundheilung. Nicht jeder hat selbstverständlich einen Partner zur Hand, und manchmal hat man nicht gleich Lust auf Sex, möchte aber berührt werden. So ziemlich alle Arten von Massagen bieten dann einen Ausweg an.

Mehr als Worte gilt Berühren als ein evolutionäres Mittel zur Entspannung und tiefer Verbindung zwischen dem Anderen und dir selbst. Wir brauchen nur an die Beruhigung eines Kindes zu denken: Ein Schmusetier wirkt oft viel effektiver als eine lange Geschichte. Streicheln, Fühlen, Schmusen sind die tiefsten Grundbedürfnisse jedes Menschen. Sie bestätigen, dass du lebendig und begrenzt bist und geliebt wirst.

Viele Menschen haben einen unzulänglichen Kontakt mit dem eigenen Körper und den Emotionen, geschweige denn einen gesunden Kontakt zu anderen, weil sie in den ersten Lebensjahren nicht genügend liebkost und behütet wurden. Der angespannte Zustand, den Stresshormone verursachen, ist zum Normalzustand geworden. Die ersten zwei Chakren vergegenwärtigen nicht nur so die männliche und weibliche Sexualität. Diese wird auf dem ersten Fundament von Sicherheit und Körperkontakt aufgebaut oder in den ersten Entwicklungsphasen im Leben des Neugeborenen. Sicherheit, Geborgenheit und Kennenlernen von körperlichem Kontakt sollten positive Erfahrungen sein, die dem Kind das Gefühl geben, „komplett gefüllt“ zu sein oder überzufließen vor lauter Liebe und Anerkennung.

Meine ersten Lebensjahre

Untersuche, wie deine ersten Lebensjahre waren. Welche Erziehungsregeln bestanden in der Zeit, als du geboren wurdest? Wurdest du ausreichend getragen und behütet? Empfindest du deine Eltern heutzutage als liebevolle Menschen, bei denen du dich geschützt fühlst? Könntest du herausfinden, was du eventuell vermisst hast? Die Art und Weise, wie du heute mit deinem Körper und Körperkontakt umgehst, spiegelt deine ersten Lebenserfahrungen wider.

Eva, die Pflegekraft mit einer Rente wegen vorübergehender Arbeitsunfähigkeit, wurde nie berührt und entwickelte daher als Kind ein chronisches Stresssyndrom.

Ich bin nun bei einer körperbezogenen Therapeutin, damit ich meine Angst- und Zwangsstörungen unter Kontrolle bekomme. Sie weiß Bescheid über meine Hochsensibilität. Ha, ha, endlich mal jemand, der weiß, wovon ich rede. Die Therapie tritt eine Menge los, aber das nehme ich in Kauf. Ich wurde als Kind nicht gesehen, nicht gehört, nicht verstanden und nicht berührt. Meine Hochsensibilität, das konnte ja gar nicht sein. Deshalb entsteht schnell eine gewisse Hektik in meinem Körper. Ich kann keine Ruhe mehr finden, die ganze Energie steigt mir in den Kopf, und dann versuche ich sie wieder in den Griff zu kriegen. Ich neige dazu, alles zu reinigen und aufzuräumen, aber eigentlich ist das eine Stressreaktion meinerseits und das fehlende tiefe Gefühl, „da sein" zu dürfen.

Wenn du nie gelernt hast, wo deine Grenzen sind, weil andere mit einer Selbstverständlichkeit darüber hinwegwalzen, kannst du auch nicht lernen, dich abzugrenzen.

Gib dir selbst einen Schuss Oxytocin!

Gönne dir selbst so ab und zu den Genuss einer Massage. Das ist kein überflüssiger Luxus. Nicht nur der stressempfindliche HSP profitiert wunderbar von der Massage, sondern für jeden Menschen in stressigen Umständen ist eine Massage außerordentlich gesund. Sie baut Stress ab und verbessert alle Körperfunktionen. Findest du das zu teuer? Investiere lieber häufiger in eine Massage als in ein Essen außer Haus. Oder verabrede dich mit einem/einer Bekannten, um euch gegenseitig zu massieren. Es gibt auch entsprechende Kurse. Einem anderen eine Massage geben ist genauso gesund und entspannend. Experimentiere damit, welche Form dir am besten zusagt: Shiatsu ist eine Druckmassage durch die Kleidung hindurch und wirkt tief ins Gewebe hinein und an Energiepunkten. Craniosakralmassage ist sehr subtil und wird am Kopf, Rückgrat und Kreuzbein gegeben. Sie wirkt auf Flüssigkeiten und stimuliert das parasympathische System, das sich dort verzweigt. Ayurveda und andere Ölmassagen arbeiten mit pflanzlichen Stoffen, Gerüchen und ätherischen Ölen, die nicht nur die Haut, sondern auch die Aura beeinflussen. Gerüche haben eine intensive Wirkung, besonders auf feinstofflichem Niveau. Und so gibt es noch zahllose andere Massagearten.

Die nachfolgende Übung gehört zu den fundamentalsten und elementarsten Einsichten des Lebens als solches. Dennoch ist sie einfach und für jedermann möglich. Je kleiner deine Bewegungen sind und je bewusster du die Übung durchführst, desto besser kannst du wahrnehmen, was mit den Nerven und der Energie in deinem Körper passiert. Mache das am Anfang etwa drei Mal pro Woche und schaue dann, ob du eine Veränderung in deinem Leben (und deiner Libido) bemerkst.

Fülle den Brunnen mit mehr Energie!

Ich erkläre die Übung möglichst einfach, aber ihre Reichweite und Tiefe ist enorm. In meinen Augen ist das eine geheiligte Übung, weil es um die Verbindung von männlicher und weiblicher Energie geht, den beiden Urenergien, aus denen alles Leben entstanden ist. In alten Kulturen kannten häufig nur Eingeweihte diese Techniken. Ich habe sie auch von einem Schamanen gelernt. In dieser Übung ist die Aufmerksamkeit auf das Kreuzbein gerichtet.

Ich rate dazu, die Übung auf der Seite liegend durchzuführen. Am besten krümmst du dich mehr oder weniger in die Embryonalhaltung.

Die Übung ist geeignet für abends vor dem Schlafengehen oder für morgens, bevor du den Tag beginnst.

Als Frau stellst du dir dein Energiezentrum unter deinem Beckenboden vor: das erste Chakra, das mit den männlichen Samenzentren verbunden ist. Als Mann stellst du dir deine Gebärmutter oder das zweite Chakra vor.

Sanft und feinfühlig bringst du nun die Energie des ersten Chakras zum zweiten Chakra, indem du ganz subtil deine Beckenbodenmuskeln leicht anspannst. Die Spannung ist fast symbolisch, es ist eher eine energetische als eine körperliche Übung.

Zugleich verlängerst du den unteren Rücken und die Pobacken ein wenig, indem du das Steißbein sozusagen nach innen ziehst („den Schwanz zwischen die Beine klemmen"). Diese Bewegung stimuliert das parasympathische System und leitet die Energie bewusst zum zweiten Chakra, zur Gebärmutter oder zum Hara.

Mache das zum Beispiel 10 oder 20 Mal und ruhe dich dann aus.

Dies ist eine energetische Übung, und es dauert eine Weile, bis du deinen eigenen Raum gefunden hast.

Finde auch deinen eigenen Rhythmus. Wenn du es gut machst, kannst du die folgenden Körpergefühle wahrnehmen:

- Die Energie des Beckens steigt in den Bauch.
- Angenehmes Gefühl im Unterleib
- Vertiefung des Atems
- Eierstöcke und Hodensack werden „geweckt".
- Zunahme der Speichelproduktion
- Ohrensausen oder Druck auf den Ohren
- Angenehmes Gefühl im Kopf
- Freisetzen von Energie im unteren Rückenbereich

---

8 Macht und Selbstbewusstsein

Macht haben, aber davon keinen Gebrauch machen – das erst ist Kultur.

C. Buddingh

Die Lebensbereiche des dritten Chakras

Sich selbst klar äußern, einstehen für den, der man ist, sich selbst autonom und unabhängig fühlen. Das Bewusstsein des dritten Chakras handelt von einem gesunden Selbstwertgefühl, das man in die Welt mitbringt. Der natürliche Ausdruck dieser Energie ist Aktivität. Ein gesundes drittes Chakra zeigt eine feurige Lebenskraft, ist voller Lebenslust und bietet unserer Identität Führung an. Du traust dich, einzigartig zu sein, und du trotzt den Meinungen deiner Zeitgenossen, deiner Eltern und deiner Kultur, damit du deine innere Stimme zum Ausdruck bringen kannst. Werden wir jedoch mit Scham, Ablehnung und Unterdrückung konfrontiert, wird dieses Zentrum kleiner. Es strahlt schwächer, oder es wird völlig blockiert. Wir hemmen die natürlichen Impulse, die wir verspüren; wir haben Angst, Fehler zu machen oder unsere Macht auszuspielen. Wir lassen uns manipulieren und unterwerfen uns dem Willen anderer. Manchmal sind wir davon überzeugt, der andere wisse es bestimmt besser als wir selbst.

Das dritte Chakra steht zum Beispiel in Verbindung mit den physischen Nebennieren, die in einen Erschöpfungszustand geraten können, wenn sie verkehrt, zu viel oder zu selten aktiviert werden.

Der Bereich des Zwerchfells hängt auch mit der Atmung zusammen. Spannung, Angst und Stress stehen im Gegensatz zur natürlichen Bewegung des Zwerchfells, wodurch die Atmung geschwächt wird. Eine fortwährend oberflächliche Atmung schränkt deine Energie ein. Du wagst nicht allzu tief zu atmen, denn stell dir vor: Du könntest dann ja Sauerstoff, Nahrung und Leben zu dir herholen! Hast du das überhaupt verdient? Kannst du denn damit umgehen? Weißt du denn auch, was du tun musst, wenn du dich frei entscheiden kannst? Wenn du tief einatmest, entspannst du dich. Aber Entspannung könnte auch einmal die falsche Wahl sein! Ich sollte vielleicht oberflächlich weiteratmen, denkst du zu Unrecht, und mich aufmerksam auf das fokussieren, was der andere von mir will.

Der Wille ist mit dem dritten Chakra verbunden: Als HSP bist du empfänglich für Gehorsam und für den Willen anderer. Wenn wir Gehorsamkeit als gegeben hinnehmen oder als Gewohnheit ansehen, werden wir zu Sklaven. Wir tun brav, was der andere uns aufträgt. Wir flüchten, um uns selbst zu verwirklichen, und nehmen lieber gar kein Risiko in Kauf. In der Region um das Zwerchfell gibt es nur wenige Knochen. Es ist ein Weichteil des Körpers. Es ist die Willenskraft, die diesen Teil des Körpers aufrecht hält. Manche Menschen haben ein aufgeblähtes Zwerchfell, man kann, so meint man, hineinstechen, und dann stürzt das Kartenhaus zusammen. Aber die meisten Menschen, unter ihnen viele Hochsensible, haben ein eingesacktes Zwerchfell: Der Brustkorb ist zusammengefallen und hängt auf dem Nabel, der Nacken ist leicht nach vorne gebeugt und nicht mehr auf einer Linie mit dem Rest des Körpers. Das macht den Eindruck, als halte sich die Person nur noch mit dem Kopf über Wasser.

Das Sonnengeflecht braucht Bewegung und Energie. Für ein gesundes Sonnengeflecht ist Reden nicht sehr effektiv. Sport ist gut, um die Energie im Körper auf- oder abzubauen, und bestimmte Sportarten unterstützen insbesondere die Region um das Zwerchfell. Boxen, Thaiboxen und alle Kampfsportarten sind besonders geeignet für festsitzende Energie in diesem Bereich. Man kann dabei gut seine aufgestaute oder nicht gespürte Wut loswerden. Wenn du dich nicht sofort für einen derartigen Sport anmelden möchtest, könntest du häufiger zu Hause in die Luft boxen.

Darauflos schlagen

Stelle dich breitbeinig ins Wohnzimmer oder wenn du willst in den Wald oder Park. Balle die Hände zu Fäusten und führe diese zu den Rippen. Stoße nun mit einem Schrei den rechten Arm mit aller Kraft nach oben, wo du gegen einen nur gedachten Sandsack schlägst. Tu das so lange, bis du müde bist.

Zur Abwechslung kannst du dir auch vorstellen, Holz zu hacken. Nimm eine imaginäre Axt in die Hände und hebe sie über deinen Kopf. Bringe mit aller Kraft, begleitet von einem Schrei, die Axt vor deinem Körper nach unten, wo du einen imaginären Holzklotz durchhackst. Tu das, bis du müde bist.

Feuriger Wille

Das Sonnengeflecht, ein anderes Wort für das dritte Chakra oder das Bauch-Chakra, steht für die kräftige und brennende Energie des Feuers. Diese Energie hat etwas mit der Individuation zu tun. Individuation ist ein Prozess des Erwachsenwerdens, in dem die Person sich ihrer Einzigartigkeit im Vergleich zu anderen Menschen bewusst wird. Individuation ist ein Begriff, den der Schweizer Psychiater und Psychologe Carl Gustav Jung geprägt hat. Er weist damit auf den Entwicklungsprozess hin, „dass man zu dem wird, was man selbst will und was man im Wesen schon war". Als hochsensible Person hält man es nicht immer für selbstverständlich, dass man verwirklicht, was in einem steckt, denn man ist sehr auf den anderen fokussiert, nämlich auf das, was der andere von einem erwartet oder ob er einen immer noch nett findet. Es mag sein, dass du es gehorsam schluckst, aber im tiefsten Inneren böse darüber bist. Das dritte Chakra möchte strahlen, nicht schlucken, sonst verschließt es sich. Das Sonnengeflecht-Chakra drückt die Energie unserer Gefühle aus, Emotionen von Freude und Wut. Ein starkes und ausgeglichenes Sonnengeflecht sorgt dafür, dass die Energiezentrale intakt ist, aus der wir Kraft und Mut schöpfen. Wenn du es wagst, selbständig eine Entscheidung zu treffen, kurbelst du sozusagen den Motor im Zwerchfell an.

In der Entwicklung fällt dieses Stadium zusammen mit der Lebenszeitphase von anderthalb bis vier Jahren. Als Kind entdeckt man die eigene Identität und lernt, Nein zu sagen. Diese Phase wird auch Kleinkindpubertät genannt oder Trotzphase. Wenn die Eltern noch zu viel das Sagen haben wollen, kann es für das Kind schwierig werden. Das ist ein wichtiges Entwicklungsstadium. Das Kind macht seine ersten Schritte in Richtung unabhängiges Denken, Wollen und Fühlen. Ein aktives Kind kann seine Identität entfalten und lernen, seine Grenzen zu spüren. Auf diese Weise entsteht ein Ich-Bewusstsein. In einer überregulierten (zivilisierten) Gesellschaft, mit Gefahren im Verkehr, fällt es manchen Eltern schwer, ihren Kindern genügend Freiheit zu lassen. Diese Eltern meinen, sie müssten alles regulieren und jedem Hinfallen zuvorkommen. Dadurch stehen die Eltern ihrem Kind jedenfalls mehr im Weg, als dass sie ihm nützen. Wenn das Kind es selbst sein darf, experimentieren darf, Fehler machen darf und sich frei bewegen darf, ohne dass die Eltern es überwachen, lernt das Kind Unabhängigkeit und Empathie. Das Kind begibt sich in diesem Alter zunehmend unter andere Kinder. Es entdeckt eine neue Gruppendynamik mit Gruppenregeln und muss sich unter Freunden und Freundinnen behaupten. Es ist nicht mehr der König oder die Königin im Universum der Eltern. Bei einer gesunden Entwicklung des dritten Chakras lernt das Kind sich sozial zu verhalten, braucht sich seltener an einem anderen Kind festzuklammern oder, umgekehrt, sich von anderen loszumachen, sondern es folgt seinen eigenen Impulsen.

Ellen (42) hat ein „böses" Töchterchen:

> *Sie ist eigentlich immer schlecht gelaunt. Das fängt bereits morgens an, wenn sie nach unten kommt. Nichts ist gut, häufig hat sie zu nichts Lust. Ihr Brüderchen ist ganz anders, das hat Ideen. Er sieht einen Zweig und ist einen ganzen Nachmittag damit beschäftigt. Auch wenn Freunde zum Spielen kommen, gefällt ihr nichts, sie fühlt sich unwohl. Sie ist eine Meckerziege. Ich verstehe nicht, woher dieser Unfrieden kommt. Sie ist ein kluges Mädchen und, ich glaube, auch einfühlsam. In den vergangenen Ferien merkten mein Mann und ich, dass wir sehr beschützend waren. Wir verglichen uns mit anderen Eltern, die viel weniger Anweisungen gaben. Daraufhin haben wir aufeinander aufgepasst und die Erziehung und Ermahnungen lockerer gehandhabt. Später sagte unsere Tochter, sie habe die Sommerferien sehr schön gefunden. Ich sah auch, wie sie aufblühte. Zu Hause finde ich es wieder schwerer, meinen Kindern mehr Freiheit zu geben, ich selbst brauche schon Grenzen und Regeln.*

Die Atmung im Zwerchfell

Die Energie des Manipura-Chakras wird als Frühlingsenergie angesehen und ist die aufsteigende Sonnenenergie. Ein gesundes und ausgeglichenes Chakra ist sehr essentiell für ein stressfreies Leben. Die Bewegung des Zwerchfells massiert und stimuliert die Nebennieren, die Bauchspeicheldrüse, den Magen und die Leber, die sich darunter befinden. Das Zwerchfell ist ein großer Muskel, der den Brustkorb von der Bauchhöhle trennt. Zieht sich dieser Muskel zusammen, werden die Organe unter dem Zwerchfell nach unten gedrückt (falls die Bauchhöhle nicht zu schlaff ist). Man atmet dann ein. Beim Ausatmen lässt der Muskel wieder los und die darunterliegenden Organe bewegen sich wieder nach oben. Das ist eine bedeutende Massage, die die Organe fit hält. Da viele Menschen nicht richtig atmen oder zu dick sind, werden die Organe nicht auf die richtige Weise stimuliert.

Oder die Atmung ist zu hoch: Der Brustkorb dehnt sich zu stark, und das Zwerchfell ist starr und wird verkrampft festgehalten (wodurch das Zwerchfell die darunter gelegenen Organe nicht genügend massiert).

Sind die Bauchmuskeln zu schlaff, dann dehnt die Atmung den Bauch zu sehr, so dass die (Neben-)Nieren und andere Organe genauso wenig massiert werden. Eine tiefe Bauchatmung wird in Yogakreisen empfohlen. Eine solche Atmung ist gut für eine tiefe Entspannung, aber nicht als ständige Atmung geeignet.

Eine Zwerchfellatmung, die man in den Flanken und Rippen spürt, weckt das dritte Chakra, ist erfrischend und stärkt das Selbstbewusstsein. Da viele gestresste Menschen unter Machtlosigkeit leiden, ist diese Atmung essentiell bei Stress. Sie sorgt in kurzer Zeit für ein besonders kraftvolles Gefühl. Außerdem heilt sie die inaktiven, erschöpften Muskeln und Organe, die darunterliegen. Die Nebennieren produzieren diverse Hormone, die man braucht, damit entscheidende Körperfunktionen aufrechterhalten werden. Ihre wichtigste Aufgabe ist das Produzieren und Managen der Stresshormone. Fühlst du dich insgesamt lustlos und müde, nimmst viel Zucker und Kaffee zu dir, um dich einigermaßen fit zu halten, oder deine Widerstandskraft ist schwach, dann könntest du möglichweise an Erschöpfung der Nebennieren leiden. Lange Stressperioden sind meistens die Ursache für ein Ungleichgewicht in der Hormonproduktion. Die Nebennieren müssen durch den zunehmenden Arbeitsdruck immer härter arbeiten.

Aber auch die Leber, die rechts im Körper vor der rechten Niere liegt, hat in der modernen Lebenswelt viel Arbeit: Die ständige Zunahme von giftigen Stoffen in der Nahrung und in der Luft, ebenso wie Pestizide, Medikamente, Feinstaub oder Formaldehyd, bereiten dem Körper zusätzlichen Stress, weil diese Stoffe gefiltert werden müssen. Würde dein Körper nicht darauf reagieren, könnten die Stoffe den Organen schaden. Eine weitere Drüse, die Bauchspeicheldrüse oder

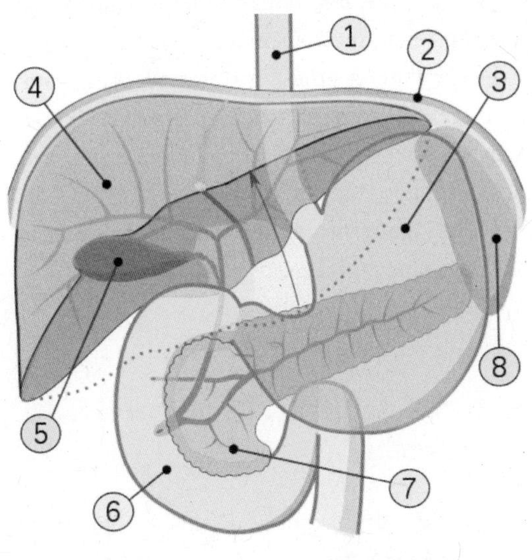

1 Speiseröhre
2 Zwerchfell
3 Magen
4 Leber
5 Gallenblase
6 Zwölffingerdarm
7 Bauchspeicheldrüse
8 Milz

das Pankreas, ist mit dem dritten Chakra verbunden. Sie ist eine der größten Drüsen des Körpers überhaupt und produziert verschiedene Hormone, von denen Insulin das wichtigste ist. Insulin braucht man, um viel Energie zu haben, um aktiv zu sein und sich bewegen zu können. Auch diese Drüse wird durch die Zwerchfellatmung stimuliert. Kurzum, der Zusammenhang zwischen dem Zwerchfell und Stress, zwischen sich fit fühlen oder Erschöpfung ist deutlich nachweisbar.

Deshalb muss dieser Bereich bei allen, die unter Stress leiden, Aufmerksamkeit erhalten. Mit dem richtigen Bewusstsein, guter Atmung und einer richtigen Einstellung kommt man schon ein gutes Stück weit. Du bist nicht sofort alle Sorgen los, aber du entwickelst doch eine gesündere Atmung und Körperhaltung, und du aktivierst den Hormonhaushalt, der wiederum emotionale, mentale und physische Vorgänge beeinflusst. All diese Organe spielen eine wichtige Rolle bei

Stresssymptomen. Die Insulinproduktion in der Bauchspeicheldrüse kann sich normalisieren, die Nebennieren werden aufgepeppt, der Magen und die Verdauung erhalten Unterstützung, und auch die Leber als Filter der Giftstoffe fühlt sich unterstützt. Die Technik, die du in der nächsten Übung erlernst, ist vor allem eine präventive und verstärkende Methode. Manchmal sind die Organe jedoch derart stark aus dem Gleichgewicht geraten, dass mehr nötig ist als eine Atemmethode oder eine Massage.

Verstärke deine Kraft, vergrößere deine Macht!

Ziel: Eine richtige Atmung entwickeln zur Förderung von Nebennieren/Magen/Leber/Bauchspeicheldrüse.

Das ganze Zwerchfell und das dritte Chakra werden kräftig massiert und aktiviert. Diese Übung ist sehr geeignet für Menschen, die wenig Energie haben, erschöpft sind, ausgelaugte Nebennieren haben und unter Lustlosigkeit leiden. Die Übung gibt dem Magen, der Bauchspeicheldrüse und Leber den Impuls, gut zu funktionieren.

Einatmen

Mache aus deinem Unterbauch einen festen Raum, der sich nicht vorwölbt, indem du die Bauch- und Beckenbodenmuskeln leicht anspannst; die Rippen schiebst du seitwärts und nach hinten, zum Rücken hin. Durch den Druck, der im Zwerchfell entsteht, werden die darunterliegenden, vitalen Organe nach unten gedrückt und erhalten eine innere Massage.

Ausatmen

Entspanne das Zwerchfell, lasse die Luft nach außen strömen und spanne den Beckenboden, Bauch- und die Gesäßmuskeln leicht an, so dass die vitalen Organe wieder nach oben gedrückt werden.

Mache das jeden Morgen 5–10 Minuten lang. Du wirst merken, dass es dich fit und wach macht.

Diese Übung erkläre ich auch Schritt für Schritt in der geführten Meditation „Verstärke deine Kraft, vergrößere deine Macht".

Auch dies ist eine energetische Übung. Finde deinen eigenen Rhythmus, aber verkrampfe dich nicht dabei. Wenn du es richtig machst, nimmst du folgende Körperempfindungen wahr:

- Es macht dich wach.
- Du fühlst jetzt dein Zwerchfell und dein Sonnengeflecht deutlicher.
- Du bekommst schnell mehr Energie.
- Du fühlst dich mächtig, autonom und kräftig.
- Es rumort in deinen Eingeweiden, im Magen, in den Nieren, in der Leber und der Bauchspeicheldrüse, in Milz und Gallenblase.
- Es stärkt/weckt die obengenannten Organe und regt sie an, wieder gesund zu arbeiten.
- Es stärkt dein Selbstbewusstsein und Selbstvertrauen.
- Es verbessert insgesamt die Gesundheit und sorgt dafür, dass das Zwerchfell seine ursprüngliche Aufgabe wieder erfüllt.

Wut, Machtlosigkeit und Schuldgefühle

Die Dämonen oder negativen Gefühle des dritten Chakras sind Wut, Machtlosigkeit und Schuldgefühle. Es handelt sich um das Gefühl, in eine Ecke gedrängt zu werden, wo man meint, nicht hinzugehören. Es geht darum, dass andere Menschen zu viel von dir wollen oder andere Dinge wollen als du selbst. Du schluckst immer alles herunter, ohne dich auszusprechen oder Widerstand zu leisten. Durch dieses Verhalten frisst du alles in dich hinein und blockierst dich.

Marleen (21) war schon als Kind sehr unsicher und nicht zufrieden mit sich selbst. Ihre Eltern hatten genügend eigene Probleme, und Marleen hatte den Eindruck, sie werde weder gehört noch gesehen. Zu Hause tat man, als sei alles normal, aber der Unfriede und die unausgesprochenen Streitigkeiten der Eltern konnte sie sehr wohl spüren. In der Pubertät litt Marleen an Minderwertigkeitsgefühlen. Sie fand sich selbst zu dick.

Ich entwickelte eine Essstörung. Ich versuchte meinen Unfrieden lange Zeit zu unterdrücken, indem ich mich wie besessen mit Essen und Schlankwerden beschäftigte. Ich kümmerte mich 24 Stunden am Tag um mein Gewicht. Schließlich wog ich nur wenig mehr als 40 Kilo. Aber meine Gefühle konnte ich nicht endlos unterdrücken. Ein Stimmchen in mir sagte, ich müsse aufhören abzunehmen. Als ich unter Anleitung damit aufhörte, wurde ich von meinen Gefühlen überwältigt. Ich fühlte vieles, war manchmal böse und hatte dann wieder entsetzliche Angst. Ich schämte mich und fühlte mich anschließend wieder schuldig. Es war unvorstellbar schlimm, als ob alles, was ich jahrelang heruntergeschluckt hatte, nun mit einem Mal herauskäme.

Als HSP ist man vielleicht auch bereit, vieles zu schlucken. Du findest es möglicherweise schwierig, Wut zu empfinden oder Unmut zu äußern. Das ist nicht merkwürdig, es kommt häufig vor. Du hast in deinem Leben schon früh mit diesen Gefühlen abgeschlossen, weil du es nicht angebracht findest, jemand anderem die Schuld zuzuschieben, weil du eher Mitleid mit dem anderen hast oder weil es dir ausgetrieben wurde, deine Stimme zu erheben oder jemandem einmal gehörig die Meinung zu sagen. Viele hochsensible Menschen unterdrücken ihre Wut, die sich meistens im Bereich des Zwerchfells aufstaut. Leber, Gallenblase, Magen und Bauchspeicheldrüse haben nach der traditionellen Heilkunde in China mit Wut zu tun. Die Redewendung „Galle spucken" drückt auch bei uns aus, dass man sehr verärgert ist. Es ist sehr gesund, diese Energie herauszulassen und nicht in sich anzusammeln. Man braucht diese Energie nicht auf jemanden zu richten, in erster Instanz muss sie nur aus dem Körper heraus.

> *Ich habe genug geredet. Im Analysieren bin ich die Beste. Jetzt ist es an der Zeit, mein Gefühl sprechen zu lassen.*
>
> Marina

Galle spucken

Es ist von Zeit zu Zeit sehr gesund, Wut und Unmut herauszulassen. Dabei braucht man dem anderen keine Vorwürfe zu machen, sondern es ist besser, die Wut oder andere negative Emotionen zuerst selbst zu erkennen, indem man sie zum Beispiel aufschreibt. Schreibe alles auf, alles, was dir schon lange im Magen liegt. Das kannst du tun, indem du Tagebuch schreibst oder einen fiktiven Brief an jemanden. Wenn alles gesagt und alles heraus ist, gehe dann etwas auf Abstand. Gönne deinen Emotionen drei Tage Zeit, damit du dich beruhigst. Lies danach noch einmal den Text durch. Was lernst du daraus? Was ist so wichtig, dass du es einem anderen sagen solltest?

Willst du nicht schreiben, suche dann eine Vertrauensperson, die dir geduldig zuhört. Es ist wirklich entscheidend, die Emotionen fließen zu lassen und nicht in dich hineinzufressen. Ein geneigtes Ohr ist heilsam.

Nein sagen

Würde ich nach den Wünschen der Menschen um mich herum leben, wäre ich bestimmt in einem Zustand von Dauerstress. Allein schon die Rechnungen, die wöchentlich in meinem Briefkasten landen, oder die Angebote, die mich über die sozialen Medien erreichen, geben mir das Gefühl, gelebt zu werden. Sie lassen mich glauben, ich dürfe nicht selbst über mein Leben bestimmen, sondern säße fest in einer Art Konstruktion, die ich nicht beeinflussen könne. Wohingegen ich mich nie bewusst für viele dieser Dinge, die mein Leben bestimmen, entschieden habe, wie die Schulwahl, die Versicherungen, die ich abschließen muss oder die Kontakte, die ich unterhalten muss.

Über viele Dinge im Leben haben wir nicht die gewünschte Kontrolle. Was in der Welt geschieht und was andere Menschen tun, entzieht sich sehr oft unserem Einfluss. Leider können wir nicht von einem auf den anderen Tag unseren Chef verändern oder aus unseren Sprösslingen ruhige Kinder machen. Einerseits müssen wir akzeptieren, dass wir nicht alles unter Kontrolle haben können, andererseits können wir aber betrachten, was alles wir in unserem Leben doch richtig machen, und dieses Gefühl der Selbstbestimmung aktiv verstärken.

Auf diese Weise können wir eine gute, bewusst gewählte Antwort auf die Frage geben, ob wir eine Arbeit noch fertig machen könnten, indem wir sagen: „Nein, momentan habe ich auch so schon genug zu tun.“ Oder du erklärst deinen Kindern ehrlich, klar und deutlich, warum du heute den ganzen Tag über keinen Lärm im Haus haben möchtest. Es scheint sich um kleine Dinge zu handeln, aber es geht darum, in deiner Nähe eine Umgebung zu schaffen, in der du dich entspannen kannst. Eine Oase der Ruhe und Gerechtigkeit in einer im Übrigen idiotischen Welt. In dieser Oase kannst du einiges tun, was dir hilft, dich noch mehr zu entspannen:

- dein Wohlbefinden zur Priorität machen
- deine Gerechtigkeit zur Priorität machen
- Kraft zur Priorität machen

Nein sagen

Übe jeden Tag, Nein zu sagen. Mache dir einen Spaß daraus, immer weniger Aufgaben, Aktivitäten und Verpflichtungen zu haben und stattdessen mehr Freiheit, Entspannung und Vergnügen. To-do-Listen sind nützlich, aber nicht, wenn sie immer voll sind oder stets länger werden. Eine To-do-Liste sollte einmal im Monat leer sein. Strebe an, dein Leben zu vereinfachen. Das gelingt nur, wenn du Nein oder Halt! sagst, denn die Welt wird immer voller.

Das bedeutet, du musst das nagende Gefühl, jemand anderen zu verletzen, ertragen. Die folgende Übung hilft dir dabei.

Den Reißverschluss zumachen oder die Jacke anziehen

Diese Übung habe ich von meinem guten Freund und Tai-Chi-Lehrer Martin gelernt. Die Übung heißt „den Reißverschluss zumachen" oder „die Jacke anziehen". Energetisch gesehen schließt man das Konzeptionsgefäß, das ist ein Meridian, der über den Bauch verläuft, vom untersten Chakra bis zum Kinn;

im Chinesischen wird er Ren Mai genannt. Das Konzeptionsgefäß ist das Weibliche, in dem sich die meiste Yin-Energie des Körpers befindet. Du erinnerst dich? Die Ida. Sie hängt mit Mitgefühl und Offenheit zusammen. Wenn man zu viel Mitgefühl hat, ist man zu offen. Das ist ungesund, und man leidet unnötig.

Nun stelle dir diese Linie als einen Reißverschluss vor, den du wie bei einer guten Winterjacke zuziehen kannst. Schließe den Reißverschluss bis ans Kinn oder sogar noch bis über den Kopf, schließe ihn ab, und wirf den Schlüssel fort, würde Martin noch hinzufügen. Alles was du bist, steckt hinter dem Reißverschluss, hinter der dicken Winterjacke. Alles andere draußen ist nicht von dir, und du brauchst es auch nicht zu fühlen. Du brauchst nicht auf alles und jeden Rücksicht zu nehmen. Es ist besser, erst für deine eigene Gesundheit zu sorgen. Übe täglich mit dem Reißverschluss und der Winterjacke, und fühle dich abgeschirmt und beschützt.

Die geführte Meditation „Den Reißverschluss zumachen“, hilft dir dich abzugrenzen, und dich vor der Energie anderer abzuschirmen.

---

9 Liebe und Assimilation

Alle Verletzungen schreien nach dem universalen Heilmittel: Liebe.[44]

Anodea Judith

Die Lebensbereiche des Herzens

„Untersuchungen haben gezeigt, dass das Herz sehr viel mehr Signale an das Gehirn sendet als das Gehirn an das Herz“[45], so der Neurochirurg James Doty in seinem Buch *Magisches Herz, Magisches Hirn*. Das Herzchakra wird häufig nicht gut genug verstanden. In der modernen Chakrenlehre liegt die Betonung meistens auf dem Aspekt der Liebe, und wir lernen, das Herz so weit wie möglich zu öffnen. Die Sache ist indes etwas komplizierter, denn das Herz hängt energetisch und physisch eng zusammen mit dem Selbstschutz. Einfach nur „öffnen“ würde im modernen Leben mit seiner idiotischen Menge an Reizen, Begegnungen mit Fremden und dem Mangel an Natur fatale Auswirkungen haben auf den notwendigen Selbstschutz des (hochsensiblen) Individuums. Wir tun uns keinen Gefallen damit, unser Herz zu öffnen, wenn die Umgebung gefährlich und bedrohlich ist. Das Herz ist ein Beziehungsorgan, wohingegen der Geist ein rationales Organ ist. Das Herz lebt also von und für die Verbindung mit der Umgebung. Aber diese Umgebung muss sicher und natürlich sein.

Die Thymusdrüse, die sich hinter dem Herzen befindet, hat die Funktion, den Körper zu lehren, sich gegen unerwünschte Eindringlinge zu schützen. Diese Drüse arbeitet vor allem in den ersten Jahren unserer Entwicklung und lehrt den Körper, Gefahr von Sicherheit zu unterscheiden. Auf diese Weise legt der Körper ein Gedächtnis für diese Reize an und reagiert zukünftig nach Maßgabe der Umstände mit Aktion (sympathisches System) oder Vertrauen (parasympathisches System). Die Abwechslung zwischen einem offenen und geschlossenen Herzchakra ist ein entscheidender Mechanismus, aber aufgrund eines Traumas ist das Herz meist geschlossen, in manchen Fällen bleibt es zu weit offen und läuft dann leer. Herz und Lunge arbeiten eng zusammen, beide fungieren als Pumpe, sie bewegen sich rhythmisch, um und um, auf und zu, im Austausch mit der Umgebung. Ein gesundes Herzchakra hat die Aufgabe, durch den Mechanismus des Öffnens und Schließens eine optimale Gesundheit zu garantieren und gesunde Beziehungen zu unterhalten.

In der östlichen Meridianlehre – dem chinesischen Gesundheitssystem, auf dem unter anderem die Akupunktur basiert –, gibt es nicht umsonst zwei Herzmeridiane: den Herzmeridian und den Herzschützer, die die Rolle zeigen, die das Herz und die Lunge für eine insgesamt gesunde Immunität spielen. Das Herz ist nach dieser Theorie das zentralste, das innerste Organ, in dem Shen, die Seele, wohnt. Der Herzbeschützer bewegt sich darum herum und beschirmt dieses kostbare Organ. Wenn das Herz aufhört zu schlagen, ist es um uns geschehen, deshalb braucht das Herz selbst auch einen besonderen Schutz. Denn das Herz hat nicht nur eine Körperfunktion, es pumpt weiße Blutzellen durch unseren Leib und schützt uns vor Parasiten und Eindringlingen, sondern es hat auch eine emotionale Aufgabe, es beherbergt den Funken unseres göttlichen Bewusstseins (Shen) in seinem Inneren und kann sich über die Emotion Freude mit dem Shen anderer verbinden. Zu wenig aber auch zu viel Freude belastet das Herz oder den Herzmeridian, der für diese emotionale Aufgabe zuständig ist. Physisch kann das Herz in Gefahr geraten, wenn die Blutzirkulation schlecht ist, zum Beispiel bei Herz- und Gefäßkrankheiten. Es ist Aufgabe des Herzbeschützers, körperlich für das Herz zu sorgen.

Physische Gesundheit steht nicht für sich, sie hängt immer mit unserer emotionalen Verfassung zusammen. Stress deutet auf die negative Verbindung zwischen unserem physischen und emotionalen Körper hin. Freude, Spaß und Genuss funktionieren über die positive Verbindung zwischen unserem physischen und emotionalen Körper. Es gibt keine Trennung, wir sind eins. Geht im Erleben des Kindes etwas schief, wird die gesunde Bindung gestört und das (hochsensible) Baby oder Kleinkind fühlt sich ungenügend beschützt, getröstet, geliebt und/oder umsorgt. Das hat immer Auswirkungen auf die Gesundheit des Herzens und dessen beschützende Aufgabe. Es verschließt sich zu sehr oder öffnet sich zu viel, je nach Trauma. Das Herz wird Bindungs- und/oder Verlassensängste entwickeln. Diese werden im Gedächtnis des Herzens aufbewahrt oder in der Drüse dahinter. Die Thymusdrüse ist die Hormondrüse, die alles registriert und in Erinnerung behält.

Dorith (38):

> *Meiner Mutter war es wichtig, dass ich in meinem eigenen Bettchen schlief. War die Tür einmal zu, kam sie nicht mehr nach oben, und ich durfte nicht raus. Ob ich weinte oder nicht. Oft hatte ich Angst und war sehr einsam. Das Tapetenmuster kann ich mir heute noch im Traum vorstellen; ich habe so viele Stunden auf die Decke und Wände gestarrt. Ich verstand nicht, was ich falsch gemacht hatte und weshalb ich allein sein musste. Im Nachhinein fand ich ihre Idee absurd. Wer legt denn ein weinendes Baby zum Schlafen allein in den Dschungel? Es besteht dann doch die Gefahr, dass es von einem wilden Tier aufgefressen wird! Ich finde das unlogisch und mache das selbst mit meinen Kindern anders.*

Liebe kann nur auf gesunde Weise in und aus unserem Herzen wachsen, wenn das Individuum sich sicher und beschützt fühlt. Diese Grundbedürfnisse sind vereint, sie sind zwei Seiten einer Medaille. Oft glauben wir zwar, Liebe zu kennen, aber häufig ist diese Liebe nichts anderes als Abhängigkeit – und Abhängigkeit führt zur Angst zurück. Wir glauben, einen anderen Menschen nötig zu haben. Warum? Damit wir uns beschützt fühlen – eine kindliche Angst und ein ungestilltes Verlangen nach Schutz.

Eine gesunde Herzenergie ist voller Mitgefühl und Verständnis, kann loslassen und ist nicht besitzergreifend. Eine gesunde Herzenergie schenkt Liebe, weil sie diese von Natur aus besitzt. Eine gesunde Herzenergie fließt über vor Mitleid und schenkt Liebe, ohne etwas zurückzuerwarten, so wie die Liebe von Eltern zu ihrem Kind.

Öffne deine Arme

Mit offenen Armen
Weise Eltern streben nach nichts
und erreichen dennoch immer ihr Ziel.
Sie sind da,
aber sie mischen sich nicht ein.
Sie reden,
aber sie predigen nicht.
Sie lassen ihre Kinder los,
aber sie verlieren sie nicht.

Solche Eltern sind wie das Tao.
Sie öffnen ihr Herz
und ihre Arme ganz weit,
ohne jemals etwas zu verlieren.

Wenn ich meine Kinder
und andere Schätze festhalte,
habe ich nur so viel,

wie meine Arme halten können.
Und selbst das
entzieht sich meinem Zugriff.
Doch je weiter ich meine Arme öffne,
desto mehr finde ich.
Wenn ich sie ganz öffnen kann,
werde ich alles haben.[46]
William Martin

Ein guter Austausch mit deiner Umgebung

Das natürliche Umfeld spielt in vielerlei Hinsicht eine entscheidende Rolle für eine gesunde Entwicklung des Herzchakras. Herz und Lunge sorgen primär und evolutionär betrachtet für Assimilation: ein gesunder Sauerstoffaustausch mit einer gesunden, sauerstoffreichen Umgebung. Die Lunge nimmt Sauerstoff aus der Umgebung auf, gibt ihn weiter an die Blutgefäße, und das Herz pumpt das Blut durch den Körper. Die Herzenergie sorgt nicht nur für ausreichend sauerstoffhaltiges Blut, sondern reinigt auch den Körper; er gibt giftiges Kohlendioxyd an Bäume und andere Pflanzen ab. Der Mensch hat 6–7 Millionen Jahre lang hauptsächlich in direkter Verbindung mit der Pflanzenwelt in der Natur gelebt und ist so gebaut, dass dieser Austausch und die Reinigung optimal stattfinden können. Zu Beginn der Verstädterung, die wir nicht losgelöst von der industriellen Revolution betrachten dürfen, zogen wir in die großen Städte. Häufig unter toxischen Umständen und zusammengepfercht mit zu vielen Menschen auf wenigen Quadratkilometern. Menschen sind aus evolutionärer Sicht nicht für eine verstädterte Umgebung geeignet, weil wir 99,99 Prozent unserer Geschichte in einem natürlichen Umfeld verbracht und unsere Organe sich dort entwickelt haben. Die Kluft zwischen der natürlichen

Umgebung, an die unsere physiologischen Funktionen angepasst sind, und der stark verstädterten und künstlichen Umgebung, in der immer mehr Menschen leben, ist ein Faktor, der zum Stresszustand moderner Menschen beiträgt. Besonders hochempfindsame Menschen leiden unter diesen künstlichen und giftigen Umständen und können ihre Energie nur unzureichend reinigen.

In Japan wird bereits seit einigen Jahren umfassend das „Waldbaden" erforscht. Studien haben bewiesen, dass ein dreimaliger Aufenthalt pro Woche von einer Dreiviertelstunde in einem sauerstoffreichen Wald das Immunsystem um 50 Prozent verbessert.[47]

Shinrin-yoku nennt man das oder: Naturbaden. Täglich Zeit in der Natur zu verbringen, bestätigt die Vermutungen der Forscher: Die Umgebung von Wald hat direkten Einfluss auf die Physiologie der Menschen; die Cortisolkonzentration nimmt ab, Pulsschlag und Blutdruck sinken, und die Aktivität des parasympathischen Systems nimmt zu. Kurzum: Eine gesunde Umgebung ist eine pure Notwendigkeit.

Das Herz entspannen und reinigen

Die Übung des vierten Chakras kann man kaum Übung nennen, sie ist vielmehr ein Lebensstil. Lunge und Herz brauchen die richtige Umgebung, um ins Gleichgewicht zu kommen, was bedeutet, dass du genügend Zeit allein und in der Natur verbringst, wenn möglich täglich und am besten in der Morgenluft und an einem möglichst sauberen Ort. Außerdem haben Pflanzen bestimmte Pheromone, hormonartige Stoffe, die dein Immunsystem stärken.

Stadtmenschen leben nicht mehr in einer gesunden Umgebung, so wie sie ursprünglich gemeint war, die die Herzenergie unterstützt. Die Assimilation für einen gesunden Körper benötigt nicht nur täglich große Mengen an Sauerstoff und pflanzlichen Endorphinen, sondern die Welt eines arbeitenden Stadtmenschen ist so voller Begegnungen und unerwarteter Kontakte, dass das Herz sich nicht anders helfen kann, als sich den vielen Eindrücken zu verschließen, die auf es einwirken. Nur schon die Menge an Begegnungen mit Fremden an einem einzigen Tag ist einfach überwältigend. Dieser Eindruck ist für hochsensible Menschen noch viel stärker als für weniger sensible Menschen. Als wir noch in kleinen Gruppen im Urwald oder in der Savanne lebten, sahen wir wahrscheinlich höchstens einen Fremden im Monat. Das war die richtige Anzahl fürs Herz, um in einem gesunden Austausch mit der Umgebung zu sein, so dass sich das Herz weit genug öffnen konnte. Jetzt sehen wir manchmal Hunderte von Fremden an einem Tag; wir reisen mit ihnen im Zug, im Bus und in der Straßenbahn, wir sitzen neben ihnen auf der Terrasse und in Restaurants, wir werden immer wieder mit neuen Kollegen konfrontiert oder befinden uns wieder in einer neuen Klasse. Die riesige Menge an Energie ist unmöglich von einem Herzchakra zu verarbeiten, mit dem Ergebnis, dass es sich fast ständig schließt.

Die Übung „Das Herz entspannen" kannst du als geführte Meditation herunterladen.

Das Herz von energetischem Ballast befreien

Weniger Begegnungen mit Fremden bekommen dem Herzen gut. Geselligkeit und Zusammensein werden zu hoch bewertet, wohingegen das Alleinsein zu gering eingeschätzt wird. Befragte man das Herz, gäbe es eine andere Antwort, besonders für den Introvertierten, den empfindsamen Menschen. Es ist sehr gesund, häufig allein zu sein. Du brauchst dich dafür nicht zu schämen oder zu entschuldigen. Ein HSP-Herz braucht das ganz besonders. Mache aus deinem eigenen Haus oder Zimmer eine herrliche, kleine Höhle, in die du dich mit Freuden zurückziehst. Richte es mithilfe deiner Sinne ein: Was finde ich schön, fein, was riecht angenehm? Vielleicht ist sogar dein Bett groß genug für diese Einkehrmomente.

Höre nicht auf Leute, die früh aufstehen, viel Sport treiben und Trubel an Wochenenden für jedermann zur Norm erheben. Das stimmt nicht. Menschen sind sehr unterschiedlich. Du bist vielleicht jemand, der einen Tag pro Woche im Bett verbringen möchte oder allein spazieren geht oder in der Natur meditiert. Scham ist eine nutzlose Energie. Wenn du dich für dich selbst schämst, betrachte das dann als Alarmsignal: *Hallo, aufgepasst! Du bist gut so, wie du bist! Du bist deine eigene Norm!* Mit der folgenden Übung geht es noch leichter.

Die Übung „Energetisch reinigen" kannst du als geführte Übung von meiner Webseite herunterladen.

Scham (oder Schuld) rituell loslassen

Jedes Mal, wenn du Scham (oder Schuld) verspürst – und das kann auch zwanzig oder dreißig Mal sein an einem Tag! –, mache es dir richtig bewusst. Vergrößere diese Emotion und mache sie dir so sehr bewusst, dass du sie beinah vor dir siehst. Du neigst dazu, sie zu verstecken und nicht zu fühlen, also tu jetzt genau das Entgegengesetzte. Du machst sie sichtbar, fühlbar!

Es könnte dir helfen, ein Schmusetier zu kaufen oder einen kleinen Gegenstand, der diese Scham (oder Schuld) verkörpert. Jedes Mal, wenn du dieses negative Gefühl wahrnimmst, holst du dir diesen Gegenstand oder das Bärchen. Du schaust es an und sagst: *Du bist mein Schamgefühl*. Pass auf; der Gegenstand verkörpert die negative Emotion (nicht den Trost) – er darf daher verrückt, hässlich oder mitgenommen aussehen. Immer wenn du das tust, löst sich diese

Emotion ein wenig mehr von deiner Identität. Du bist nämlich nicht das Gefühl. Es ist nur ein Gefühl, ein altes Gefühl sogar. Von dem du nichts hast.

Eines Tages spürst du einfach, dass es an der Zeit ist, den Gegenstand ganz loszulassen. Du hast dich selbst davon befreit, du bist nicht mehr deine negative Emotion. Du kannst den Gegenstand dann rituell verbrennen, begraben, irgendwo zurücklassen oder in einem Fluss dahintreiben lassen. Du bist nun für immer von deinen nutzlosen Scham- oder Schuldgefühlen erlöst.

Folge deinem Herzen,
wenn es klopft.

Eine gute Beziehung zu deiner Umgebung

Das neurale Netz um unser Herz herum ist ein entscheidender Teil unseres Denkens und Urteilens. Das Gehirn weiß viel, sagt James Doty, aber die einfache Wahrheit ist, es weiß viel mehr, wenn es mit dem Herzen zusammenarbeitet.[48]

Die Herzenergie ist jedoch sehr subtil und nur in Stille und Ruhe gut wahrzunehmen. In einem vielbeschäftigten Leben bemerken wir es nicht und wissen daher nicht, wie es um unser Herz wirklich steht. Erst wenn es Beschwerden gibt, Schmerz, Sehnsüchte, Trauer, dann spüren wir etwas, aber dann ist es häufig schon fünf nach zwölf. Damit das Herzchakra wirklich gesund und in Balance ist, besonders bei Hochsensiblen, muss:

- das Reizniveau drastisch verringert werden;
- der Austausch mit einem natürlichen Umfeld erhöht werden;
- das Bewusstsein zur Ruhe kommen, so dass
- die subtile Energie des Herzchakras wirklich zu spüren ist,
- um den Schmerz und die Traumata im Herzen zu heilen.

Ein zu offenes (oder zu geschlossenes) Herz ist auf lange Sicht für jeden Organismus ungesund; das Immunsystem wird geschwächt und Krankheiten können sich in den Körper einschleichen. Folgen von Angst, Trauer und chronischem Stress wirken auf das Immunsystem ein. Emotionen belasten das Herzchakra, so dass es seine Schutzfunktion nicht mehr richtig erfüllen kann. Nicht nur das Herzchakra wird schwächer, auch alle physiologischen Funktionen verlieren an Kraft. In verschiedenen Studien wurde eine Beziehung zwischen Krebs und emotionaler Belastung aufgezeigt. Selbst habe ich diese Erfahrung auch gemacht: Ein Basalkarzinom wuchs in einer Periode, in der mein Herz eine emotional schwere Zeit durchmachte. Angesichts der Herzfunktionen ist das nicht erstaunlich.

Sichere Verbundenheit

Letztlich hat das Herz es vielfach nötig, von altem Schmerz und diversen Traumata geheilt zu werden. Das sind dann die Bindungs- und Verlassensängste, von denen man manchmal hört und liest. Die Mehrheit der modernen Menschen ist meiner Meinung nach nicht sicher genug verbunden. Der permanente Strom von Liedern in den Hitparaden über Liebestrauer, -verlangen, -schmerz und -verzweiflung beweist das wahrscheinlich zur Genüge.

Die Auffassung, ein Kind müsse „erzogen“ werden, und zwar so früh wie möglich, stammt unter anderem aus dem achtzehnten Jahrhundert. In jener Zeit erschienen die ersten Bücher über Erziehung, und der Beruf der Nanny kam auf; sie sollte den Kindern reicher Leute eine gediegene Erziehung geben. In dieser Zeit der Aufklärung wurde viel philosophiert und diskutiert über die ideale Gesellschaft, die Wissenschaft, die Natur und den Menschen. Der Geist, die Ratio, stand im Mittelpunkt. Die Theorien von Thomas Hobbes (1588–1679), einem englischen Philosophen, über die Wirkungsweise des menschlichen Geists legten den Grundstein für ein wachsendes Interesse an Erziehung und Unterricht. Der englische Philosoph John Locke (1632–1704) steht an der Wiege der westlichen Pädagogik. Locke dachte, Kinder seien von Natur aus egozentrisch. Sie müssten daher diszipliniert werden. Ein Baby war eine *tabula rasa*, ein unbeschriebenes Blatt, das man mit Regeln und Wissen beschreiben konnte. Locke und andere Erziehungswissenschaftler meinten, Kinder müssten lernen, auf ihren Verstand zu hören, und sich nicht durch ihre Sehnsüchte leiten lassen. Erziehung wurde Bildung genannt und beinhaltete, dass Kinder Ehrfurcht vor ihren Eltern haben sollten, Benimmregeln mussten gelernt werden, und die Kinder wurden bestraft, wenn sie frech waren. Der Vater galt im achtzehnten Jahrhundert übrigens als der wichtigste Erzieher. Die Aufklärungsmoral des achtzehnten Jahrhunderts schimmert noch immer durch in der Art und Weise, wie wir in der westlichen „zivilisierten" Welt mit Babys und Kleinkindern umgehen. Mentale Vorstellungen und Überzeugungen ersetzen die Natürlichkeit des Herzens, leider mit Konsequenzen für die emotionale Entwicklung. Nicht nur, aber teilweise, liegt es doch an dieser Aufklärungsmode, dass viele Kinder auch heutzutage noch streng und rigide erzogen werden.

Das hat vor allem für die verletzlichen, hochsensiblen Babys Konsequenzen, weil eine natürliche Bindung auf einem andauernden Gefühl von Sicherheit, Liebe und selbstverständlicher körperlicher Versorgung basiert. In ihrem berühmten Buch *The Continuum Concept* beschreibt Jean Liedloff die In-arm-Phase (das Baby wird ständig getragen) bei den Steinzeitmenschen in Südamerika. Sie kommt zu dem Schluss, dass dieser Umgang, wie er bei allen Naturvölkern auf der ganzen Welt praktiziert wird, die richtige Art und Weise ist, wie man mit einem Baby umgeht.

> *„Weinen ist ein Signal, das besagt: ‚Meine Erfahrung ist falsch, Hilfe!' Wir brauchen kein Wörterbuch, um das zu verstehen, weil das Verstehen in unserer Natur evolutionär geregelt ist. Weinen bedeutet: Gib mir Sicherheit und Trost! Erst kürzlich hat die Menschheit angefangen, auf Modeströmungen zu hören, wie man gegen sein Baby gewinnen kann. Wenn man darüber nachdenkt, ist es*

absurd, dass wir die einzige Art sind, die Krieg führt mit ihren Nachkommen! Dass wir unseren Willen gegen den des Kindes setzen, dass wir kämpfen, damit sie tun, was wir richtig finden. Es ist zu schwer in Worte zu fassen, wir sind zu natürlichen Feinden unserer eigenen Kinder geworden! Bloß nicht das Baby hochnehmen, sonst verwöhnst du es noch!"[49]

Unsere Zivilisationsgeschichte hat den Menschen vor allem mit einem Erbe belastet: dem des traumatisierten Kindes. Wir müssen weit zurück in die Evolution des Menschen gehen, damit wir Antworten, Beispiele und Muster finden von gut verbundenen Menschenkindern. Sie, die umringt waren von der ständigen Liebe und ständigen Sorge einer sicheren und gefestigten Gruppe. Nur die Gruppe – *the tribe* – kann eine solche Versorgung garantieren; ein Elternpaar allein ist mit dieser Aufgabe überlastet. Das Drama, das sich in vielen modernen Wohnungen abspielt, ist größer, als wir bisher zugeben wollen.

Hast du den Eindruck, selbst ein Beziehungsproblem zu haben, was häufiger vorkommt, als man glaubt, dann gehe es mit einem (Psycho-)Therapeuten, Psychiater oder noch besser mit einem HSP-Therapeuten an. Die Problematik ist ernst und kompliziert und reicht oft zurück bis zu Erfahrungen, an die du keine Erinnerung mehr hast. Dennoch kann man sie heilen, wenn du von positiven Erinnerungen und Erlebnissen ausgehst.

Selbstliebe

Ich lade dich ein, dir jeden Abend oder jeden Morgen einen Augenblick Zeit zu nehmen, um dich mit dir selbst zu verbinden.

Nenne dafür deinen eigenen Namen tief im Herzen oder im Bauch. Indem du deinen Namen in dir selbst nennst, nimmst du Kontakt auf mit deinem eigenen Wesen. Manchmal kann das unangenehm sein. Frage dich dann, warum. Glaubst du vielleicht, du bist es nicht wert, geliebt zu werden? Lass alles, was du fühlst, einfach da sein. Umarme dich nun selbst und schmuse mit dir. In dieser Haltung könnte es sein, dass du als Kind vor deinem geistigen Auge erscheinst. Das ist sehr gut. Lass es geschehen. Nenne deinen Namen mehrmals und verstärke deine Gefühle von Zuneigung und Liebe. Sprich zu dir: *Du bist total okay, so wie du bist.* Vielleicht schläfst du mit diesem Gedanken ein. Versprich dir, dass du für dich da sein wirst.

Sag zu dir selbst, dass du deinen Körper liebst. Dass du dich liebst. Auch wenn du das noch schwierig findest. Wenn du weiterübst, geht es immer besser.

Viel Erfolg! 

Die Übung „Umarme dich selbst" kannst du als geführte Meditation herunterladen.

---

10 Kommunikation und Sinnesreize

Schätze

Dies sind die Schätze, die ich hege
in diesem irdischen Dasein:

Das seidene Spiel der Laute,
ein Becher Wein,
ein Tanz, schlankbeinig getanzt,
die Gunst meiner Geliebten
und dann,

ja dann

das Schweigen.

Das allertiefste Schweigen.[50]

Hafiz

Die Lebensbereiche des Halschakras

Hals, Kehle und Mund gehören zweifellos zu unserer sinnlichen Wahrnehmung. Die Ohren, der Geruch, der Mund und sogar die Augen münden, energetisch betrachtet, im Halschakra. Weniger bekannt ist, dass durch die Lage des Parasympathikus dieses Chakra auch eine Verbindung zu einer gesunden Sexualität hat und dadurch auch zu

Gesundheit im Allgemeinen. Männliche Tiere beißen Weibchen häufig in den Nacken, um Erregung bei ihnen hervorzurufen. Es ist auch eine Art, Dominanz zu zeigen und dem Tier weniger Möglichkeiten zum Weglaufen zu geben. Aus evolutionärer Sicht sind diese beiden Aspekte offensichtlich schon lange miteinander verbunden.

Liebe äußern wir über den Mund, übers Küssen. Nicht nur der Mund und die Zunge, sondern auch die Ohren und letztlich auch der ganze Hals gehören zu den empfindlichsten erogenen Zonen des Körpers.

Also der Halsbereich, der Mund und die Zunge sind entscheidend für ein Genusserlebnis. Das wird schon deutlich durch die Lage und Wirkung des Parasympathikus, der in diesem Bereich viele Verästelungen hat.

Unsere Sinnesorgane sind dafür gemacht, dass wir uns Freude und Genuss verschaffen, nicht nur um zu essen oder schlechte Luft zu riechen. Nein, die positive Wirkung der sinnlichen Reize steht im parasympathischen System und bei der Gesundheit im Mittelpunkt. Wir sind geneigt, dies zu vergessen. Willst du also vom Stress wegkommen, dann ist es höchste Zeit, dass du dich bewusst mit angenehmen Gerüchen, Farben, Geschmack, Bildern, Geräuschen und Gefühlen beschäftigst. Aufgrund angenehmer Reize senden die obersten Ausläufer des Parasympathikus, die direkt mit dem Gehirnstamm verbunden sind, positive Signale an das Gehirn. Die vegetativen Funktionen des Gehirns erhalten Signale, woraufhin sie Hormone und Neurotransmitter produzieren, die mit Freude, Entspannung und Genuss zusammenhängen. Das sind unter anderem Oxytocin, Endorphine und Dopamin in der Hypophyse und im Hypothalamus.

Das Halschakra gibt nicht nur seine Information an das Gehirn weiter, sondern auch an das darunterliegende Herz. Es gibt dabei zwei mögliche Reaktionen:

Herrlich! Schön! Lecker!

Das Herz wird in diesem günstigen Fall positiv versorgt aufgrund der sinnlichen Erfahrungen und öffnet sich. Es schlägt nun langsamer und öffnet die Gefäße.

Oder im ungünstigsten Fall bekommt das Herz die Botschaft:

Hässlich! Fies! Krach!

Es verschließt sich, klopft schneller und verengt die Blutgefäße.

So sind Herz- und Halschakra über den Sympathikus und Parasympathikus unmittelbar miteinander verbunden. Sehen wir etwas, das uns gefällt, unsere geliebten Menschen zum Beispiel oder leckeres Essen, empfängt das Herz ein Signal der Freude. Eine Zunahme der Speichelproduktion oder Tränenflüssigkeit ist das Zeichen, dass der Parasympathikus auf „Ein" wechselt. Das sieht man auch bei Tieren. Wenn ich meine Katze am Hals kraule, dann endet das immer mit einem Fleck Spucke auf dem Boden. Also, wenn wir angenehme Dinge fühlen, schmecken, riechen und sehen, wird der Parasympathikus stimuliert, was letztlich wiederum Auswirkungen hat auf:

- gesunden Stoffwechsel,
- gesundes Wachstum,
- gesundes Immunsystem,
- Gesundung nach einer Krankheit.

Eva entwickelte als Kind eine Zwangsstörung. Dies kam durch den chronischen Stress, den sie erlebte. Das wusste sie damals noch nicht und ihre Eltern ebenso wenig. Jetzt im Rückblick lassen sich Zeichen von damals erkennen.

Ich komme aus einem streng christlichen Elternhaus. Jeden Sonntag in die Kirche, in der Bibel lesen und beten. An sich ist das nicht falsch, aber meine Eltern konnten schlecht mit Gefühlen umgehen. Darüber wurde zu Hause nicht gesprochen. Auch Berühren war ein Tabu; so etwas gab es bei uns nicht. Nie berührt zu werden ist für ein Kind fatal und für ein hochsensibles Kind noch mehr. Man vermisst eine Menge Liebe, Wärme, Bestätigung und Sicherheit.

Ich war ein wachsames Kind. Ich achtete immer besonders auf die Augen meiner Eltern, damit ich mich ihren Gefühlen anpassen konnte. Wenn mein Vater böse guckte, empfand ich eine große Angst. Ganz selten schlugen meine Eltern mich oder mein Brüderchen oder Schwesterchen. Davor hatte ich immer Angst, alles in mir war dann in Alarmstellung. Ich bekam einen schnelleren Herzschlag, Ohrensausen, und meine Augen öffneten sich weit. Aufgrund dieser Angewohnheit habe ich heute noch das Gefühl, meine Augen stünden zu weit offen. Im Kontakt mit anderen Menschen finde ich den Augenkontakt am schwierigsten. Er ist intensiv, und ich verliere mich dadurch. Ich habe den Eindruck, ich würde hineingezogen, aufgesogen durch die Augen eines anderen.

Kinder, die viel berührt werden und nach ihrem sinnlichen Bedürfnis an der Haut stimuliert werden, stärken ihr Immunsystem über den Parasympathikus. Von Brutkastenkindern ist bekannt, wie wichtig Körperkontakt für das Wachstum und den gesunden Stoffwechsel ist; ohne Körperkontakt sterben Säuglinge. Das hat mit der Wirkungsweise der Schilddrüse zu tun, auch Teil des fünften Chakras. Die Schilddrüse, die sich unter der Kehle am Adamsapfel befindet, produziert Hormone, die einen gesunden Stoffwechsel und ein gesundes Wachstum fördern. Auf diese Weise ist eine gesunde Schilddrüse mitverantwortlich für die schnelle Erholung nach einer Krankheit oder Verwundung wie auch für die Genesung von chronischem Stress.

Reizen wir den Parasympathikus über die Sinnesorgane und leiten die Energie bewusst zur Schilddrüse, zum Gehirn und zum Herzen, tun wir unserem Körper enorm viel Gutes. Die Sinne unterstützen so die schützenden, aufbauenden Prozesse von Schilddrüse und Herz und geben dem Körper das Feedback, er sei sicher, und sie helfen dabei, deinen Körper auf diese Weise von Stress zu befreien. Das führt zu einer besseren Gesundheit, Vitalität und Lebensfreude.

> *Jetzt, wo ich in ruhigeres Fahrwasser komme, lerne ich mich erst richtig kennen. Ich bin dabei, mich selbst zu entwickeln, und spüre immer besser, was ich möchte und schön finde.*
>
> Bart

Angenehme Reize genießen

Hochsensibilität beginnt bei unseren Sinnen. Die Sinne sind fortwährend auf Reize abgestimmt, die sowohl von innerhalb als auch von außerhalb des „Selbst" kommen. Sie reagieren, indem sie offen sind für jedwede Veränderung von Geruch, Farbe, Bewegung, Klang, Gefühl und Energie. Unsere Sinne senden Impulse an das Gehirn, das diese anschließend verarbeitet. Wahrnehmung beginnt bei der schnellen Verarbeitung durch das Gehirn, das die Reize interpretiert und über einen komplizierten Prozess weiterleitet, wodurch wir verstehen, was wir sehen, hören, denken und fühlen. Ein Hochsensibler besitzt nicht mehr oder bessere Sinnesorgane als jemand, der weniger feinfühlig ist. Hochsensible Menschen sind zum Beispiel genauso kurz- oder weitsichtig, einige vielleicht etwas schwerhöriger, und mit dem Alter nimmt auch die Sinnesleistung ab, genau wie bei weniger sensiblen Menschen. Was bei einem Hochsensiblen anders verläuft, ist das, was zwischen den Sinnesorganen und der Verarbeitung im Gehirn geschieht. Hochsensible Menschen erhalten mehr Reize (der Filter wirkt nicht so gut), und als Folge davon haben sie mehr zu verarbeiten. Ein HSP hat daher mehr Zeit nötig, um Reize zu verarbeiten, nimmt aber außerdem die Reize intensiver und umfassender wahr, und manchmal verwirren und stören sie ihn mehr als einen nicht so einfühlsamen Menschen.

Benutze deine Sinne wieder häufiger bewusst, um mehr zu genießen und nur zu erleben. Genuss und Spaß aktivieren angenehme Stoff in unserem Körper, die gesunde Prozesse in Gang bringen. Wenn wir uns erlauben, mehr zu genießen, können wir überdies mehr im Hier und Jetzt aufgehen, und der Druck der Außenwelt fällt weg, die uns so schnell ablenkt. Sei dir täglich der positiven Reize, die du empfängst, bewusst und zügle die Neigung deines Geistes, der denken, ordnen, regeln und beurteilen will. Höre, rieche, koste, schaue und spüre etwas häufiger – ohne zu urteilen.

Fällt dir das schwer, so kannst du am Anfang deinem Geist den Auftrag geben, alles zu benennen, was er an Reizen wahrnimmt, auf diese Weise bleibst du beim Thema. Sage dann beispielsweise: Sonne, Strahlen, Wärme, Haus, Apfelbaum, Blüten usw. Vergiss nicht, dabei vor lauter Genuss zu strahlen und zu seufzen. Lass kleine Freudenschreie heraus, wodurch du dich selbst (und andere in der Umgebung!) anspornst, noch ein wenig mehr zu genießen.

Fertige dann ein Rettungsset an.

Ein Rettungsset für Notfälle anfertigen

Gehe all deine Sinne durch und schreibe auf, was du besonders lecker findest, schön und angenehm.

SINNESORGAN	FINDE ICH LECKER
OHREN	....
AUGEN	....
NASE	....
MUND	....
TASTSINN	....

Fertige danach ein echtes Notfallset an, eine kleine Tasche, in die du die entscheidenden Gerüche, Bilder, Gegenstände und

Ähnliches steckst, die dich jeden Augenblick des Tages an eine positive Sinneserfahrung erinnern oder sie dir direkt schenken. Gegenstände können auch ein Bildschirmschoner sein oder eine Kerze im Zimmer oder Dinge, die du sichtbar hinstellst oder in einer Tasche bei dir trägst.

Gönne dir möglichst viele solcher Erfahrungen. In einer Zeit, in der ich sehr gestresst war, konnte ich fast wie ein Autist etwas essen, das ich besonders lecker fand, und ich hörte mir nonstop eine spezielle CD an, bei deren Musik ich mich entspannte. Das erscheint vielleicht seltsam, aber tu es bitte, dein Körper verlangt danach. Sobald du genug davon hast, wird dein Körper es dir schon deutlich zeigen.

Auch für (hochsensible) Kinder sind angenehme Rituale außergewöhnlich sinnvoll zum Entspannen. Angenehme Rituale bieten nicht nur einen festen Halt, sondern bauen mithilfe des parasympathischen Systems die Persönlichkeit auf und helfen dabei, dem Stress aus dem Weg zu gehen. Das können einfache persönliche Vorlieben sein in Form einer Tasse Tee oder Kaffee am Morgen, aber auch besondere Dinge wie ein wöchentlicher Duftspaziergang oder eine Meditation als Tagesabschluss. Betrachte Sport als ein Ritual, oder gönne dir selbst monatlich eine Massage.

Sinnesrituale sind zum Überleben notwendig, besonders für die chronisch gestresste Person und die hochsensible Person!

Sucht

Natürlich gehören Rauchen, ein Glas Wein oder Bier und sogar diverse Drogen auch zu Gewohnheiten, die uns entspannen. Es wird sehr negativ und verrückt über diese Art von Dingen gesprochen, während es überwiegend Naturprodukte sind, die die Funktion haben, Mensch (und Tier) zu entspannen. Die übertriebene Angst vor und Ablehnung von natürlichen Opiaten sorgt nicht dafür, dass wir seltener Gebrauch von ihnen machen. Im Gegenteil, die Jugend findet es stattdessen spannend und interessant. Und wenn sie heimlich konsumiert werden, voller Scham und Angst, werden wir eher an der Sucht zugrunde gehen, als dass in einer offenen Gesellschaft normal darüber gesprochen werden könnte. Das Problem besteht auch nicht in den Drogen oder im Alkohol, sondern vielmehr im Zustand von Stress und Machtlosigkeit, die den Süchtigen in einer negativen Spirale der Wirklichkeit entzieht. Wenn die Belastung in der Realität zu groß wird, greifen wir wie von selbst nach einer Lösung, die uns „betäubt" und „glücklich macht". Drogen und Alkohol helfen effektiv, mal eben nichts zu fühlen, keinen Druck, keinen Stress, kein Gemecker im Kopf zu haben. Wir täten viel besser daran zu hinterfragen, warum jemand so weit getrieben wird, dass er die Welt, seine Welt, als unerträgliches Gejammere erlebt. Steckt vielleicht ein enormes Ohnmachtsgefühl einer hochsensiblen Person dahinter? Ich glaube schon.

Es ist eigentlich sehr verständlich, dass Menschen den Stress von nörgelnden Eltern, sich streitenden oder fordernden Ehepaaren, Leistungsdruck in der Schule und am Arbeitsplatz eintauschen gegen die glücklich machenden und beruhigenden Eigenschaften von Opiaten. Diese Stoffe entspannen das Nervensystem.

Eine Sucht kann nicht schöngeredet werden, aber sie ist wohl gut verständlich. Viele Menschen fühlen sich vom Leben überfordert. Sie fühlen sich hilflos und alleingelassen mit ihren Problemen. Es wird Zeit, uns auf die wirklichen Ursachen von Sucht zu konzentrieren und nicht nur übertrieben, oberflächlich und panisch damit umzugehen. Entspannen ist kein kriminelles Verhalten, wer vor der Wirklichkeit flieht, ist kein Missetäter. Wenn sich die Realität verändert, ändert sich auch die Neigung zu Suchtmitteln. Kein Mensch möchte sein ganzes Leben zugedröhnt oder high verbringen. Die Antwort liegt im Maß, und die große Frage lautet: Wovor läuft jemand weg? Was versucht er oder sie zu unterdrücken? Wenn wir ein Auge haben für die Einsamkeit, die Trauer, den Schmerz oder die Überlastung hinter der Sucht, dann können die wahren Probleme oder Traumata heilen. Dann gibt es auch Raum für gesunde Gewohnheiten oder Rituale, die eher mit dem Leben in Verbindung stehen und die Sinne reizen, anstatt sie abzustumpfen.

Gewohnheiten und Rituale entwickeln

Sorge für möglichst viele Gewohnheiten und starke Rituale, auch als Teil deines Notfallsets. Vielleicht hast du gar keine Ahnung von den Ritualen, die du bereits hast. Unbemerkt haben wir täglich mehrere Rituale, und die sind, ohne dass es dir bewusst ist, sehr wesentlich für dich.

Ein Ritual ist eine Abmachung mit dir selbst und/oder mit anderen, das dem Augenblick zusätzliche Kraft und Energie verleiht. Alles kann ein Ritual sein, aber wenn du die Elemente Feuer, Wasser, Erde, Holz miteinbeziehst, wirst du die Verbindung mit der heilsamen Natur spüren. Diese Elemente haben eine noch stärkere Wirkung auf die Sinne und dein ganzes Wohlbefinden, weil sie dich direkt mit der Natur verbinden.

Feuer

Feuer spricht direkt zu deinem Herzen, schenkt Wärme, Licht und Geborgenheit. An einem brennenden Feuer zu sitzen hat den Menschen Millionen von Jahren Wärme, Nahrung und Sicherheit gegeben und tut dies noch heute. Besonders für Erkrankungen wie ein Burn-out und Erschöpfung ist ein Feuerritual sehr heilsam; Nahrung für die Seele. Feuer kann noch mehr: Es verbrennt und transformiert, was nicht mehr gebraucht wird.

Erwärme deine Seele und transformiere den Schmerz

Für drinnen:

Mache Feuer im offenen Kamin, zünde etliche dicke Kerzen an oder kaufe einen Feuertisch oder Feuertopf für drinnen. (Achte darauf, dass es nicht gefährlich wird!) Zünde das Feuer auch ruhig im Sommer an.

Für draußen:

Mache ein Lagerfeuer oder zünde Feuer in einer Feuerschale an. Nimm dir Zeit, gemütlich einige Zeit davorzusitzen und ins Feuer zu starren. Lass das Feuer bis in deine Knochen und ins Gewebe kommen, lass es dein Herz und deine Seele erwärmen. Träume ein wenig. Sage: „Dies Feuer erwärmt mein Herz und gibt mir neuen Mut und neue Kraft."

Schmerz und Verwirrung loslassen:

Denke an Menschen oder Situationen, die dir nicht guttun, und fühle den Unterschied zu der Energie des Feuers. Diese Menschen oder Umgebungen sind vielleicht kalt, bedrückend, quälend oder herausfordernd. Löse nun in deiner Vorstellung die einengenden oder negativen Bande zu diesen Personen (visualisiere sie als Fäden) und wirf sie ins Feuer. Geht es um Angewohnheiten, die du aufgeben möchtest, schreibe diese auf ein Stück Papier und wirf es ins Feuer. Verstärke das Ritual durch die Worte: „Ich lasse los, was nicht mehr nötig ist oder was nicht von mir ist. Das Feuer transformiert die erdrückenden Bande, diese nutzlos gewordenen Gewohnheiten und wandelt sie um in Wärme und Licht. Jetzt gehe ich befreit weiter."

Wasser

Wasser hat eine reinigende Eigenschaft. Deshalb ist Wasser besonders wichtig für eine sensible Persönlichkeit, die sich überreizt fühlt. Wasser kann symbolisch die Aura von einer Energie reinigen, die man von Fremden an sich gezogen hat. Wenn du das Gefühl hast, es klebe viel Energie von anderen an dir, dann entwickle starke Wasserrituale. Aber ein Fluss, das Meer oder ein See kann auch als Wasserenergie auf deinen Gemütszustand wirken. Wasser ist auch gut für Menschen, die sehr kopflastig sind, dauernd grübeln oder ein Kontrollbedürfnis haben. Wasser symbolisiert Bewegung, Gefühle und Flow. Wasser verbindet dich mit deinem Unbewussten, wobei oft ein Traum über Wasser etwas aussagt über die Sehnsucht oder die Notwendigkeit, mehr zu fühlen und loszulassen. Man könnte auch sagen: um vom kognitiven (männlichen) Yang ins (sinnliche, fließende) Yin zu kommen.

Einige Menschen ziehen übrigens unbewusst in Wassernähe, weil sie instinktiv fühlen, dass sie diese Energie brauchen.

Reinigung nach Reizüberflutung

Dusche am Abend in dem Bewusstsein, dass das Wasser deine Aura reinigt. Du kannst auch ein Schüsselchen mit Wasser in die Hand nehmen und alle Energie, die nicht von dir ist (mit deinen Gedanken), in diese kleine Schüssel senden. Danach gieße ganz bewusst das Wasser in den Abfluss oder draußen im Garten aus. Oder du lässt kaltes Wasser über die Hände laufen und stellst dir vor, dass aller Schmutz damit weggespült wird.

Lasse dich vom Lebensstrom mitnehmen

Wenn du mehr Kontakt haben willst mit Gefühlen und dem Unterbewusstsein, dann vollziehe ein tägliches oder wöchentliches Ritual: Spaziere am Ufer eines Flusses oder Sees oder am Meer entlang. Sei dir dabei bewusst, dass das Element Wasser einlädt, vom Denken ins Fühlen zu gelangen. Lass deinen Gedanken freien Lauf und stell dir vor, du würdest in dem Strom mitgenommen oder tauchtest ein als Meerjungfrau. Achte auf die Angst, die du dabei fühlst. Sie weist auf deine Angst hin, dich dem Leben zu übergeben. Heiße die Angst willkommen; sie darf da sein, aber nicht zum Hindernis werden, also geh durch die Angst hindurch ins Wasser hinein. Lass dich mitführen zu unbekannten Orten, Gefühlen, Bildern und Empfindungen.

Erde

Rituale mit der Erde sind gut für Menschen, die schnell gestresst, schlecht geerdet und richtungslos sind. Mutter Erde bietet uns Halt, Stütze und Geborgenheit. Sie ist immer da, du kannst ihr daher vertrauen. Hochsensible Menschen, die mit dem Thema Grundvertrauen hadern und das Gefühl haben, immer und überall herumzuflattern, die keine Ruhe finden und sich zu viel auf andere Menschen stützen, haben einen Mangel an dieser Energie. Die Erdenergie ist viel stabiler als die Menschen, du kannst also in manchen Situationen besser auf die Erde bauen und ihr vertrauen als auf die Unvorhersehbarkeit anderer Menschen oder deinen eigenen ruhelosen Geist. Die Erde bietet nicht nur Halt, sondern auch Nahrung und Transformation. Außerdem kannst du alles, was du nicht mehr brauchst (Gefühle, Gewohnheiten, Energie von anderen), ruhigen Herzens an Mutter Erde abgeben. Sie nimmt es dankbar auf und transformiert es in ihrem Innersten in Mineralien für Pflanzen.

Zur Verstärkung der Erdenergie ist es sinnvoll, im Garten zu arbeiten (zu pflanzen und Unkraut zu jäten), wobei du regelmäßig mit den Händen in der Erde wühlst. Hast du keinen Garten, dann kaufe Samen und ein paar Töpfchen. Auch in einer kleinen Wohnung oder im Haus kannst du die transformierende Kraft der Erde erfahren. Indem du bewusst pflanzliche Nahrung zu dir nimmst (Körner, Knollen, Gemüse), stellst du auch Kontakt zur Erdenergie her.

Finde Unterstützung und Geborgenheit bei Mutter Erde

Lege dich auf den Boden. Am besten im Erdgeschoss eines Gebäudes, noch besser wäre ein Garten oder Park. Breite die Arme aus und lasse die gesamte Spannung aus dem Körper gleiten. Spüre, wie der Rücken, die Unterseite der Beine und des Kopfs mit dem Boden Kontakt haben. Spüre nun die Festigkeit von Mutter Erde und nimm ihre kühlende und beruhigende Wirkung wahr. Stell dir Mutter Erde in ihrer Mächtigkeit vor. Vielleicht kannst du selbst erkennen, dass sie teilhat an der Konstellation von Sternen, Planeten und Mond. Bei dieser Unendlichkeit und Größe sind deine Sorgen unwichtig und bedeutungslos. Fühlst du, dass du ein Teil der Unermesslichkeit des Universums bist und deine Seele sich entschieden hat, für eine Weile in diesem Körper auf der Erde zu sein? Denke an den Wunsch deiner Seele und das Bedürfnis, irdische Liebe und Glück zu finden.

Sage zu dir: „Ich bin Teil des Schöpfungsplans und bin hier auf der Erde, damit ich irdische Freuden genießen kann. Ich vertraue auf Mutter Erde, dass sie mich stützt und meine Sinne mit ihrem Reichtum und ihrer Pracht nährt. Ich bin froh, hier zu sein."

Vollziehe dieses Ritual so oft, wie du willst, und verstärke die irdische Energie, indem du gärtnerst und mit den Händen in der Erde wühlst. Hast du keinen Garten? Dann kaufe ein paar Pflanztöpfe, Erde und Saatgut und bewundere den Keimungsprozess auf deiner Fensterbank.

Ruhe und Festigkeit finden

Mache ein tägliches Ritual daraus, dich jeden Tag auf den Boden zu legen (am liebsten im Erdgeschoss oder besser noch in einem Garten oder Park), breite die Arme aus und nimm Kontakt auf mit der Erde unter dir. Gib all dein Gewicht und die Sorgen an die ruhige Mutter Erde ab. Bitte sie, dir eine Stütze zu sein und die Richtung anzugeben. Stelle dir vor, wie groß Mutter Erde ist und wie sie im Kosmos ihren Platz hat. Deine Sorgen und Grübeleien sind so klein, so unbedeutend im großen kosmischen oder göttlichen Ganzen. Tröste dich im Wissen, dass du als Seele Teil dieses Ganzen bist und du dich entschieden hast, eine Zeitlang auf der Erde zu leben. Vergewissere dich, dass es angenehm ist, eine Weile in einem irdischen Körper zu leben, und du darfst darauf vertrauen, dass deine Seele den Weg kennt. Den Weg brauchst du nicht zu suchen, er entfaltet sich von selbst.

Holz

Holz ist als Element im Westen weniger bekannt (wir sprechen hier oft von der Luft als dem vierten Element), spielt aber eine zentrale Rolle in der östlichen Tradition. Holz ist die Energie des Frühlings und bezieht sich auf (das Wachsen der) Bäume und anderer Pflanzen. Holz ist eine kräftige aufstrebende Energie, die auch mit Leber und Galle in Verbindung steht. Die Leber, die Gallenblase und die Bauchspeicheldrüse, die danebenliegt, stehen im Zusammenhang mit Energie, Kraft, Macht und Potenzial. Für Menschen, die sich blockiert fühlen, machtlos, müde oder mutlos sind, ist die Holzenergie entscheidend. Sie hilft, dem Leben wieder Richtung und Ziel zu geben, damit der Mensch sich selbst von deprimierenden Gefühlen der Machtlosigkeit befreien kann. Überdies unterstützt die Qualität des Holzes sowohl die individuelle Identität als auch ein harmonisches Zusammenleben mit der Umgebung. Denke dabei an Baumstämme, die unabhängig voneinander wachsen und dennoch zusammen einen Wald bilden.

Fühle dich so stark wie ein Baum

Gehe in den Wald oder Park und wähle einen Baum aus, der dich inspiriert, weil er Kraft, Schönheit oder Standfestigkeit ausstrahlt. Stelle dich neben den Baum in einer entspannten Haltung, wobei du die Füße etwas auseinander stellst und die Knie nicht schließt. Breite die Arme seitwärts aus oder leicht nach oben gerichtet. Spüre, wie Wurzeln durch die Füße in den Boden wachsen, die dir Festigkeit und Nahrung geben, atme entspannt und sage zu dir: „Ich bin kräftig und mächtig wie ein Baum. Ich fühle mich standfest und kann die Stürme des Lebens gut ertragen. Ich wiege mich, aber lasse mich nicht umwehen."

Nimm ein Blatt oder ein Stückchen Rinde als Andenken mit und lege es sichtbar an einen Ort in deiner Wohnung. Ein kleiner Altar wäre geradezu ideal. Lasse dich von der Weisheit und Kraft des Baums inspirieren und wiederhole das Ritual, wenn du das Bedürfnis danach spürst.

Mache viel Gebrauch von den täglichen, wöchentlichen und monatlichen Ritualen, notiere sie im Kalender und halte dich daran. Je angenehmer das Ritual ist und je besser es zu dir passt, desto einfacher lässt es sich in dein Leben integrieren.

Baue über die Sinne deine Rituale weiter aus und verändere sie im Laufe der Zeit. Du spürst es meistens selbst, wenn das Bedürfnis nach einem bestimmten Element oder Ritual abnimmt.

Das innere Lächeln

Bei dieser Übung rate ich dir, dich auf die Seite zu legen. Du kannst wie bei Chakra 1 und 2 die embryonale Haltung einnehmen. Eine vornübergebeugte Haltung hilft deinem Körper, sich an die embryonale Entwicklung zu erinnern. Dabei fängt die Haltung gebogen an und streckt sich langsam während des Wachsens. Bringe das Kinn ein wenig zum Nacken und übe so leichten Druck auf die Schilddrüse aus. Wecke danach deine Sinne mit verschiedenen Übungen, in denen du dir etwas Bestimmtes vorstellst:

- Denke an einen schönen, ruhigen Ort in der Natur und höre, rieche, schmecke alle Details;
- stelle dir etwas Leckeres vor;
- denke an eine geliebte Person;
- höre angenehme Musik.

Unwillkürlich gehen deine Mundwinkel ein wenig nach oben, und die Atmung wird tiefer; ein Zeichen, dass der Parasympathikus aktiviert wird! Lächle dich selbst ein wenig an; das ist das innere Lächeln. Fühlst du vermehrten Speichelfluss in den Wangen oder bekommst du feuchte Augen, dann bist du auf dem richtigen Weg. Atme nun bewusst in Richtung Herz und leite die positive Energie zum Herzen, während du gleichzeitig die Schilddrüse oder das fünfte Chakra stimulierst, indem du das Kinn zur Brust bringst. Das kannst du etwa zehn- bis höchstens zwanzigmal tun.

Varianten:

- Halte ein Kissen vor die Brust/Kehle (es bietet einen symbolischen Schutz).

- Verwende wahrnehmbare Dinge, um damit deine Sinne zu wecken: Fotos, Naturgeräusche, feine weiche Stoffe, (Kuschel-)Tiere, wohlriechender Weihrauch oder ätherische Öle.

Finde deinen eigenen Rhythmus beim Atmen.

Wenn du es richtig machst, kannst du die folgenden (Körper-) Empfindungen wahrnehmen:

- ein angenehmes Gefühl im Kopf
- Vermehrung der Speichelproduktion
- Vertiefung des Atems
- ruhiges Öffnen beziehungsweise Schließen des Herzens (abhängig von deiner Kondition)
- angenehmes Gefühl im Unterleib
- Rauschen oder Druck auf den Ohren
- Entspannung in den Gliedern
- Entspannung im Darm
- vermehrtes Glück und Selbstakzeptanz
- Du fühlst dich insgesamt fitter und stärker (stärkt den gesamten Stoffwechsel).

---

11 Intuition und Bewusstsein

Bewusstsein, der mächtige und unentbehrliche Schlüssel zum letzten Mysterium, endlos und unergründlich. Dasjenige, was uns ermöglicht, in den Spiegel der Seele zu schauen und unser eigenes Dasein zu beobachten. Bewusstsein ist sowohl unsere letzte Bestimmung als auch unser Fahrzeug auf dem Weg dorthin.[51]

Anodea Judith

Die Lebensbereiche der obersten zwei Chakren

Beide, das sechste und siebte Chakra, haben die Aufgabe, alle vegetativen Funktionen in ein spirituelles Bewusstsein zu integrieren. Das bedeutet, vereinfacht ausgedrückt, sie sorgen dafür, dass Körper und Geist in ihrem Ursprungszustand als lebender Organismus zwischen Himmel und Erde einen gesunden Ort mit gesunden Beziehungen bekommen. Du bist nicht viel anders als irgendein Lebewesen, als ein Tier oder eine Pflanze; daran erinnert die Bezeichnung „vegetatives Nervensystem" (von „Vegetation" = „Wachstumskraft"). Die Körperfunktionen sind für das Überleben und die Fortpflanzung da. Zugleich ist dein Wesen etwas Heiliges, das dem göttlichen Mysterium entstammt, das uns und alle Wesen auf Erden auf unerklärliche Weise zum Wachsen und Blühen bringt. Du bist auch eine Seele, und deine Seele kommt hier auf die Erde, um etwas zu lernen. Das sechste und siebte Zentrum verbindet dich mit diesen Lehrstunden und erinnert dich daran, dass du ein göttliches Wesen bist. In dieser Erinnerung wirst du immer wieder eine bessere Version deiner selbst werden, jemand, der das Mysterium ehrt, das das Leben ist, indem er seine Bedürfnisse nach Schwere, Sorgen und Verbundenheit loslässt. Früher gab es sogar ein Wort dafür, Vegetationsgott, eine Bezeichnung für die übernatürlichen Mächte, denen das Gedeihen der Pflanzen zugeschrieben wurde. Wir können uns beim Öffnen des zweitobersten Energiezentrums mit unserem heiligen, aber auch natürlichen Dasein verbinden. Hypophyse, Hypothalamus und Epiphyse sind Teile unseres ältesten Hirns, und nur dieses Gehirn ist im Stande, den erleuchteten Status zu erreichen, indem es die Verbindung mit dem Denken, dem Grübeln und dem Sich-Abquälen übersteigt.

Aus dem chronischen Stresszustand können wir nur befreit werden, wenn wir uns von unserer quälenden Persönlichkeit lösen; wenn wir uns befreien von unserer ohnmächtigen Persönlichkeit, von der weltlichen Persönlichkeit, die sich Generation um Generation allmählich an Gedanken von Kleinheit, Kummer und Gewalt gewöhnt hat und sich an Schmerz, Anspannung und negative Gedanken geklammert hat. Und die auch den Sympathikus beirrt hat, wodurch wir ein verzerrtes Bild der Wirklichkeit bekommen und uns und unsere Umgebung als negativ, beschwerlich und schwer ansehen. Daher binden wir uns im Übermaß an Angstgefühle, und diese steuern unser Handeln in zunehmendem Maße.

Der Parasympathikus tut genau das Entgegengesetzte: Er stimuliert Gefühle von Liebe, Rührung und Befreiung. Wir nehmen uns und unsere Umgebung vermehrt positiv wahr. Wir lassen unmäßige Bindungen los und kommen wie von selbst in Kontakt mit unserer Seele. Wir werden sehen, das Leben endet nicht nach dem Tod, und wir werden in vielen Leben und auf vielen Bewusstseinsniveaus weiterleben. Der Verlust von lieben Angehörigen tut dann auch weniger weh, weil wir wahrnehmen, dass wir auf vielerlei Weise verbunden sind und verbunden bleiben.

Gisela: *Ich bin ein Spätentwickler, aber ich habe Geduld. Ich erkenne nun, dass das Leben mich alles gelehrt hat, was nötig war, um mich von Lasten zu befreien. Ich bin endlich zu Hause angekommen und fühle mich jeden Tag freier und leichter.*

Blickt man auf sein Leben zurück, dann gibt es viele Aspekte, auf die man keinen Einfluss hat; aber sich weiter auf die Machtlosigkeit zu konzentrieren, hält Gefühle von Angst und Stress nur wach. Der Geist, der lernt, sich im sechsten und siebten Chakra zu befreien, kann eine eigene Wahrheit erschaffen und sie an die körperlichen Prozesse weiterleiten. Es ist notwendig, den Fokus von der Abhängigkeit auf die Unabhängigkeit zu verlegen und ebenso bei Gefühlen von Schwäche auf die Gefühle von Kraft. Man kann lernen, sein Leben zu träumen.

Arianne, die ich zu Beginn von Kapitel 5 zitierte, fügt ihren Beobachtungen noch Folgendes hinzu:

Mein Stress hat etwas mit negativem Denken über mich selbst zu tun; nämlich damit, dass ich mich selbst nicht wichtig genug nehme. Diese Gedanken stimmen mich traurig, und Spaß machen ist dann eine Schwelle, die ich nur mit Mühe überschreiten kann. Vielleicht sagt ein Teil von mir, ich verdiente es nicht, ich sei es nicht wert. Wie wertvoll fühle ich mich eigentlich?

Langsam kommt Bewegung hinein, indem ich mich mit meiner Essenz verbinde, mit meinem Körper und meinem autonomen Gehirn. Dadurch fühle ich stets mehr, und das hilft mir, wie von selbst einzusehen, dass ich doch wichtig bin. Dass ich wertvoll bin mit allem, was ich bin und tue, auch mit den weniger schönen Eigenschaften; sie dürfen genauso gut da sein. Ich verurteile mich weniger und bin sanfter zu mir. Dieses Sanfterwerden fühlt sich an, als käme ich nach Hause.

Sich selbst im größeren kosmischen Ganzen sehen

Das sechste und siebte Chakra lehren uns Schritt für Schritt, aus einem kleinen Ego in ein universales Bewusstsein zu schreiten. In der universalen Identität, die wir annehmen können, wenn wir die obersten Chakren öffnen und für uns arbeiten lassen, werden wir uns der immensen Größe der gesamten Schöpfung bewusst. Wir identifizieren uns immer seltener mit der Schwere und der Belastung des kleinen Ego, sondern sehen uns in einer größeren Fülle, eingebettet in ein System, in die Zyklen des Lebens, die kommen und gehen.

Wir erleben stets mehr Einheit, mit den Bäumen, den Wäldern, anderen Wesen, mit den Sternen und dem gesamten Universum. Wir erkennen, dass wir mehr sind als die Beschränktheit des körperlichen Leibes und leichter als die Schwere unserer Sorgen. Wir können sie ablegen und uns identifizieren mit der universalen Verbundenheit.

Die Epiphyse, die Hypophyse und der Hypothalamus wurden vor Millionen von Jahren im menschlichen Körper angelegt und entwickelt, damit wir uns an dieses Bewusstsein erinnern, so dass wir weiterhin wissen, wer wir sind und woher wir kommen. Chemische Neurotransmitter helfen uns, durch Emotionen wie Freigiebigkeit, Uneigennützigkeit, Glück und Dankbarkeit mit unserem Ursprung in Verbindung zu bleiben. Stimulieren wir diese oberen Chakren, reizen wir die Epiphyse, Hypothalamus und Hypophyse, dann bleiben wir allzeit verbunden mit dem Mysterium, das das Leben nun einmal ist. Zum Beispiel indem wir die zyklischen Vorgänge in unserem Körper ansehen als Teil des zyklischen Kommens und Gehens von Sonne und Mond und indem wir uns daran erinnern, dass auch wir den Gesetzen von Aufstieg, Wachstum und Verfall unterworfen sind. Dass wir diese physischen Veränderungen sind, aber durch das Licht, das wir in unserem göttlichen Wesen auch sind, der Angst und der irdischen Verbundenheit entkommen können.

Jeder ist in der Lage, diesen Zustand zu erreichen, den einige Nirwana nennen, andere Buddhaschaft und wieder andere Erleuchtung.

Wir alle haben Zugang dazu in den tieferen Schichten des Gehirns, wir haben ihn bei unserer Geburt als Anlage bekommen.

Hast du häufig Kopfschmerzen oder Schlafstörungen durch Albträume oder Wahnvorstellungen, dann sind das Botschaften deiner Seele: damit du dich öffnest für eine andere Weise, die Wirklichkeit zu betrachten; damit du dich nach deinem klaren Wissen, klaren Sehen oder klaren Hören richtest anstatt nach deinem Kopf voller Sorgen. Du erhältst die Botschaft: Höre auf zu planen, höre auf, dich zu sorgen, höre auf zu kontrollieren, lass dich mitführen in einer Dimension, wo die Seele weiß, was zu tun ist. Lass das Kontrollieren sein und höre auf die Stimme deines Herzens. Diese Stimme lässt dich möglicherweise nachts wach liegen, aber ist das so schlimm? In der Nacht ist Ruhe, Stille, und du bist dir selbst am nächsten. In diesen Augenblicken kannst du das Licht deiner Seele hören und sie fragen: Was möchtest du mir sagen?

Die Scham des Gehirns, die Freude des Leibes

Unsere Gesellschaft zwingt uns dazu, sehr kopflastig zu leben, vom Gehirn her, also hoch oben im Körper. Bewusstsein ist jedoch nicht dasselbe wie Denken. Das eine ist ein entspannter Zustand, der viel mit Leere und Meditation zu tun hat, das andere ist ein überspannter Zustand, der viel mit Grübeln zu tun hat und eine Überaktivität des Gehirns anzeigt. In östlichen Texten werden diese beiden obersten Chakren in dem Fall als zu voll bezeichnet oder in sich blockiert: Die Energie steckt im Kopf fest, sie ist dort eingeschlossen und kann nicht nach oben fließen. Es gibt keinen gesunden Austausch mit dem Kosmos. Dieser Zustand trifft auf die meisten Menschen im Westen zu. Schule und Erziehung spielen dabei eine wichtige Rolle.

Das Großhirn liefert zu vielen Dingen, die wir tun, ständig einen überflüssigen Kommentar: „Ich mache es nicht gut (genug)!“, „Ich bin dumm“, „Wie sehe ich denn aus?“, „Lieber Himmel, ich bin so lächerlich!", „Warum kann ich keine klügere Antwort geben?", „Sehe ich cool aus?", „Das Selfie ist ja furchtbar!", „Verhalte ich mich angepasst?", „Sitzt mein Haar gut?" Wir kontrollieren und kritisieren uns ohne Ende. Das tun wir auch bei anderen: „Ein merkwürdiger Mensch!", „Hätte sie das nicht geschickter sagen können?", „Sie will sicher etwas von mir", „Er trägt unmögliche Schuhe; er ist bestimmt blöd", „Niemand aus der ganzen Klasse mag mich!", und so weiter und so weiter.

Das Großhirn ist schuld daran, dass wir häufig so unzufrieden sind mit dem, was wir tun, und kritisch gegenüber dem, was andere tun. Wir urteilen, beschuldigen, vergleichen, messen und kontrollieren. Scham und Schuld unterdrücken die spontane Freude und das Vergnügen unserer Sehnsüchte. Als kleines Kind sind wir noch spontan und drücken mit unserem Körper aus, was wir fühlen, aber sobald wir unsere Schullaufbahn hinter uns haben und vollgestopft mit Wissen sind, haben wir auch alle unbefangenen und ungekünstelten Äußerungen von Freude und Lebenslust abgelegt. Wir sind auf Leistung, Spannung und Stress programmiert, wir urteilen fortan nach dem Äußerlichen und mentalen Qualitäten, wir debattieren, bespiegeln, kritisieren, kalkulieren und klassifizieren. Wir handeln durchdacht und „kultiviert" und wissen nun viel besser, wie wir andere so weit bekommen, dass sie tun, was wir wollen. Das logisch argumentierende Großhirn herrscht jetzt über unseren Körper, es bestimmt uns häufig aus Scham und Unzufriedenheit, aufgrund von Wettbewerb und Erkenntnis. Es bleibt die Frage, ob es uns damit zu einem gesunden Lebensmuster führt.

Sehr oft plappert das Gehirn anderen nach, es kommt unruhig vom Hölzchen aufs Stöckchen, es verrennt sich in einschränkenden Überzeugungen oder fanatischen Dogmen, es kann gut manipulieren und andere (und uns selbst) überzeugen.

„Vom Kopf zum Herzen", wird vielfach in spirituellen Kreisen verlangt. Ich möchte es erweitern: vom Kopf zum Körper. Nicht nur das Herz, auch die untersten drei Chakren sind entscheidend, wenn wir unsere Kraft vollständig erlangen wollen. Das Zwerchfell, um Kraft zu erzeugen, den Bauch und die Geschlechtsorgane, um unser

Leben zu genießen und um spontan, gefühlvoll und gut verankert im irdischen Sein zu leben. Die Unruhe, die manchmal im Kopf und Herz wüten kann, findet Ruhe und Stille in den untersten Chakren. Aus dem eigenen Leib heraus leben ist ein Leben aus Urenergien, aus der männlichen und weiblichen Energie.

Menschen, die zu voll sind in den obersten Chakren, diese starrköpfig geschlossen halten, leben von mentalen Annahmen und Unterstellungen, die nur eine schwache Spiegelung der Wirklichkeit sind. Es ist ein Überlebensinstinkt, dass wir im Kopf gefangen sind, aber leider eine Überlebensmethode, die wir in der Schule und der Gesellschaft erlernt haben. Siehe auch das Ritual beim Element Wasser.

> *Die Augen der anderen sind unsere Gefängnisse;*
> *ihre Gedanken unsere Käfige.*[52]
>
> Virginia Woolf

Tunnelblick und übermäßiges Grübeln

Hochsensible Menschen sind besonders selbstkritisch. Ein aktiver Sympathikus sorgt dafür, dass wir uns und die Welt negativer sehen, als sie in Wirklichkeit ist. Chronisch gestresste HSP verfangen sich immer wieder in diesem Muster, aber das gilt auch für weniger sensible Personen. Am Wichtigsten ist es dann, die Spirale umzudrehen.

Im parasympathischen Nervensystem befinden sich die Gedanken, die liebevoller und milder über uns und die Welt urteilen; die nach Ganzheit, Einheit und Glück streben und das Wunder in den kleinen Einzelheiten sehen.

> *Grübeln ist*
> *die falsche Seite*
> *von Phantasieren.*

Der Parasympathikus lässt sich jedoch leicht vom Sympathikus vertreiben, der sich um alles und jedes kümmert. Wenn wir das parasympathische Nervensystem bewusst stärken und liebevoll unterstützen, haben wir ein wichtiges Instrument an der Hand, mit dem wir negativen Gedanken zuvorkommen können.

Die zentrale Gefühlsachse arbeitet ja gerade losgelöst vom kognitiven Prozess oder vom Denken und Grübeln. Hochsensible Menschen, die unter Stress leiden, klagen am häufigsten darüber, dass sie nicht mehr aufhören können zu denken. Sie sind total verkopft. Alle Energie scheint aus dem Körper verschwunden zu sein, und sie fühlen sich nicht mehr im Stande zu lokalisieren, wo sie eine bestimmte Angst, Bosheit oder Trauer empfinden. Sie haben offenbar den Kontakt mit ihrem Körper und ihren Gefühlen verloren.

Yoga-Nidra-Tiefenentspannung

Wenn du im Kopf sehr unruhig bist, tust du gut daran, mit Yoga Nidra oder Autosuggestion zu beginnen. Yoga Nidra bedeutet Schlaf des Yogis. Yoga Nidras sind gesprochene Meditationen, die dich in eine Tiefenentspannung versetzen. HSP aus meiner Gruppenarbeit, die sie hören, sagen immer wieder, dass sie sich damit tiefer entspannen können als durch den Schlaf einer Nacht. Das liegt daran, dass der Geist mitgenommen wird, während das Bewusstsein mithilfe eines Bodyscans (man durchläuft alle Körperteile) auf den Körper gelenkt wird. Danach wird man zu allen möglichen Erlebnissen mitgenommen, abhängig vom jeweiligen Thema des Yoga Nidra. Ich biete auch Yoga Nidras an und Entspannungsmeditationen. Sie sind auf meiner Webseite zu finden.

Höre dir verschiedene geführte Meditationen an, die sich auf meiner Webseite befinden.

Bitte um einen weisen Lehrmeister

Um deinen Kopf herum schweben ständig Engel und Lichtwesen, die dir helfen wollen, dem Labyrinth des Geistes zu entkommen. Auch wenn du nicht daran glaubst, kann es nicht schaden, einmal um Hilfe zu bitten. Bitte um einen weisen Lehrmeister, einen Lehrengel, der für dich Weisheit und Mitgefühl ausstrahlt. In welcher Form diese Person deinen Weg kreuzt, ist uninteressant. Alle existentiellen Fragen, die dich beschäftigen, kannst du an diesen Lehrmeister richten. Am Anfang vertraust du vielleicht noch nicht den Antworten, die du erhältst, aber auf die Dauer wird es einfacher und selbstverständlicher. Bitte weiterhin um Beweise und Zeichen, die du verstehst. Du wirst sehen, du bekommst sie!

Stella sorgte gut dafür, kein Problemkind für ihre Eltern zu werden.

Schon früh schaltete ich mein Gefühl aus, denn was ich zu Hause empfand, war einfach zu verrückt. Ich gebrauchte meinen Intellekt; der rettete mich während meiner gesamten schmerzlichen Kindheit.

Verwirrung, Gewalt und Lügen

Manche Menschen sind sehr verbittert über das Geschehen in der Welt und klammern sich fest an ihre eigenen begrenzten Überzeugungen und verletzten Gefühle. Sie können nicht mehr über den Rand ihres eigenen Ego blicken. Wenn deine Eltern feste religiöse Überzeugungen hatten oder als Opfer nur böse und verletzt waren, kann es sein, dass du dadurch mächtig in Verwirrung geraten bist. Kinder fühlen intuitiv, was gut und schlecht ist, aber wenn ihnen Informationen vorenthalten oder Strafen und Angst im Namen einer Religion gebraucht werden oder Eltern anderen ständig die Schuld für ihr eigenes Unvermögen geben, beginnt das Kind seinen natürlicherweise neugierigen Geist zu verschließen. Es hört auf, Fragen zu stellen, wird still und beginnt an allem zu zweifeln. Es könnte sein, dass du mit der Angst vor Hölle und Verdammnis kleingehalten wurdest. Die Lügen verbarrikadieren dann den Weg zu deiner Intuition. Wenn in der Ursprungsfamilie kein Raum war für spirituelle Fragen und Reflexion über das Leben, dann schließt sich das Kronenchakra. Wirst du als Kind lächerlich gemacht und oft verspottet, versteckst du deine Interessen und dein Vertrauen hinter Schloss und Riegel.

Engstirnigkeit, Dünkel und Ergebenheit halten den Menschen jedoch auf geringem Raum gefangen, es gibt keine Möglichkeit, eine weltoffenere Wahrheit zu leben. Auch beängstigende Erfahrungen können das Bewusstsein verwirren. Wer täglich Gewalt und Leid erlebt, schließt das sechste und/oder siebte Chakra. Er möchte nicht mehr sehen, womit er konfrontiert wird, und es ganz bestimmt nicht mehr fühlen. Verdrängte Bilder und Emotionen verschließen den freiströmenden Energiefluss in den obersten Chakren. Manchmal geht das so weit, dass diese Person sich von der Erfahrung dissoziiert oder ihre Erinnerung vom Gefühl abtrennt oder sogar ganz verdrängt. Viele Menschen leben lieber mit Illusionen, Obsessionen oder festgefahrenen Vorstellungen, anstatt mitzuströmen; sie denken lieber ruhelos und negativ über sich und die Welt nach, sie wagen es nicht loszulassen und sich zu größerer Weisheit führen zu lassen. Viele Menschen haben Angst vor dem Prozess des Loslassens, weil sie befürchten, sich selbst zu verlieren, aber die Seele lässt einen nie im Stich, und die Führer und Engel, denen du begegnest, wenn du dich für andere Dimensionen öffnest, ebenso wenig. Im Gegenteil, sie helfen dir. Manchmal musst du zwar durch einen dunklen Tunnel, aber du wirst immer im Licht ankommen. Wer sich nicht traut, diesen Weg zu gehen, bleibt in seinen eigenen Albträumen gefangen, belastet seinen denkenden Geist immer mehr mit unnützen Sorgen. Der Geist fühlt sich überlastet, und Anzeichen für Stress nehmen allmählich überhand. Erste Anzeichen für Konzentrations- und Gesundheitsprobleme werden sichtbar, du verlierst allmählich den klaren Blick auf dein Leben und verlierst dich in Details, die dir die Sicht versperren.

Andras' Vater war gewalttätig.

> *Als Kind habe ich überhaupt keine Liebe empfangen, es gab nur Angst, Schutzlosigkeit und viel Gewalt. Ich war ein empfindsamer kleiner Junge und bin es noch. Ich verkrieche mich ganz schnell in mein Gehäuse, wenn ich glaube, dass jemand oder etwas unsicher ist. Vor einigen Jahren hatte ich auf einmal viele Probleme mit Angst- und Panikattacken. Das hing mit meiner Arbeit zusammen, aber natürlich spielte meine Vergangenheit auch eine Rolle dabei. Ich fühlte mich gar nicht mehr wohl in meiner Haut, ich saß in der Falle. Das hatte sehr deutlich mit Gefühlen von Machtlosigkeit zu tun. Daraufhin habe ich aufgehört zu arbeiten und begann zu suchen. Ich erlerne nun, dank Advaita, den Weg der Nicht-Dualität, um mehr außen vor zu bleiben, aber es ist weiterhin ermüdend für mich, weil ich das Gefühl habe, alle diese Menschen gehen durch mich hindurch, und ich weiß manchmal nicht, wie ich damit umgehen soll. Advaita lehrt mich, Konzepte zu durchschauen und loszulassen und auf diese Weise die Wirklichkeit direkt zu erleben. Habe ich Angst oder fühle Panik in mir aufsteigen, versuche ich meine Aufmerksamkeit darauf zu konzentrieren, dass ich immer zu Hause bin und sowieso nirgendwo anders sein kann als zu Hause. „Zu Hause" ist spirituell und metaphorisch gemeint. Mein Bewusstsein öffnet sich, und über eine tiefe Ruhe und Stille gelange ich zu einer Art Leere, die mich zu Raum und Vollständigkeit bringt.*

Öffne dich für die Traumwelt!

Eine der besseren Arten, das sechste oder siebte Chakra zu heilen, besteht im Öffnen deiner Traumwelt. Bitte jeden Abend vor dem Schlafengehen darum, dich an deine Träume erinnern zu können. Lege ein Büchlein und einen Stift neben das Bett. Wenn du in der Nacht wach wirst, willst du vielleicht sofort deinen Traum aufschreiben. Bleib still im Bett liegen, wenn du wach wirst, denn jede Bewegung führt dich weiter von der Traumwelt fort. Versuche, dich an den Traum aus dem Bauch (Gefühl) heraus zu erinnern und nicht aus dem Kopf (Denken). Suche die Bilder in einem Traumbuch, aber nimm die Erklärung nicht wörtlich. Assoziiere drauflos.

Loslösung

Unser Leben verläuft beinah nie so, wie wir es wünschen, so wie wir es dickköpfig zu planen und steuern versuchen. Wenn wir unserem Willen zu sehr vertrauen, verlieren wir das Vermögen, flexibel, tolerant und mitfühlend mit anderen umzugehen. Jeder Einzelne trifft unterwegs auf Herausforderungen, Enttäuschungen und Leid. Keiner ist davon ausgenommen. Wirklich niemand. Kann man die äußeren Umstände nicht sofort verändern, kann man lernen, seine Sichtweise zu ändern. Man kann den Geist lehren, sich nicht über alles aufzuregen, nicht alle Fäden in der Hand halten zu müssen, loszulassen und mitzuschwimmen auf den Wellen des Lebens. Ein Rückschlag kann eine Herausforderung darstellen, eine verschlossene Türe die Chance, eine andere zu öffnen. Es gibt Millionen von Möglichkeiten, die ein beschränkter Geist und eine beschränkte Willenskraft nicht wahrnehmen. Wenn wir lernen, unseren Geist nicht auf das halbleere Glas zu fixieren, sondern auf die 1001 halbvollen Gläser, die uns das

Universum zu bieten hat, werden wir eine reiche Belohnung erhalten durch Gefühle von Seligkeit und Frieden.

Werde dir jeden Tag mehr der Unendlichkeit des kosmischen Systems bewusst, in das dein Leben eingebettet ist. Du bist Teil einer Evolutionsgeschichte, die vor Millionen oder Milliarden Jahren begonnen hat. Du hast weder nur eine körperliche Identität noch allein eine soziale Identität, sondern du bist Teil eines universalen kosmischen Ganzen, Teil der universalen Schöpfung. Mache es dir zur Gewohnheit, an der Loslösung zu arbeiten, indem du dein kleines Ego-Bewusstsein loslässt und deine Wahrnehmung stattdessen auf die größeren Dimensionen des Daseins ausrichtest. Welche Bedeutung habe ich im Sternensystem? Wie verhalte ich mich zu Mutter Erde und allen Lebewesen, die in und auf ihr herumkriechen. Du kannst genau wie Andras täglich üben, damit du dich leichter und befreiter erlebst und dich seltener mit deinen Schmerzen, Ängsten und Wünschen sowie deiner Trauer identifizierst.

Richte dich zum Licht, bejahe das Dunkel

Mache es dir zur Gewohnheit, täglich oder einige Male in der Woche einen Lichtspaziergang zu unternehmen. Nimm das Sonnenlicht wahr, das durch deinen Scheitel und über deine (geschlossenen) Augen in dein Inneres kommt. Unter den Augen, am oberen Rand der Wangen, hast du Lichtzellen, die Licht in Nahrung umwandeln können. Atme das Licht über diese Zellen ins Innere ein und leite das Licht weiter zu deinen Verdauungsorganen.

Mache es dir zur Gewohnheit, die Dämmerung bewusst wahrzunehmen. Unterdrücke den Impuls, sofort Licht zu machen. Lasse die langsam zunehmende Dunkelheit auf dich wirken, auf diese Weise kann die Melatoninproduktion in der Epiphyse stabilisiert werden. Sei dir des Übergangs vom Tag zur Nacht bewusst und damit der natürlichen Zyklen in deinem Dasein. Die Sonne, der Mond und die Sterne erinnern dich an die Magie und Mystik des Lebens, an etwas, das viel größer ist als das menschliche Vorstellungsvermögen.

Mithilfe meiner geführten Meditation „Die Zyklen des Lebens", die du auf meiner Webseite findest, kannst du auch eine imaginäre Reise machen, die sich auf die Zyklen in der Natur richtet.

Meditation: Öffne dein drittes Auge

Xu ling ding jong bedeutet in etwa: Mache deinen Nacken leer, lass die Energie bis zum Scheitel durchdringen. Diese Haltung ist für einen meditativen Zustand wichtig. Entspanne die Nackenmuskeln an der Oberfläche, aber auch tief drinnen, indem du sie in den Schultern völlig loslässt. Deine Muskeln werden ganz allmählich weiter und länger. Spüre die Verbindung mit den Armen und Händen und nach oben mit dem Gesicht, der Stirn und dem Scheitel. Lass dich nicht mehr vom Denken beherrschen, das macht dich nur bleischwer und verschließt deinen Geist vor Intuition und Inspiration.

Öffne nun dein drittes Auge, einen kleinen Bereich zwischen den Augenbrauen. Es fühlt sich energetisch wie ein Kreis an. Öffne diesen Kreis. Sieh deinen Kopf als heiligen Berg an: In deinem dritten Auge sitzt ein Adler auf einem Felsen. Er blickt über die Landschaft. Er kann sehr weit sehen und erlebt die Größe der Landschaft. Der Adler denkt nicht nach, er spürt die Elemente, den Wind, die Erde unter sich, den Himmel über sich, er ist reine Konzentration. Sei wie der Adler auf die Ferne fokussiert. Wenn dein Geist imstande ist, ein paar Augenblicke lang völlig leer zu bleiben, dann darfst du mit der Meditation anfangen.

Zähme den wilden Stier!

Die kognitive Steuerung ist ein ungestümer Stier, den man wirklich bändigen muss. Stelle dir einen Käfig vor und deinen Geist als wilden Stier. Halte ihn mit viel Anstrengung gefangen. Konzentriere dich dabei auf dein Stirnchakra, den Punkt zwischen den Augenbrauen. Stelle dir auf diesem Fleck einen Ringmuskel vor, den du offenhältst. Konzentriere dich weiterhin auf diesen einen Punkt auf deiner Stirn. Spüre den Herzschlag und den Atem. Dein Geist wird langsam leerer. Anfangs gelingt es dir vielleicht ein paar Sekunden, später kannst du es minutenlang, und du merkst, du kannst dich sogar dabei entspannen. Bedenke, Konzentration muss wie ein Muskel trainiert werden oder wie ein Gummiband, das gespannt wird.

Ein leerer Geist ist eine wunderbare Erfahrung. Je mehr du dich dabei entspannst, desto schöner und notwendiger wirst du den Zustand finden. Es ist nicht ausschlaggebend, wie du sitzt. Wenn du lieber auf dem Rücken liegst, ist das auch gut. Wenn wir gut meditieren, zügeln wir nicht nur einen unruhigen Geist, sondern auch die Willenskraft. Wir lösen uns davon, alles zu wollen, alles zu müssen und alles zu denken. Wir spüren stattdessen, wie eine heitere Ruhe und Akzeptanz von allem, was ist, einkehrt. Wir fühlen uns in hohem Maße als Teil des Ganzen. Das sind geistige Erfahrungen, bei denen Stress gar keine Chance mehr hat. An Stelle der Anspannung bist du Entspannung, statt verkrampft zu sein, bist du frei, anstatt in die Enge getrieben zu sein, spürst du, wie endloser Raum in deinem Leben entsteht.

Am Anfang ist Meditieren nicht einfach, aber nach kurzer Zeit kommst du auf den Geschmack und sehnst dich danach.

Ich helfe dir beim Meditieren mit der geführten Meditation „Zähme den Stier“.

Entspannung von Kopf und Gesicht: Kopfmassage

Worte und Gedanken sind meistens zu viel und überflüssig. Der Geist beunruhigt das Herz und das Herz den Geist – beide können einander auf die Palme bringen. Bevor man wirklich körperlich entspannen kann, braucht der Geist das Signal, dass er aufhören darf zu denken, zu grübeln, zu planen und sich abzuquälen. Und dein Herz darf wissen, es braucht sich nicht mehr wegen jeder Kleinigkeit Sorgen zu machen.

Deshalb kannst du jemanden bitten, deinen Kopf, Hals und die Schultern einige Minuten lang zu massieren. Fühlen Kopf, Nacken und Schultern, dass sie gehört werden, sind sie bereit, still zu werden, und dann machen sie auch dein Herz ruhig.

Bist du allein, dann kannst du mit dem Kopf über den Boden rollen. Ein harter Holzboden ist dafür optimal. Setz dich auf Hände und Füße und beuge den Kopf nach vorn bis auf den Boden. Rolle sanft von links nach rechts, von vorne nach hinten. Einige Stellen an deinem Kopf tun mehr weh, andere fühlen sich wie betäubt an. Massiere die Meridianpunkte in deinem Kopf. Du brauchst nicht zu wissen, wo genau sie sich befinden, du fühlst sie von selbst als scharfe, schmerzhafte, stumpfe oder eben als weiche Stellen. Denke nicht zu lange darüber nach, was sie bedeuten, sondern bleibe in deinem Gefühl. Es darf ruhig ein wenig wehtun. Tu das einige Minuten lang.

Dreh dich dann um und spüre kurz nach, während der Hinterkopf auf dem Boden ruht. Zieh danach Grimassen. Je verrückter und angeberischer, desto besser. Strecke auch die Zunge heraus. Deine Sinne sind häufig überlastet, überreizt und angespannt. Das hat seine Auswirkung auf die Gesichtsmuskeln und damit auf den Parasympathikus, den Stress-Ausschaltknopf. Yoga für das Gesicht stimuliert den Parasympathikus in den Sinnesorganen, damit er Oxytocin und andere angenehme Stoffe aktiviert. Stimuliere auch die Tränen- und Speichelproduktion (siehe Übung „Fühlen des eigenen Parasympathikus", Kapitel 5), indem du an schöne Dinge denkst. Du kannst auch die Augen für ein Weilchen öffnen, sie so weit wie Wagenräder aufreißen und den Impuls zu blinzeln unterdrücken. Dann fangen deine Augen von sich aus zu tränen an, und der Parasympathikus wird stimuliert.[53]

Lege dich danach ein wenig hin.

Lachen mit Milde und Selbstmitleid

Wir brauchen einen Zugang, damit wir freundlich und voller Mitgefühl auf die Welt und uns selbst blicken können. Humor ist die beste Methode, deine Sorgen zu relativieren, aber Lachen ist nicht immer einfach. Versuche beim nächsten Mal, wenn du deiner Meinung nach etwas falsch gemacht hast, einen Moment innezuhalten und über dich selbst zu lachen. Bausche den kleinen Irrtum auf und erzähle es dir selbst. Wenn du dich traust, erzähle es auch jemand anderem und lache dabei über dich selbst. Wir brauchen uns nicht ständig auf unsere Fehler oder die anderer zu fixieren, wir sollten lieber über unsere eigenen Fehler lachen. Man muss nicht perfekt sein. Vertue dich heute oft und bemühe dich, etwas total schieflaufen zu lassen. Und lache dann herzlich über dich selbst.

Recht auf Faulenzen

Ich möchte eine Lanze für das Nichtstun (Muße) brechen und betonen, wie entscheidend Zeit, Ruhe und Besinnung für uns Menschen sind, besonders für die Hochsensiblen. Kannst du dich dem Strom in dir entgegenstellen und dich motivieren, auszuruhen, herumzulungern, zu faulenzen und nichts zu tun? Wie lange hältst du das Nichtstun ohne Schuldgefühle aus? Hilf mit, eine Revolution zu beginnen, und sei dir im Klaren darüber, dass es höchste Zeit ist, mit uns selbst und anderen mit mehr Bedacht umzugehen.

1. Bleibe heute ein paar Stunden länger im Bett liegen.
2. Halte dir das kommende Wochenende frei und tue nichts, absolut nichts! Schlendere vielleicht ein wenig durch die Stadt oder dein Dorf. Lass dich mittreiben, wohin das Leben dich spontan bringt.
3. Erzähle am Ende dieses Tages oder Wochenendes jemandem, wie herrlich es ist, nichts zu tun und nichts zu planen.
4. Rege andere dazu an, dasselbe zu tun!

Rege andere dazu an, über die Stränge zu schlagen, glücklich zu sein und sich das einfache Glück und den Genuss zu gestatten.

EPILOG – SEELENREISE

Alles, was du brauchst, um glücklich zu sein, liegt in dir selbst verborgen. Du brauchst nur den Schlüssel dazu, den Zugang. Stress ist umkehrbar; du kannst dich heute entschließen, das kleine Wort „Stress" aus deinem Wortschatz zu streichen als etwas, das zu einer Entwicklungsphase gehört, die nun hinter dir liegt. Mit den Einsichten und Übungen aus diesem Buch und den Meditationen auf meiner Webseite kannst du für dich selbst ein neues Wort erschaffen, das am besten zu der Person passt, die du in Zukunft sein möchtest. Das Wort könnte lauten:

Lebensfreude

oder

intensiver Genuss

oder

Entspannung

oder

selbstbewusst.

Freude, Frieden, Spaß, Beruhigung, Dankbarkeit, Mitgefühl, Befreiung, das alles sind Energien, die du irgendwo in deinem Körper erwecken kannst, weil du sie in dir selbst, in deinen Hormondrüsen, bei dir hast.

Solltest du vielleicht ständig das Böse betont haben, dann könntest du heute beschließen, die Welt als einen herrlichen Planeten anzusehen, voller Liebe, Fröhlichkeit und Schönheit.

Hast du allerdings bis jetzt gewartet, dass dich jemand aus deiner Machtlosigkeit befreit, kannst du dir heute vornehmen, Holz zu hacken oder zu boxen, damit du neue Energie gewinnst, die dich stärkt.

Solltest du immer gedacht haben, Lust auf Sex entstehe von allein, könntest du heute damit beginnen, dein Becken wach zu machen und die Atemübungen anzuwenden, die Yin- und Yang-Energie vereinen.

Du hast Sinnesorgane bekommen, um dich mit der Pracht und Schönheit des Lebens um dich herum zu verbinden, nicht damit du gebeugt unter Lärm und Schmutz einhergehst. Gebrauche sie und betrachte deine Sensitivität als Chance, dich mit positiver Energie inner- und außerhalb deines Körpers zu verbinden. Friedliche Gefühle kannst du kultivieren, und du kannst lernen, auch dein Lächeln zu behalten. Wenn es dir entgleitet, dann schau auf die Natur: Deine besten Freunde sind die Bäume und andere Pflanzen. Sie verraten dich nie. Sie enttäuschen dich nie. Sie fordern nichts, sind aber unendlich freigiebig, atmen, wachsen und blühen. Schau und staune, lache und liebe! Wenn du dein Lächeln verloren hast, sei dann beruhigt: „Der Löwenzahn bewahrt es für dich“, sagt Thich Nhat Hanh in einem Gedicht über den Löwenzahn. Es ist wahr, die Natur heilt und erinnert uns immer an das Beste in uns.

Es gibt keinen Grund, vor dem eigenen Licht Angst zu haben. Es gibt keinen Grund, Angst zu haben vor der Kraft, die in dir steckt. Alles, was dich bedroht, ist letztlich relativ, ist Umgebungsgeräusch. Als hochsensible Person wirst du Schritt für Schritt lernen, die Störgeräusche der Umgebung auszuschalten. Viele Schritte schaffst du allein, aber manchmal brauchst du eine helfende Hand. Eine Seelenreise ist eine Möglichkeit, Kontakt zu dir selbst zu finden – auf eine andere, nicht kognitive Weise. Manchmal kreuzen Lehrer deinen Pfad oder du erhältst ein Zeichen von einem Engel. Es ist Zeit weiterzumachen, nicht stillzustehen, sondern zu gehen … ins volle Leben!

Aber schließlich ist die effektivste transformierende Energie die Energie der Dankbarkeit. Der Guru Mooji lehrt uns, die Hände vor der Stirn zu falten und ein wenig gebeugt durch das Zimmer zu gehen, dankbar für alles, was ist. Dankbarkeit ist einer der mächtigsten Schlüssel zu positiver Transformation. Hin zum Glück. Trainiere Geist und Körper, um auf die guten Dinge fokussiert zu bleiben.

Werde wieder Herr und Meister über den eigenen Geist und Körper. Setze dein Glück an die erste Stelle in deinem Leben. Erkenne deine Hochsensibilität und was bei dir notwendig ist, damit du diese Empfindsamkeit leben kannst.

Jeder Mensch ist einzigartig, und daher sind auch deine Bedürfnisse einzigartig. Vergleiche dich nicht mit anderen. Niemand weiß genau, wie du dich fühlst, aber wenn du tief in den Tempel hineingehst, der dein Körper ist, wirst du immer Antworten finden. Deine Seele spricht mit dir durch deinen Körper. Hab keine Angst, du kannst dich nicht in dir selbst verirren. Die Antworten sind nie so groß, dass du sie nicht tragen könntest, und sie warten schon darauf, dass du still wirst und zuhörst. Wenn du herumläufst und immerfort auf die Außenwelt ausgerichtet bist, wirst du sie nie hören. Du wirst auch den eigenen Herzschlag nicht mehr hören. Die wachsame Flamme in deinem Herzen flackert sanft – begegne dieser Sanftheit mit liebevoller Aufmerksamkeit. In deinem heiligen Tempel lebt deine heilige Seele, das Licht, das du bist.

Ich wünsche dir Licht und Liebe.

Susan

FUSSNOTEN

1 Anonymer Spruch aus dem Internet.

2 U. a. Entspann Dich Deutschland!, TK-Stressstudie (2016). Work related stress, anxiety and depression statistics in Great Britain 2016, Health and Safety Executive (2016); Stress is more prevalent in public service industries, such as education; health and social care; and public administration and defence. Unia Studie, Schweiz (2016): Von den 6.822 interviewten Personen klagten 15 Prozent über permanenten und 54 Prozent über häufigen Arbeitsstress. Securex (2014): Stress betrifft 64 Prozent aller belgischen Arbeitnehmer. Das ist eine Steigerung von 18 Prozent seit 2010 (basierend auf neuen Zahlen aus Februar und März 2013 unter 2.088 Lohnempfängern).

3 Quelle: Volksgezondheidszorginfo.com: Hooftman W.E., G.M.J. Mars, B. Janssen, E.M.M.de Vroome, B.J.M. Janssen, J.E.M. Michiels, u.a. Nationale Enquête. Arbeidsomstandigheden 2015: Methodologie en globale resultaten. Leiden/Heerlen: TNO/CBS, 2016.

4 Studie TNS NIPO (2004): Gut die Hälfte der niederländischen Kinder (68 Prozent) zwischen fünf und sechzehn Jahren leidet unter Stress. Das liegt vor allem an den Eltern und den Hausaufgaben. Mädchen leiden mehr darunter als Jungen: 73 gegenüber 63 Prozent. 76,8 Prozent der belgischen Schüler stehen unter Stress wegen der Schule. Das geht aus einer Online-Erhebung von der Vlaamse Scholierenkoepel (VSK, 2017) hervor. Auffällig: Mehr als 40 Prozent geben an, sogar viel oder sehr viel Stress zu haben.

5 S.E. Rothenberger: Einfluss pränataler Stressbelastung auf das Kind. Heidelberg, 2010.

6 Roth & Struber: Pränatale Entwicklung und neurobiologische Grundlagen der psychischen Entwicklung (2014), und M. Schwab, Fetale Hirnentwicklung und Programmierung von zerebralen Funktionsstörungen, in: Der Gynäkologe, 2007, und: Brand S.R., S.M. Engel, R.L. Canfield u.a., The effect of maternal PTSD following in utero trauma exposure on behavior and temperament in the 9-month-old infant, 2006, Ann NY Acad Sci 1071, 454–458.

7 Stress can effect future generations' genes, New Scientist, Januar 2013; Sendung auf ARTE, September 2017: Vererbte Narben – Generationsübergreifende Traumafolgen.

8 Dietmar Bittrich: Böse Sprüche für jeden Tag, August, dtv 2003.

9 Dietmar Bittrich: Böse Sprüche für jeden Tag, August, dtv 2003.

10 Bertrand Russell: Lob des Müßiggangs. Aus dem Englischen von Elisabeth Fischer-Wernecke. © Paul Zsolnay Verlag Wien 1957.

11 Mihály Csíkszentmihályi (geb. 1934) ist ein amerikanisch-ungarischer Psychologe, der bekannteste Verfechter des Begriffs „Flow" und einer der Wegbereiter der positiven Psychologie. Er ist Professor und ehemaliger Dekan der psychologischen Fakultät an der Universität von Chicago. Er schrieb u.a. den Bestseller „Flow" (1999) [dt.: Flow, das Geheimnis des Glücks, Klett-Cotta 2017].

12 Van der Toorn, Jost, Tyler, Feinberg: A Sense of Powerlessness Fosters System Justification: Implications for the Legitimation of Authority, Hierarchy, and Government, in: Political Psychology, Februar 2015.

13 Jost & Pelham: Social inequality and the reduction of ideological dissonance on behalf of the system: evidence of enhanced system justification among the disadvantaged, European Journal of Social Psychology, Februar 2013.

14 Van der Toorn, Jost, Tyler, Feinberg: A Sense of Powerlessness Fosters System Justification: Implications for the Legitimation of Authority, Hierarchy, and Government, in: Political Psychology, Februar 2015.

15 Dr. Lara El Hayderi: Dermatologin im CHU (Universitätskrankenhaus) Lüttich.

16 Pierre Kemp: Verzamelde Poezie, Van Oorschot, 1976.
Deutsche Übersetzung: Ursula Kremer.

17 Wenn wir uns in der Zeit zurückbewegen, finden wir auch Beschreibungen hochsensibler Menschen. In einem meiner Lieblingsbücher, dem Tao Te King, beschreibt der Autor Lao Tse sich selbst mit diesen Worten; er ist verzweifelt.

18 International werden noch weitere Begriffe verwendet, wie zum Beispiel „environmental sensitivity" (Pluess) oder „differential susceptibility" (Belsky) oder „sensory-processing sensitivity" (Aron) oder „biological sensitivity to context" (Boyce & Ellis).

19 Wolfgang Klages: Der sensible Mensch, Psychologie, Psychopathologie, Therapie (Enke & Stuttgart, 1978).

20 Aus: Environmental Sensitivity in Children: Development of the Highly Sensitive Child, Pluess u.a., 2017.

21 The Big Five wurden schon in den dreißiger Jahren des vorigen Jahrhunderts von den Psychologen Thurstone und Allport auf der Basis von Adjektiven aus dem Wörterbuch entwickelt. Seitdem wurde dies in vielen Studien bestätigt. The Big Five, auch OCEAN-Modell genannt, gilt international als universelles Standardmodell in der Persönlichkeitspsychologie.

22 Unter anderem: Differences in sensitivity to parenting depending on child temperament: A meta-analysis. Und: Children's differential susceptibil-

ity to parenting: An experimental test of „for better and for worse“, u.a. Slagt, Dubas, Dekovic, & Van Aken (2016).

23 The highly sensitive brain: an fMRI Study of sensory processing sensitivity and response to others‘ emotions, erklärt im Vortrag „Love, Emotions and the Highly Sensitive Brain“, Bianca Acevedo (2014).

24 Lao Tse, Tao Te King

25 Eduard Schweingruber: Der sensible Mensch, Kindler 1969.

26 Individual Differences in Environmental Sensitivity, Michael Pluess, Queen Mary University of London, 2015.

27 Elaine N. Aron, Ph.D.: The Highly Sensitive Person, Broadway Books, New York, 1996, 17–18.

28 Aristoteles: EN X,7. 1177, b 5.
Cicero prägte den Begriff „otium cum dignitate“ (würdevolle Muße), De Oratore I, 1f [Anmerkung der Übersetzerin].

29 Simone Oorschot: De versnelling van het levenstempo en „zenuwachtigheid“ in het negentiende eeuwse Nederland, 2014.

30 S. Reinberger und N. Wenderoth: Spieglein, Spieglein, im Gehirn: dasGehirn.info.

31 Differential susceptibility to rearing experience: the case of childcare, Belsky & Pluess (1997, 2008) und Belsky's (1997). Und Belsky, J., M.J. Bakermans-Kranenburg, & M.H. van IJzendoorn, (2007). For better and for worse: Differential Susceptibility to environmental influences. Current Directions in Psychological Science, 16(6), 300–304.

32 Yehuda, R., S.M. Engel, S.R. Brand, Seiki, Transgenerational effects of posttraumatic stress disorder in babies of mothers exposed to the World Trade Center attacks during pregnancy.

33 Engel, S.M., G.S. Berkowitz, M.S. Wolff, R. Yehuda, Psychological trauma associated with the World Trade Center attacks and its effects on pregnancy outcome, (2005).

34 Das Forschungsgebiet Epigenetica beschäftigt sich mit erblichen Veränderungen.

35 Szyf M. (2004). Lamarck revisited: epigentic inheritance of ancestral odor fear conditioning. Nat.Neurosci.17(1):2–4.

36 Siehe https://youtu.be/CVJBvzaylH8

37 Dan Millman: Der Pfad des friedvollen Kriegers, Ansata 2003.

38 Ferstl: Unter der Oberfläche, Ed. Va Bene, 1996.

39 Bertrand Russell: Lob des Müßiggangs. Aus dem Englischen von Elisabeth Fischer-Wernecke. © Paul Zsolnay Verlag Wien 1957.

40 Bertrand Russell: Lob des Müßiggangs. Aus dem Englischen von Elisabeth Fischer-Wernecke. © Paul Zsolnay Verlag Wien 1957.

41 Marianne Williamson: Rückkehr zur Liebe, Harmonie, Lebenssinn und Glück durch „Ein Kurs in Wundern“, Goldmann München 1995.

42 Swami Satyananda Saraswati: Kundalini Tantra, Ananda Verlag.

43 Kenneth S. Cohen: Qigong, Krüger 1998.

44 Anodea Judith: Wheels of Life: A user's Guide to the Chakra System. 1999 Llewellyn Worldwide 1999.

45 James Doty: Neurochirurg. In: Magisch brein, magisch hart (2016), 225.

46 William Martin: Das Tao Te King für Eltern, Aurum 1999.

47 The physiological effects of Shinrin-yoku (taking in the forest atmosphere or forest bathing): evidence from the field experiments in 24 forests across Japan, B. J. Park (2010) https://www.ncbi.nlm.nih.gov/pubmed/19568835.

48 ebd. Seite 226.

49 Jean Liedloff in einem Interview mit Dr. Epstein in: Psychology Today, Juli 2000.

50 Hafiz, Verse aus: De Schrift van het Hart, Schatten, Orientserie, 87. Deutsche Übersetzung aus dem Niederländischen: Ursula Kremer

51 Anodea Judith: Wheels of Life: A user's Guide to the Chakra System. 1999 Llewellyn Worldwide 1999.

52 Virginia Woolf: Montag oder Dienstag. Deutsch von Marianne Frisch. Aus: dies., Das Mal an der Wand. Gesammelte Kurzprosa. © S.Fischer Verlag GmbH, Frankfurt am Main 1989

53 Trockene Augen sind nicht nur eine Folge von zu viel Arbeit am Bildschirm oder von Linsen, sondern auch von Stress und fehlender emotionaler Rührung. Häufig werden Augentropfen verordnet. Augentropfen machen das Auge zwar feuchter, aber sie stimulieren leider nicht den Parasympathikus. Es ist viel gesünder, die eigene Tränenproduktion anzukurbeln mit den in diesem Buch beschriebenen Übungen.

Dank

Ich bedanke mich vor allem bei Madeleine Gimpel, die mir mit ihrer Sachkenntnis, Geduld und Liebe zu ihrem Fach bei diesem Schreibprozess zur Seite stand, und in ihrem Namen der ganzen Redaktion, insbesondere Annelies Nijboer. Ich danke außerdem Iris van der Poel und Elsbeth Bakker für einige Interviews, die sie mir zur Verfügung gestellt haben. Allen Menschen, die mir ihre Lebensgeschichte erzählt haben, bin ich zu großem Dank verpflichtet: Berit, Jessica, Edith, Thea, Anna, Adriana, Yvette, Marleen, Natascha, Natasja, Manuel, Sander, Bela und Bart. Auch ihre Geduld möchte ich belohnen, denn dieses Buch brauchte mehr Zeit zum Reifen, als ich veranschlagt hatte. Letztendlich haben mir viele Klienten dabei geholfen, so dass ich mir ein Bild von der Highly Sensitive Person (HSP) formen konnte; ihre Erfahrungen sind im Wesentlichen in die Kapitel dieses Buchs eingeflochten, und daher bin ich all diesen lieben Menschen zu sehr großem Dank verpflichtet. Die Geschichten, die mir in Retreats, Seelenreisen und Sprechstunden erzählt wurden, übersteigen alles, was ich beim besten Willen in diesem Buch erzählen kann. Die Tragik, aber auch die Schönheit des Seelenlebens, die ich sehen durfte, verblüfft und erstaunt mich jedes Mal aufs Neue.

Wahre Seelenleben sind nicht mit dem Stift zu beschreiben, sie besitzen eine tiefe Harmonie und verborgene Tragweite, die mich demütig und fast sprachlos machen. Ich empfinde es immer noch als ein großes Vorrecht, dass Führer und Engel von der anderen Seite mir diese in so vielen Details zeigen und damit den Klienten Aufklärung ermöglichen.

Ich danke hier auch besonders denjenigen, die gern in diesem Buch erschienen wären, aber deren Geschichten zu stark abwichen vom Thema. Vielleicht ein andermal, Gerald! Ihr habt mich mit eurer Persönlichkeit und Lebensgeschichte doch sehr inspiriert.

Zum Schluss danke ich ebenfalls meinen Töchtern Mara und Malú, weil sie mich mit so viel Verständnis und Geduld arbeiten ließen, auch wenn sie manches Mal lieber meine ungeteilte Aufmerksamkeit erhalten hätten.

Eine Mutter, die leidenschaftlich ist und eigensinnig auf eigenen Beinen stehen will, ist nicht immer ein Segen für Kinder. Glücklicherweise habe ich zwei tolle Töchter, die trotz allem (noch immer) finden, ich sei eine gute Mutter. Ohne diese „Sterne“ in meinem Leben, meine Sonne und mein Mond, wäre ich nicht die, die ich heute bin.

Herzlichen Dank, meine Lieben!

Susan Marletta Hart
Oktober 2017

Eine Kurzversion der Meditationen in diesem Buch findest du unter https://kamphausen.media/hochsensibel/

Die ausführlich geführten Versionen der Meditationen findest du unter www.susannmarlettahart.com

---

Über die Autorin

Susan Marletta Hart (1971) führte den Begriff „Hochsensibilität" („Hochsensitivität") in den Niederlanden ein. Sie schrieb einige internationale Bestseller und ist in Europa eine Autorität auf dem Gebiet von HSP. Seit 2003 hält sie Lesungen und gibt Beratungsstunden, bietet Seelenreisen an und Workshops, sie arbeitet außerdem in der Weiterbildung für Psychologen, Ärzte und Lehrer im In- und Ausland.

Susan ist Mutter zweier Töchter und lebt und arbeitet in der Schweiz und in den Niederlanden.

Bisher sind von ihr bei Aurum erschienen:

Leben mit Hochsensibilität (2009)

Achtsam leben mit Hochsensibilität (mit CD 2011)

Leben mit hochsensiblen Kindern (2013)

www.susanmarlettahart.com

Body & Mind

In Zusammenarbeit mit FIT Body & Mind veranstalte ich jährlich verschiedene Wochenendseminare und HSP-Ferienwochen in den Niederlanden und anderen Ländern. Du kannst bei mir auch eine Seelenreise buchen, um mit deinen tiefsten Verhaltensmustern auf eine andere als kognitive Weise in Kontakt zu kommen. Ich betrachte dich körperlich, emotional und energetisch und setze dabei meine hellseherische Gabe ein. Ich habe eine eigene Methode entwickelt, die viele Parallelen mit dem Schamanentum aufweist. Offenbar gibt es energetische Gesetzmäßigkeiten, die universell wirken. Manchmal stellt sich heraus, dass fremde Energie in deinem Energiekörper feststitzt, die heraus muss. Ein andermal lernst du, Kontakt mit tieferen emotionalen Wünschen herzustellen. Manchmal triffst du auf Führer oder du findest Antworten in deinem vorherigen Leben. Es gibt keinen Grund, dich zu beunruhigen: Ich führe dich mit Liebe zu deiner Bestimmung!

Susan

www.susanmarlettahart.com

Achtsam und sensibel

Wie bleibe ich als hochsensibler Mensch bei mir selbst, wenn ich mich gehetzt und unter Druck gesetzt fühle? Wie zeige ich mich, wenn ich mich am liebsten verstecken würde? Wie stehe ich zu meiner Meinung, wenn ich Kritik ausgesetzt bin? Wie bleibe ich achtsam, wenn die Welt um mich herum chaotisch und laut ist? Fragen, die Susan Marletta Hart aus ihrer eigenen Erfahrung der Hochsensibilität beantwortet. Gleichzeitig gibt sie dem Leser praktische Übungen und geführte Meditationen an die Hand, die es ihm ermöglichen, Ruhe, Kraft und Selbstvertrauen in einem fordernden Alltag zu finden und zu genießen.

Susan Marletta Hart
Achtsam leben mit Hochsensibilität
140 Seiten, Hardcover, inkl. Übungs-CD
ISBN 978-3-89901-430-3

www.aurum.de